Inhaltsverzeichnis

Einleitung..................................... 9

Kapitel 1:
Kommunikationspsychologie – ein Versuch
der Verortung 11

1. Was ist Kommunikation? Definitionsprobleme.......... 11
   1.1 Kommunikations-Metaphern 11
   1.2 Dialogische und Massenkommunikation 18
   1.3 Mediierte oder nicht mediierte Kommunikation? 19

2. Kommunikationspsychologie – Versuch einer Gegenstandsbestimmung 22

3. Allgemeine und psychologische Kommunikationstheorien – eine Auswahl 23
   3.1 Kurze Geschichte und lange Vergangenheit 23
   3.2 Allgemeine Kommunikationstheorien 26
   3.3 Psychologische Kommunikationstheorien 40

4. Soziale Konstruktion und Kommunikation von Wirklichkeit 51
   4.1 Ein Versuch über gelingende Kommunikation – eine Verunsicherung............................... 51
   4.2 Interpersonale Kommunikation – ein Prozess mit vielen Komponenten 57

Kapitel 2:
Individuelle Hintergründe für Kommunikation – ausgewählte Phänomene und Theorien ... 64

1. Warum kommunizieren wir mit anderen Menschen: Self Disclosure und Impression Management – eine erste Antwort ... 64
   - 1.1 Das Phänomen Self Disclosure ... 64
   - 1.2 Impression Management ... 68

2. Sozialer Vergleich und kognitive Dissonanz – eine zweite Antwort ... 71
   - 2.1 Ein Experiment von Salomon Asch ... 72
   - 2.2 Der soziale Vergleich (Festinger 1954) ... 73
   - 2.3 Das Vermeiden kognitiver Dissonanzen (Festinger 1957) ... 75

3. Wirklichkeits- und Ursachenerklärungen – eine dritte Antwort ... 79
   - 3.1 »Der propre Ganter« von James Thurber ... 79
   - 3.2 Attributionen ... 80
   - 3.3 Kognitive Schemata und Faustregeln ... 84
   - 3.4 Komplexe Datenanalysen oder schematische Beurteilung der Kommunikationssituation – das Modell der Elaborationswahrscheinlichkeit (ELM) ... 87

4. Sympathie und Attraktivität – eine vierte Antwort ... 91

Kapitel 3:
Kommunikation als interaktives Geschehen – theoretische Ansätze und Phänomene ... 94

1. Wie kommunizieren wir mit anderen Menschen: Die Frage nach der Wechselseitigkeit des kommunikativen Geschehens ... 94

2. Nonverbale Kommunikation 95
   2.1 Historische Impressionen über das Studium
       nonverbalen Verhaltens 95
   2.2 Was heißt »nonverbal«? 97
   2.3 Interindividuelle Unterschiede im kommunikativen
       Verhalten................................. 99
   2.4 Funktionen nonverbaler Kommunikation 100
   2.5 Universalität versus kulturelle Spezifik von
       nonverbalen Kommunikationszeichen 105

3. Formelle und informelle Kommunikation............. 106

4. Kommunikation in Gruppen 116
   4.1 Historische Impressionen 116
   4.2 Gruppen als Kommunikationssysteme 118

5. Kommunikation zwischen Gruppen: Auf der Suche nach
   sozialer Identität 129
   5.1 Interpersonale versus Intergruppen-Kommunikation
       und die Erinnerung an ein Beispiel 129
   5.2 Theorie der Sozialen Identität und Theorie der
       Selbstkategorisierung 130
   5.3 Folgerungen für den kommunikativen Prozess 134

6. Romantische Beziehungen und ein Versuch
   über die Liebe 137

Kapitel 4:
Kommunikation als Bedeutungskonstruktion 146

1. Was kommunizieren wir: Die Frage nach der Bedeutung
   des kommunikativen Geschehens..................... 146

2. Werbung und die neuen Mythenmacher 148
   2.1 Drei Beispiele 148
   2.2 Werbetrends 151
   2.3 Klassische Werberezepte..................... 153

2.4 Psychologische Aspekte der Werbung (eine Auswahl in Anlehnung an Felser 1997) 157
2.6 Werbung konstruiert neue Mythen. 163

3. Fremde Bedeutungsräume: Umgang mit Fremdheit. 166

3.1 Vom schwierigen Einstieg in das Problemfeld »Umgang mit Fremdheit« 166
3.2 Akkulturation, Bikulturalität und Bilingualismus (von Thomas Köhler) 168
3.3 Konstruktionen über Fremde: Das empirische Beispiel »Rechtsextremismus« (unter Mitarbeit von Jörg Neumann) 174

4. Massenmedien und Medienwirkungen – Mediale Gewaltdarstellungen und aggressives Verhalten der Zuschauer (von Friedrich Funke) 188

4.1 Theoretische Zugänge 188
4.2 »Play it again, Sam!« oder: macht Vielsehen böse? 192
4.3 Der Mythos der De-Realisierung oder des Wirklichkeitsverlusts 194
4.4 Berichten die Medien über Gewaltereignisse, oder »ereignet« sich Gewalt, weil über sie berichtet wird? 198

Kapitel 5:
Neue Medien – neue Möglichkeiten. 202

1. Neue Medien – neue Wirklichkeiten 202
2. Sozialwissenschaftliche Theorien zur computervermittelten Kommunikation (von Thomas Köhler). 206

Literaturverzeichnis. 215
Sachregister 231

Einleitung

Wir sprechen von Kommunikationsgesellschaft, um den Zustand und die Prozesse zu beschreiben, in denen wir leben. Wir umgeben uns mit Kommunikationsmedien, um mit der Welt in Kontakt zu treten oder zumindest etwas über die Beschaffenheit der Welt zu erfahren. Wir besuchen Kommunikationsseminare, in denen uns vermittelt wird, wie wir mit anderen kommunizieren sollten, um uns möglichst gut zu präsentieren, oder: um etwas über uns selbst zu erfahren. Wir kommunizieren mit anderen, um uns unserer gemeinsamen Geschichte oder unseres gemeinsamen Schicksals zu vergewissern. Wir nutzen Kommunikationsstrategien und -taktiken, um möglichst bessere Argumente zu haben als die, die uns von ihren Meinungen zu überzeugen versuchen. Wir meinen, indem wir mit anderen kommunizieren, diese auch verstehen zu können.

Dieser Einführungstext beschäftigt sich mit diesen und anderen Formen von Kommunikation, mit den individuellen und sozialen Hintergründen und Prozessen unseres kommunikativen Austauschs und mit den Mitteln oder Medien des kommunikativen Umgangs. Die Perspektive der Darstellung ist eine psychologische. Deshalb heißt das Buch auch »Einführung in die Kommunikationspsychologie«. Die Kommunikationspsychologie ist eine noch sehr junge Disziplin, die die psychologischen Grundlagen des kommunikativen Austauschs in Paarbeziehungen, Gruppen, Institutionen und in übergreifenden gesellschaftlichen Zusammenhängen untersuchen und erklären möchte. Nach dem Motto »Communicamus ergo sum« (frei nach Descartes). Dabei stützt sie sich auf Beobachtungen und Erkenntnisse anderer psychologischer und nichtpsychologischer Disziplinen, zum Beispiel der Sozial-, Organisations-, und Pädagogischen Psychologie, aber auch der allgemeinen Kommunikationswissenschaft, der Medienwissenschaft und der Soziologie.

Der Verfasser bedankt sich ganz herzlich bei Kitty Dumont, Friedrich Funke, Thomas Köhler und Jörg Neumann für die vielfältigen Unterstützungen, Anregungen und Diskussionen zu den einzelnen Kapiteln dieses Buches. Friedrich Funke, Thomas Köhler und Jörg Neumann haben überdies einige Abschnitte selbst bzw. mit verfasst. Natürlich haftet der Autor für das Geschriebene insgesamt allein.

Jena, im Herbst 2001 *Wolfgang Frindte*

Kapitel 1:
Kommunikationspsychologie – ein Versuch der Verortung

1. Was ist Kommunikation? Definitionsprobleme

1.1 Kommunikations-Metaphern

Der Begriff der »Kommunikationsgesellschaft« (vgl. z.b. Münch 1991) ist nur eines der Label, die veröffentlicht und genutzt werden, um die rasanten gesellschaftlichen Austauschprozesse in den hoch entwickelten Industrieländern zu beschreiben. 1966 prägt Karl Steinbuch den Begriff der »informierten Gesellschaft«, um deutlich zu machen, dass die Menschen der Zukunft (die mittlerweile unsere Gegenwart darstellt) ihren Reichtum nicht nur über materielle Güter und Energie, sondern eben auch über den Besitz an Information definieren werden. 1971 publiziert das Japan Computer Usage Development Institute den Bericht »The Plan for Information Society: A National Goal Towards the Year 2000« und reklamiert damit von japanischer Seite die Welt-Rechte am Terminus Informationsgesellschaft (vgl. auch Kleinsteuber 1996). 1994 sprechen Klaus Merten und Joachim Westerbarkey von Mediengesellschaft (Merten/Westerbarkey 1994). Herbert Willems und Martin Jurga (1998) identifizieren eine Inszenierungsgesellschaft, um damit die kommunikative Theatralisierung unserer heutigen Gesellschaft und die Prozesse der kommunikativen Inszenierung von Wirklichkeit durch Einzelne und gesellschaftliche Gruppen auf den Begriff zu bringen. Jeder Begriff thematisiert aus unterschiedlicher Perspektive den kommunikativen Alltag unserer Jetztzeit und die wissenschaftlichen und außerwissenschaftlichen Moden im Umgang mit Kommunikation.

Im großen »Wahrig« (1997), dem deutschen Wörterbuch, findet sich unter »Kommunikation« folgender Eintrag: »Verbindung, Zusammenhang, Verkehr, Umgang, Verständigung (zwischen den Menschen), lat. Communication ›Mitteilung‹« (S. 751).

Wenn wir von »Kommunikation« reden, meinen wir offenbar vor allem das, was Menschen alltäglich tun: in Beziehung treten, Verbindungen schaffen, miteinander umgehen, sich verständigen. Und dieses alltägliche Tun bestimmt auch unsere Vorstellungen darüber, was wir wie tun. Mit anderen Worten: Unsere Vorstellungen über Kommunikation werden entscheidend davon bestimmt, was und wie wir kommunizieren. Klaus Krippendorff (1994) weist eindrücklich darauf hin, dass wir Menschen uns im Umgang mit dem, was wir »Kommunikation« nennen, zunächst einmal von unseren alltäglichen Metaphern und Mythen leiten lassen.

Metaphern sind sprachliche Bilder. Sie entstanden ursprünglich und werden benutzt, um neue Sachverhalte in Wissenschaft, Politik, Literatur und im Alltag in verständlicher Weise, d.h. im Anschluss an soziale Erfahrungen, darzustellen. Metaphern können die Komplexität der Wirklichkeit, die wir zu erkennen versuchen, erleichtern, weil sie in Sprache verfasste Bilder bereitstellen, mit denen wir diese Komplexität zu reduzieren vermögen.

Die Metapher der Übertragung von Botschaften

Kommunikation als übertragbare Botschaft, die von jemandem verfasst wird und von anderen entgegengenommen, gehört, gelesen, wieder gelesen, kopiert und aufbewahrt werden kann. Diese Metapher habe – so Krippendorf – den Anstoß für eine Vielzahl technologischer Erfindungen gegeben. Der Berufszweig des Schreibers, der Aufbau und die Organisation von Bibliotheken, die Entwicklung von Straßennetzen oder die Installation des Postwesens seien mit der Handlungswirksamkeit dieser Metapher verbunden.

»Wir sprechen von elektronischen Botschaften, die man nicht mehr anfassen kann. Wir kaufen Anrufbeantworter, die Botschaften ›aufbewahren‹, die ein Anrufer uns ›geben‹ wollte. Wir sagen, wir haben eine Botschaft ›nicht mitbekommen‹, wenn wir meinen, dass wir etwas nicht verstanden haben. Wir bitten jemanden, eine telefonische Nachricht zu ›hinterlassen‹, die nur einen bestimmten Adressaten angeht.« (Krippendorff 1994, S. 86)

Mit der Metapher von der Kommunikation als Übertragung von Botschaft verbindet sich die Vorstellung, es werden Mitteilungen zwischen Menschen ausgetauscht.

Die Container-Metapher

Kommunikation als der Inhalt dessen, was übertragen, mitgeteilt, weitergegeben wird. Mit dieser Metapher werden Botschaft und ihr Inhalt unterschieden. Das Papier, auf dem wir lesen, dass wir geliebt werden, ist verschieden von der Liebeserklärung, die uns per Telefon oder via Internet erreichen kann. Der Inhalt ist – vor diesem Hintergrund – das, was Kommunikation ausmacht.

»Wir fragen jemanden, was ›in‹ einem Brief steht, was er ›aus‹ einem Vortrag entnommen hat, oder wir beklagen, dass jemand etwas ›in‹ eine Botschaft hineinliest, was nicht ›in‹ ihr ›enthalten‹ ist. Noch mehr im Sinne des Wortes untersuchen wir den ›Inhalt‹ einer Fernsehsendung, beurteilen einen Satz als bedeutungs›voll‹ oder ›voller‹ Bedeutung, erklären, ein Artikel sei mit Ideen ›gefüllt‹, oder behaupten, er ›enthalte‹ gar nichts Neues.« (Krippendorf 1994, S. 86f.)

Die Metapher von der Kommunikation als Container vermittelt uns die Vorstellung, es würden uns bedeutungsvolle Informationen mitgeteilt.

Die Metapher des Mitteilens von Gemeinsamkeiten

Kommunikation als das Mitteilen von etwas, das von den Empfängern auch so verstanden wird, wie es die oder der Sender gemeint haben. Kommunikation schaffe Gemeinsamkeiten zwischen denen, die Botschaften austauschen, die sich etwas mitzuteilen haben.

»Belege für die Wirksamkeit dieser Metapher finden sich im Überfluss. Bei Gerichtsverhandlungen mag ein Richter darauf achten,

dass die Unterzeichner eines Dokuments der benutzten Sprache mächtig sind; er wird aber kaum daran zweifeln, dass es nur eine korrekte Leseart des Dokumentes gibt.« (Krippendorff 1994, S. 89)

Die Metapher von der Kommunikation als das Mitteilen von Gemeinsamkeiten legt nahe, dass wir uns in unseren alltäglichen Kommunikationen, aber auch in massenmedialen Kommunikationen um wechselseitiges Verstehen bemühen und dass dieses Verstehen im Herstellen von kognitiver Übereinstimmung bestehe.

Die Metapher vom Argument als Krieg

Kommunikation als Prozess, in dem sich die Beteiligten mit ihren Argumenten zu besiegen versuchen und Sieger der ist, der sich mit seinen Argumenten gegenüber den anderen zu behaupten weiß.

»Natürlich funktioniert diese Metapher am besten dort, wo es tatsächlich etwas zu gewinnen oder verlieren gibt, wie etwa beim Aushandeln eines guten Preises oder einer Parlamentsdebatte. Wenn es aber kein offensichtliches Kriterium gibt für das, was gewonnen oder verloren werden kann, so zieht der Gebrauch dieser Metaphern sogleich externe Einflüsse nach sich, wie etwa Stolz, Dominanz, demonstrative Kompetenz usw.« (Krippendorff 1994, S. 90f.)

Die Metapher vom Kanal oder: Der Fluss der Signale

Kommunikation als Informationsfluss, der durch Kanäle gelenkt, geschleust und gefiltert wird. Kommunikation müsse, damit sie funktioniert und die Beziehungen zwischen den kommunizierenden Personen aufrechterhalten werden können, durch technische oder andere Kanäle vom Sender zum Empfänger geleitet werden.

»Mit der nun etablierten hydraulischen Metapher von Kommunikation als einem rohrartigen Kanal fällt es leicht, menschliche Kommunikation als mehr-kanalige Erscheinung anzusehen, die

gleichzeitig verbale und nichtverbale Kanäle wie auch solche des Sehens, Hörens, Berührens, Riechens und Schmeckens umfasst. In der Massenkommunikationsforschung spricht man von ›Schleusen‹ (sog. Gatekeeper), die den Informationsfluss hin zur Öffentlichkeit filtern und kanalisieren. In der Analyse von Kommunikation in sozialen Organisationen spricht man von ›Engpässen‹, die den Gesamtfluss beschränken ...« (Krippendorff 1994, S. 91f.)

Mit der Metapher vom Fluss der Signale ist nicht zuletzt die Vorstellung verbunden, dass es vor allem auf die so genannten Kanaleigenschaften ankomme, wenn es darum geht, funktionierende kommunikative Beziehungen herzustellen und aufrechtzuerhalten. Krippendorf (1994) verweist als Beispiel auf die in den 40er-Jahren von Claude E. Shannon und Warren Weaver (1949) entwickelte und publizierte mathematische Theorie der Kommunikation, auf die wir im Abschnitt 3.2. noch ausführlich eingehen werden.

Die Kontroll-Metapher

Kommunikation als Mittel, mit dem sich Menschen ihre Umwelt zu unterwerfen versuchen. Mit Kommunikation könne man Macht ausüben, andere Menschen beherrschen, fremdes Verhalten manipulieren, soziale Systeme steuern.

Krippendorf (1994, S. 96) hebt drei Komponenten oder Implikationen hervor, die mit der Kontroll-Metapher verknüpft sind: Kommunikation sei erfolgreich, wenn jemand dazu gebracht wird, zu glauben oder zu tun, was der Sprecher möchte. Kommunikation sei asymmetrisch und verlaufe primär von einem Sprecher zu einem Hörer; Rückkopplungen seien zwar möglich, aber dem Ziel des Sprechers untergeordnet. Der Sprecher bestimme, wann eine Kommunikation erfolgreich ist und wann nicht. Wenn Klaus Mertens 1977 ca. 160 wissenschaftliche Definitionen von Kommunikation aufzählen konnte (vgl. Faßler 1997, S. 20), so zeigen die verschiedenen Metaphern, von denen wir nur einige genannt haben, die potenzielle Vielfalt, von Kommunikation zu reden.

Die von Heiner Ellgring (1994, S. 196) bevorzugte Definition, Kommunikation als »den Austausch von Mitteilungen zwischen Individuen« zu bezeichnen, scheint zum Beispiel von der *Metapher der Übertragung von Botschaften* inspiriert zu sein.

Im »Lexikon zur Soziologie« heißt es: Kommunikation sei die Bezeichnung »für den Prozess der Informationsübertragung« (Fuchs-Heinritz u.a. 1995, S. 347). Wir meinen in dieser Definition Anklänge der *Container-Metapher* entdecken zu können.

Als Beispiel für eine Kommunikationsdefinition, die u.E. der *Metapher des Mitteilens von Gemeinsamkeit* verpflichtet ist, verweisen wir auf den Einführungstext zur »Kommunikationswissenschaft« von Roland Burkart (1998):

»*Menschliche Kommunikation liegt daher erst dann vor, wenn (mindestens zwei) Individuen ihre kommunikativen Handlungen nicht nur wechselseitig aufeinander richten, sondern darüber hinaus auch die ... allgemeinen Intentionen ihrer Handlungen (= Bedeutungsinhalte miteinander teilen wollen) verwirklichen können und damit das konstante Ziel (= Verständigung) jeder kommunikativen Aktivität erreichen.*« (S. 32)

Die *Metapher vom Argument als Krieg* finden wir in manchen populärwissenschaftlichen Texten wieder, in denen den Leser/innen Tipps und Rezepte zum erfolgreichen Kommunizieren und Argumentieren vermittelt werden.

Reinhard Lindig (1995) definiert im »Fachlexikon Psychologie« Kommunikation u.E. ganz im Sinne der *Metapher vom Kanal*, wenn er schreibt:

»*Kommunikation (communication): eine spezielle Form der sozialen Wechselwirkung zwischen Menschen und zwischen Mensch und technischen informationsverarbeitenden Systemen sowie lebenden Organismen allgemein, bei der eine Kodierung, Übertragung und Dekodierung von Information erfolgt.*« (S. 241)

Der Definitionsversuch in einem bekannten Wörterbuch der Psychologie dürfte von der *Kontroll-Metapher* nicht unbeeinflusst sein:

»Die gegenseitige Beeinflussung von Individuen innerhalb von und zwischen Gruppen und die dadurch entstehenden Änderungen des Verhaltens oder der Einstellungen, Meinungen etc.« (Dorsch u.a. 1982, S. 315)

Wenn Menschen miteinander kommunizieren, so treten sie wechselseitig über die Zeit in Beziehung, sei es direkt von Angesicht zu Angesicht, vermittelt mit Hilfe technischer Medien, in formeller oder informeller Weise, mit Hilfe verbaler und/oder nonverbaler Ausdrucksformen. Soziale Wechselseitigkeit scheint ein erstes, nicht zu übersehendes Merkmal von Kommunikation zu sein. Es kennzeichnet *kommunikatives Geschehen als sozialen Prozess.*

Wenn Menschen miteinander kommunizieren, so regen sie sich (intendiert oder unreflektiert) wechselseitig an, Vorstellungen, Bilder, Konstruktionen über die Wirklichkeit zu produzieren. Nicht immer decken sich Vorstellungen, Bilder und Konstruktionen der beteiligten Kommunikationspartner. Oftmals scheint es eher so zu sein, als redeten die Beteiligten aneinander vorbei. Dennoch, auch in diesem Falle haben wir es mit Kommunikation zu tun. Ein zweites Merkmal von Kommunikation dürften demzufolge die individuell und sozial (also gemeinschaftlich) geschaffenen Konstruktionen über die Wirklichkeit sein, die quasi die *Resultate (oder auch die weiteren Voraussetzungen) des kommunikativen Geschehens* bezeichnen.

Diese zwei Merkmale von Kommunikation geben sozusagen die minimalen Beschreibungskriterien an, um etwas als Kommunikation definieren zu können.

Wir werden später den Begriff der Konstruktion von Wirklichkeit bzw. der Wirklichkeitskonstruktion genauer beschreiben. Jetzt reicht uns eine vage Vorstellung, was damit gemeint ist: Konstruktionen über die Wirklichkeit sind unsere Vorstellungen, Erwartungen, Bilder, Aussagen über die Wirklichkeit, die uns umgibt bzw. die wir uns ausdenken.

Kommunikation ist ein sozialer Prozess, in dessen Verlauf sich die beteiligten Personen wechselseitig zur Konstruktion von Wirklichkeit anregen.

Zugegeben, diese vorläufige Definition ist recht abstrakt und – wie andere Definitionen von Kommunikation auch – von den Metaphern beeinflusst, die wir zur Beschreibung von Kommunikation bevorzugen. Später werden wir prüfen, ob es uns gelingt, mit dieser Definition verschiedene Kommunikationsphänomene analysieren und verstehen zu können.

1.2 Dialogische und Massenkommunikation

Wir behandeln in diesem Buch menschliche Kommunikation. Dabei geht es um Kommunikation zwischen Personen, die sich von Angesicht zu Angesicht gegenüberstehen, aber auch um vermittelte Kommunikation, etwa dem Telefongespräch zwischen zwei Liebenden oder um die Kommunikation zwischen dem Nachrichtensprecher der »Tagesschau« und dem landesweiten Publikum. Im letzten Fall (der Fernsehsendung) wird in der Literatur in der Regel von Massenkommunikation gesprochen, die meist der »dialogischen Kommunikation« (vgl. z.B. Badura/Gloy 1972, S. 19f.) oder der so genannten Primärkommunikation (vgl. Lexikon der Soziologie 1995, S. 421) gegenübergestellt wird.

Badura/Gloy (1972, S. 20) heben eine Reihe von Merkmalen hervor, die sich zu vier Oppositionen zusammenfassen lassen und auf mögliche Differenzen zwischen dialogischer und Massenkommunikation verweisen können:

Tabelle 1:	**Unterschiede zwischen dialogischer und Massenkommunikation**			
Dialogische Kommunikation	A1 Direkt/ Personal	B1 Gegenseitig/ Symmetrisch	C1 Privat	D1 Präsenzpublikum
Massenkommunikation	A2 Indirekt/ durch techn. Medium vermittelt	B2 Einseitig/ Asymmetrisch	C2 Öffentlich	D2 Disperses (zerstreutes) Publikum
(nach Badura/Gloy 1972, S. 20; leicht verändert durch die Verf.)				

Badura/Gloy (1972) meinen, dass dann, wenn diese acht Merkmale anders kombiniert werden, weiter mögliche Kommunikationssituationen beschreibbar werden. So ließe sich z.b. mit der Kombination der Merkmale A1, B2, C1, D1 eine einseitige, vom Sender ausgehende autoritäre Beeinflussung eines Empfängers beschreiben, der sich kaum gegen diese Beeinflussung wehren kann.

Entscheidender als die heuristischen Möglichkeiten, die in diesen Merkmalskombinationen stecken, ist aber die Frage, ob eine eindeutige Unterscheidung zwischen dialogischer (oder mit unseren Worten: interpersonaler) Kommunikation und Massenkommunikation sinnvoll ist.

Interpersonale oder dialogische Kommunikation kann durchaus auch im Rahmen von Massenkommunikation erfolgen. Denken Sie etwa an das Beispiel von Talkshows, in denen Menschen miteinander reden oder streiten und zur gleichen Zeit sowohl ein Präsenz- als auch ein disperses Publikum anwesend ist. Auch die Diskussion darüber, ob das Internet (als Synonym für die weltweite Computervernetzung) ein Massen- oder ein Dialogmedium ist, macht die fließenden Grenzen zwischen dialogischer und Massenkommunikation deutlich – in einer Gesellschaft, in der Kommunikation und Information zu Wirtschaftsfaktoren geworden sind.

1.3 Mediierte oder nicht mediierte Kommunikation?

Werner Faulstich, dessen Buch »Grundwissen Medien« wir an dieser Stelle für die weitere Lektüre empfehlen möchten, hebt drei Verwendungszusammenhänge des Begriffs »Medium« hervor (Faulstich 1998, S. 21f.): Im *allgemeinen* Sprachgebrauch heißt Medium »Mittel« oder »Vermittelndes«. In verschiedenen *wissenschaftlichen* Disziplinen wird der Terminus Medium als spezieller Fachbegriff verwendet. In diesem Sinne spricht man zum Beispiel in der Pädagogik von »Unterrichtsmedien«, in der Literaturwissenschaft vom »Medium Literatur«. Der Medienbegriff wird in diesen Fachdiskursen meist im übertragenen Sinne gebraucht.

In anderen wissenschaftlichen Disziplinen steht der Begriff Medium ganz im Mittelpunkt des wissenschaftlichen Bestrebens. So definiert die Informationstheorie »Medium« als »Zeichenvorrat«; in der Kommunikationssoziologie und in der Massenkommunikationsforschung wird »Medium« oftmals als »technischer Kanal« bestimmt.

Nicht ganz uninteressant scheint überdies die Unterscheidung in Primär-, Sekundär- und Tertiärmedien zu sein. Pross (1972) versucht mit dieser Unterscheidung die Vielfalt medial vermittelter Kommunikationen zu beschreiben:

- *Primärmedien* sind die Medien des »menschlichen Elementarkontaktes« (Pross 1972, S. 10), wie etwa die menschliche Sprache, nonverbale Ausdrucks- und Mitteilungsformen. Das entscheidende dieser Medien ist, dass sie ohne technische Hilfsmittel funktionieren.

- Von *Sekundärmedien* spricht Pross (1972), wenn zur Produktion von Kommunikation oder Information der Einsatz von Technik nötig ist; z.b. bei der Herstellung von Zeitungen. Seitens des Empfängers bedarf es derartiger technischer Hilfsmittel nicht.

- *Tertiärmedien* sind jene Kommunikationsmittel, zu denen sowohl auf der Produktions- wie auch auf der Rezeptionsseite Technik nötig ist, um zu kommunizieren bzw. zu informieren (z.B. das Telefon, die Schallplatte).

Auch von *Quartärmedien* spricht man inzwischen (vgl. Faulstich 1998, S. 21). Dabei handelt es sich um Medien, die den Technikeinsatz zur Produktion, zur Übertragung (z.b. Digitalisierung) und zur Rezeption von Information erfordern.

Unterscheidungen verschiedener Medienformen können durchaus hilfreich sein. Wir werden in späteren Kapiteln auf diese und ähnliche Unterscheidungen zurückkommen. Um uns aber einen Begriff von Medien zu machen, neigen wir vorerst eher zur Vereinfachung (die allerdings durchaus abstrakt sein kann). Niklas Luhmann definiert »Medien« folgendermaßen:

> *»Medium in diesem Sinne ist jeder lose gekoppelte Zusammenhang von Elementen, der für Formung verfügbar ist, und Form ist die rigide Kopplung eben dieser Elemente, die sich durchsetzt, weil das Medium keinen Widerstand leistet.«* (1992, S. 53)

Luhmann unterscheidet zunächst zwischen Medium und Form (vgl. auch Fuchs 1998, S. 179). Ein Medium sei das, was zur Formung zur Verfügung stehe. Mit anderen Worten: Ein Medium ist ein Mittel, um etwas zu formen, zu bilden, zu konstruieren. Formen bedeutet, einem Etwas Gestalt geben, etwas in Form zu fassen (zu informieren), eine Struktur erzeugen. Geformt und konstruiert werden mit einem Medium Wirklichkeiten. Das heißt, ein Medium ist ein Mittel zur Konstruktion von Wirklichkeit.

Kann es, so wäre nun vor dem Hintergrund unseres oben formulierten Kommunikationsbegriffs zu fragen, eine Kommunikation geben, die nicht mediiert, also nicht medial vermittelt ist? Nehmen Sie als Denkhilfe einen unserer Lieblingswitze:

Drei Handelsreisende fahren oft zusammen die gleiche Strecke. Sie haben sich schon alle Witze erzählt, die sie kennen. Es braucht nur einer den Mund zu öffnen, schon winken die andern ab: »Kennen wir schon!« Schließlich verfallen sie auf die Idee, alle Witze aufzuschreiben und zu nummerieren. Nun braucht nur ab und zu einer den anderen eine Nummer zuzurufen, um sie zum Lachen zu bringen. Unterwegs steigt ein neuer Reisender zu. Verwundert hört er sich das unverständliche Spiel eine Weile mit an, schließlich bittet er darum, eingeweiht zu werden und mitmachen zu dürfen. Nachdem er die Witzliste studiert hat, ruft er plötzlich: »Zweiunddreißig!« Niemand lacht. »Was ist denn los?«, wundert er sich. »Das ist doch ein erstklassiger Witz.« »Ja, schon«, geben die anderen zu, »erzählen muss man ihn nur können.« Nach einer Weile ruft einer: »Achtundneunzig.« Brüllendes Gelächter. »Verstehe ich nicht«, meint der Neue, »der steht doch gar nicht auf der Liste drauf.« »Eben. Den kannten wir auch noch nicht.«

Wir haben es im vorliegenden Falle unserer Handelsreisenden *erstens* (und zweifellos) mit Kommunikation zwischen Menschen zu tun: Die drei Handelsreisenden konstruieren durch ihren wechselseitigen Bezug (durch das Witzeerzählen im Zug) eine neue Wirklichkeit, die für den neu Hinzugekommenen zunächst fremd ist.

Zweitens, und auch das ist auffällig: Das Mittel, mit dem die drei die neue Wirklichkeit konstruieren, ist die Sprache, und genauer:

der Witz. Mit Witzen, und allgemeiner: mit Sprache lässt sich die Wirklichkeit formen. Insofern ist die Sprache ein Mittel zur Formung und Konstruktion von Wirklichkeit, also ein Medium. Die allgemeinere These, die wir daraus ableiten wollen, lautet: Jede Kommunikation ist vermittelt, mediiert. Es gibt keine Kommunikation zwischen Menschen, die ohne Medium auskommt.

2. Kommunikationspsychologie – Versuch einer Gegenstandsbestimmung

Menschen tun etwas, bezeichnen das, was sie tun, mit Worten, drücken dies sprachlich (in Sätzen oder Gesten) aus, versuchen mittels der Sprache andere Menschen anzuregen, sich bestimmte Bilder, Vorstellungen von der Wirklichkeit zu machen und so weiter und so fort.

Mit all diesen Dingen sollte sich auch die Kommunikationspsychologie beschäftigen, die – wie wir noch sehen werden – eine der jüngsten psychologischen Teildisziplinen ist. Das macht die Bestimmung ihres Gegenstandsbereiches nicht leichter. Eine solche Bestimmung setzt Unterscheidung voraus, Unterscheidung von jenen Bereichen, mit denen sich die anderen psychologischen Teildisziplinen beschäftigen. Da diese Unterscheidungen zum jetzigen Zeitpunkt schwierig zu treffen sind, könnten wir uns zunächst so verhalten, wie es Martin Irle (1975) vor einigen Jahren tat, als er sich in seinem Lehrbuch der Sozialpsychologie weigerte, eine genaue Gegenstandsdefinition seines Faches zu präsentieren, und nur lapidar feststellte, Sozialpsychologie sei das, womit sich Sozialpsychologen beschäftigen.

Ganz so einfach wollen wir es uns aber nicht machen und fragen deshalb: Womit beschäftigen sich Kommunikationspsychologen? Sie versuchen zu untersuchen und zu erklären, wie sich Menschen in unterschiedlichen sozialen Systemen wechselseitig zu Konstruktionen von Wirklichkeit anregen. Das kann der verbale und nonverbale Austausch in einer Zweierbeziehung, in Gruppen oder Organisationen sein, aber auch Prozesse und Folgen massenmedialer Anregungen oder interkultureller Beziehungen betreffen.

Kommunikationspsychologie befasst sich mit den *Strukturen* und *Prozessen* der Kommunikation zwischen Menschen in unterschiedlichen sozialen Systemen (in Paarbeziehungen, Gruppen, Institutionen und in übergreifenden gesellschaftlichen Kontexten) und mit den *Resultaten* der Kommunikation (den individuellen und sozialen Konstruktionen).

3. Allgemeine und psychologische Kommunikationstheorien – eine Auswahl

3.1 Kurze Geschichte und lange Vergangenheit

Ernsthafte wissenschaftliche (auch: psychologische) Bemühungen, sich mit der menschlichen Kommunikation auseinander zu setzen, begannen frühestens im Übergang vom 18. zum 19. Jahrhundert im Rahmen von Ethnologie, Anthropologie, Sprachwissenschaft, Soziologie und den allgemeinen Kulturwissenschaften.

Wir erinnern zum Beispiel an die von Herder (1744–1803) entworfene Kulturanthropologie, in der in besonderer Weise auf die Sprache als Mittler zwischen Mensch und Natur aufmerksam gemacht wird. Auch an den kleinen, bucklige und dennoch geistig so großen Georg Christoph Lichtenberg (1742–1799), Professor für Naturwissenschaft an der Universität Göttingen, ist zu denken. So setzte sich Lichtenberg zum Beispiel in seiner Schrift »Über Physiognomik« wider die Physiognomen. Zu Beförderung der Menschenliebe und Menschenkenntnis« (erschienen 1778) mit den Arbeiten des Pfarrers Johann Kaspar Lavater auseinander (vgl. auch Mog 1988). Lavater wiederum gilt für viele Kommunikationspsychologen als Begründer der Ausdruckspsychologie, die uns in einem späteren Kapitel noch im Zusammenhang mit dem nonverbalen Kommunikationsverhalten beschäftigen wird.

In der zweiten Hälfte des 19. Jahrhunderts dürften es in Deutschland vor allem zwei psychologische Ansätze sein, die Einfluss auf die heutige Kommunikationspsychologie genommen haben. Zum einen ist das die Völkerpsychologie von *Moritz Lazarus* (1824–1903) und *Heymann Steinthal* (1823–1899). Beide gründeten 1860 die »Zeitschrift für Völkerpsychologie und Sprachwissenschaft«. Ziel des damit verbundenen Forschungsprogramms war es, erstens die Individualpsychologie durch eine gesellschaftliche Dimension zu ergänzen und die Perspektive auf die Gesellschaftlichkeit des Menschen zu richten und zweitens vor allem die menschliche Sprache und ihre Produkte zu untersuchen, da sich in der Sprache die Gesellschaftlichkeit des Menschen ausdrücke (vgl. auch Laucken 1998). Lazarus und Steinthal sprechen allerdings nicht von Gesellschaftlichkeit des Menschen, sondern (notabene) von »Volksgeist«.

Neben dem völker- und sprachwissenschaftlichem Programm von Lazarus und Steinthal dürfte zum anderen auch *Wilhelm Wundts* (1832–1920) Völkerpsychologie für die Entwicklung kommunikationspsychologischen Denkens nicht unerheblich gewesen sein, auch wenn gerade dieser Zweig des wundtschen Werkes kaum noch rezipiert wird. »Alle jene«, schreibt Wundt (1888, S. 21, zit. n. Laucken 1998, S. 90), »aus der Gemeinschaft des geistigen Lebens hervorgehenden Entwicklungen bilden so die Probleme einer selbstständigen psychologischen Untersuchung, für die man den Namen der Völkerpsychologie ... beibehalten wird ...« Damit wäre zumindest ein Forschungsprogramm beschrieben, das auch für eine Kommunikationspsychologie von Interesse sein müsste.

Da wir an dieser Stelle keine systematische Wissenschaftsgeschichte der Kommunikationspsychologie vorlegen können, weil diese Geschichte erst noch geschrieben werden muss, erlauben wir uns nur einige impressionistische Darstellungen der Wurzeln, die aus unserer Sicht für die heutige Kommunikationspsychologie nicht uninteressant sind:

Das, was mit dem Begriff »menschliche Kommunikation« beschrieben werden soll, ist so alt wie das Leben schlechthin. Wiemann und Giles (1996, S. 332) machen darauf aufmerksam, dass Aristoteles' Text zur »Rhetorik« zu den ersten wissenschaftlichen Texten einer Kommunikationsforschung gezählt werden kann. In diesem Text geht es u.a. darum, wie eine demokratische Regierung das Volk zu beeinflussen vermag.

Nach der von Aristoteles entworfenen Kommunikationstheorie, die als Rhetorik bezeichnenderweise zugleich die erste Theorie der

Wirkungen von Kommunikation darstelle, müsse ein Stimulus, wenn er nur genügend sorgfältig präpariert sei, die gewünschten Wirkungen erzielen. Auf Aristoteles' »Rhetorik« baue das so genannte Stimulus-Response-Modell der Kommunikation auf. Auf dieses Modell werden wir im nächsten Abschnitt noch ausführlicher eingehen. Auch die in der Psychologie (seit Sigmund Freud, 1856–1939) beschriebene Kartharsisthese wird auf Aristoteles zurückgeführt. Bezogen auf aktuelle Mediendiskussionen wird, ausgehend von der Kartharsisthese, angenommen, die Beobachtung von Gewaltdarstellungen habe eine sozialhygienische Funktion, da durch die Rezeption derartiger Darstellungen Aggressionspotenziale abgebaut würden.

»*Die Frage, wie Menschen von bildhaften oder verbalen Darstellungen beeinflusst werden, wurde schon in der Antike – hauptsächlich von Platon und Aristoteles – kontrovers diskutiert … So erhob Platon die Forderung, dass die Dichter von Märchen und Sagen beaufsichtigt werden müssten, sodass nur die guten Märchen an die Rezipienten weitergereicht würden, wobei offen blieb, was gut sein sollte und wer über gut oder nicht gut entscheiden sollte. Im Gegensatz zu Platon vertrat Aristoteles die Ansicht, durch eine Tragödie, die Stimmungen wie Furcht und Mitleid beim Zuschauer errege, werde eine reinigende Wirkung erzielt.*« (Krebs 1994, S. 353)

Sozialpsychologen zählen die Arbeiten von Platon (427–347 v. Chr.) und Aristoteles (384–322 v. Chr.) üblicherweise zu den vorgeschichtlichen Wurzeln ihrer Wissenschaft (vgl. auch Graumann 1996, S. 6), sodass es uns nicht schwer fällt, es ebenso zu tun.

Allerdings: Die vorwissenschaftlichen Quellen, in denen man Hinweise über »richtiges« oder »passendes« bzw. effektives Kommunizieren nachlesen kann, sind älter als die »Rhetorik« des Aristoteles. In den »Zehn Worten« oder »Zehn Geboten« der Bibel heißt es u.a.: »Du sollst nicht falsch Zeugnis reden wider deinen Nächsten.« (5. Moses 5) Man könnte auch sagen, du sollst nicht lügen. Eine solche Forderung ist zweifellos eine wichtige Maxime für gelingende Kommunikation. Und so wundert es nicht, wenn wir auch in der aktuellen wissenschaftlichen Literatur immer wieder Versuche finden, derartige (meist moralisch begründete) Maximen aufzustellen und wissenschaftlich zu begründen (z.B. Grice 1975, 1978; Habermas 1981). Werner Herkner (1991, S. 173) meint: »Damit ein Gespräch reibungslos ablaufen kann, muss jeder Interaktionspartner nicht nur möglichst korrekte Annahmen über das Vorwissen des anderen treffen, sondern auch motiviert sein, zu kooperieren.« Als wissenschaftlichen Beleg für eine derartige Motivation erwähnt Herkner das Kooperationsprinzip von Grice, das in seinen Ausführungen sehr viel Ähnlichkeiten mit den Geboten der Bibel zu haben scheint und das wir uns später noch ansehen werden.

»Kommunikation« ist ein Begriff mit einer kurzen Geschichte aber einer langen Vergangenheit. Auf dem 4. Internationalen Kongress für Psychologie, der 1900 in Paris stattfand, prägte der deutsche Psychologe Hermann Ebbinghaus den Satz, die Psychologie habe zwar eine lange Vergangenheit, aber nur eine kurze Geschichte (vgl. auch Ash/Geuter 1985, S. 9). Dieser Satz, der mittlerweile oft zitiert wird, scheint auch auf die Kommunikationswissenschaft im Allgemeinen und auf die Kommunikationspsychologie im Besonderen zuzutreffen.

3.2 Allgemeine Kommunikationstheorien

Theorien, die für die Kommunikationspsychologie von Interesse sind, zeichnen sich vor allem durch ihren disziplinübergreifenden Charakter aus. Zum Teil sind sie von Soziologen, zum Teil von Psychologen, von Anthropologen, Sprachwissenschaftlern oder Vertretern anderer Disziplinen entwickelt worden. In diesem Abschnitt möchten wir eine Auswahl klassischer und moderner Theorien präsentieren, die sich aus einer allgemeinen Perspektive dem Kommunikationsphänomen widmen.

Der Symbolische Interaktionismus

Erste theoretische Ansätze, in denen Kommunikation als Zentralperspektive eine Rolle spielte, wurden im Übergang zum 20. Jahrhundert entworfen. Vor allem amerikanische Sozialwissenschaftler versuchten in der Tradition des Pragmatismus die gesellschaftlichen

Strukturen aus der Beschaffenheit von Kommunikationsprozessen zu erklären (vgl. auch Knoblauch 1995, S. 2). Namen wie Georg Herbert Mead, John Dewey, W.I. Thomas, Robert E. Park, William James, Charles Horton Cooley, Florian Znaniecki, James Mark Baldwin, Robert Redfield und Louis Wirth sind in diesem Zusammenhang hervorzuheben. Alle diese Namen hängen eng mit dem so genannten Symbolischen Interaktionismus zusammen (vgl. Blumer 1995, S. 23).

Der Symbolische Interaktionismus, zu dessen Hauptvertreter aus heutiger Sicht sicher Georg Herbert Mead (1863–1931) zu rechnen ist, stellt den Hintergrund für eine Vielzahl sozialwissenschaftlicher Ansätze dar, die menschliches Verhalten und Bewusstsein aus den sozialen Wechselbeziehungen erklären, die Menschen miteinander eingehen. Insofern lässt sich der Symbolische Interaktionismus auch als allgemeine soziologisch-sozialpsychologische Kommunikationstheorie interpretieren, und zwar mit folgenden Prämissen (Blumer 1995): Menschen handeln gegenüber den Dingen auf Grund der Bedeutungen, die diese Dinge besitzen. Das heißt, Menschen handeln nicht auf Grund irgendwelcher »objektiver« Beschaffenheiten von Situationen, sondern wie sie (die Menschen) diese Situationen definieren, interpretieren und deuten.

»Unter ›Dingen‹ wird hier alles gefasst, was der Mensch in seiner Welt wahrzunehmen vermag, physische Gegenstände, wie Bäume oder Stühle; andere Menschen, wie eine Mutter oder einen Verkäufer; Kategorien von Menschen, wie Freunde oder Feinde; Institutionen, wie eine Schule oder eine Regierung; Leitideale wie individuelle Unabhängigkeit oder Ehrlichkeit; Handlungen anderer Personen, wie ihre Befehle oder Wünsche; und solche Situationen, wie sie dem Individuum in seinem täglichen Leben begegnen.« (Blumer 1995, S. 23f.)

Die Bedeutungen von Dingen, ihre Definitionen und Interpretationen werden von den Menschen in der sozialen Interaktion ausgehandelt. In Anlehnung an Mead unterscheidet Blumer zwei grundlegende Interaktionsformen:
- nicht-symbolische Interaktionen und
- symbolische Interaktionen.

Mead selbst nannte diese beiden Interaktionsformen »Konversation von Gesten«, womit noch einmal der enge Bezug zum Kommunikationsthema deutlich wird.

»*Nicht-symbolische Interaktion findet statt, wenn man direkt auf die Handlung eines anderen antwortet, ohne diese zu interpretieren; symbolische Interaktion beinhaltet dagegen die Interpretation der Handlung. Nicht-symbolische Interaktion ist am leichtesten in reflexartigen Reaktionen erkennbar, wie im Fall eines Boxers, der automatisch seinen Arm hochreißt, um einen Schlag zu parieren. Wenn der Boxer jedoch durch Nachdenken den bevorstehenden Schlag seines Gegners als eine Finte identifizieren würde, die ihn täuschen soll, so würde er eine symbolische Interaktion eingehen.*« (Blumer 1995, S. 29)

Die interaktiv (kommunikativ) ausgehandelten Bedeutungen werden von den Menschen benutzt und geändert, indem die Menschen die Bedeutungen aktiv interpretieren (und auslegen) können.

»*Für den symbolischen Interaktionismus sind Bedeutungen daher soziale Produkte, sie sind Schöpfungen, die in den und durch die definierenden Aktivitäten miteinander interagierender Personen hervorgebracht werden.*« (Blumer 1995, S. 26)

Über die soziale Verkettung menschlicher Handlungen, also durch die laufenden Interaktionen (und darin eingebundenen Interpretationen) werden soziale Regeln, soziale Netzwerke, Institutionen und Organisationen geschaffen.

»*Ein Netzwerk oder eine Institution funktioniert nicht automatisch auf Grund irgendeiner inneren Dynamik oder auf Grund von Systemerfordernissen; sie funktionieren, weil Personen in verschiedenen Positionen etwas tun – und zwar ist das, was sie tun, ein Ergebnis der Art und Weise, in der sie die Situation definieren, in der sie handeln müssen.*« (Blumer 1995, S. 37f.)

Der Symbolische Interaktionismus ist vor allem eine Metatheorie, durch die mittlerweile die Entwicklung zahlreicher konkreter Interaktions- und Kommunikationstheorien angestoßen wurde. Dazu gehören zum Beispiel der dramatologische Ansatz Goffmans

(1959), der ethnomethodologische Ansatz Garfinkels (1967), der Labeling Approach (Becker 1963) oder die Theorie der sozialen Identität (Tajfel 1978).

Das Stimulus-Response-Modell

Zu den ersten einflussreichen empirischen Kommunikationsforschungen, die in den ersten Jahrzehnten des 20. Jahrhunderts innerhalb der Soziologie und Psychologie durchgeführt wurden, gehören zweifellos die amerikanischen Arbeiten zur *Diffussion*. Unter Diffussion wurde dabei die Übernahme von Ideen oder Handlungen durch Einzelne oder Gruppen, die an spezifische Kommunikationskanäle angeschlossen sind, verstanden (vgl. Badura/Gloy 1972, S. 25). In den Forschungen zur Diffusion ging es um massenmedial verbreitete Ideen und deren Wirkungen. Innerhalb der Psychologie untersuchte man zum Beispiel Propagandawirkungen und -effekte oder Einstellungsänderungen in Folge massenmedialer Einflüsse.

Eines der frühesten Modelle, das sich in den Kontext dieser Forschungsbemühungen einordnen lässt, ist das 1927 von H.D. Lasswell zur Analyse von Propagandawirkungen in die Kommunikationsforschung eingeführte Stimulus-Response-Modell (vgl. auch Mertens 1994, S. 294), das sich am so genannten Reiz-Reaktions-Schema des Behaviorismus orientierte. Das Stimulus-Response-Modell geht bei der Beschreibung von Kommunikation von folgenden – hier verkürzt wiedergegebenen – Annahmen aus:

- Kommunikation sei der Austausch gezielter Informationen. Propaganda – als Kommunikationsform – befasse sich mit der strategischen Erzeugung, Auswahl und Versendung wirkungsträchtiger Stimuli.
- Erzeugt, ausgewählt und gesendet würden solche Stimuli von Kommunikatoren, um damit die Mitglieder einer Gesellschaft zu beeinflussen.
- Eine Gesellschaft bestehe aus einer Masse, also vielen einzelnen, aber gleichartigen Individuen, die voneinander isoliert und deswegen extrem abhängig von der kommunikativen Beeinflussung seien.

- Gleiche Stimuli könnten demzufolge gleich starke Wirkungen bei verschiedenen Individuen auslösen.

Als Beweis für die vom Stimulus-Response-Modell vorausgesagten starken Wirkungen massenmedialer Stimuli werden häufig die Folgen eines Hörspiels angeführt, das am 30. Oktober 1938 unter dem Titel »The Invasion from Mars« im amerikanischen Hörfunk ausgestrahlt wurde. Dem Hörspiel lag der Roman »War of the World« von Orson Welles zu Grunde. Welles führte auch die Regie bei diesem Hörspiel und war der Sprecher. Um 20 Uhr begann am besagten 30. Oktober 1938 die Übertragung zunächst mit Auszügen aus einem Klavierkonzert Tschaikowskys. Danach teilte ein Sprecher mit, dass nun die Sendung einer Erzählung von Orson Welles beginnen werde. Wenig später begann Welles mit seiner Erzählung über fremde Intelligenzen, die mit neidischen Augen auf die Erde blickten und beabsichtigten, sich dieser Erde zu bemächtigen. Nach diesen einleitenden Sätzen verlas ein anderer Sprecher den Wetterbericht und kündigte eine weitere Musikdarbietung an. Nach einigen Minuten wurde diese Musik für eine kurze Meldung unterbrochen, in der von einer ungewöhnlichen Beobachtung eines Observatoriums berichtet wurde. Dieser Wechsel zwischen Musik und scheinbaren aktuellen Nachrichten (z.b. über erdbebenähnliche Erschütterungen oder Augenzeugenberichten über die Landung Außerirdischer) hielt eine Zeit an. Dann kam die Mitteilung, dass der Ausnahmezustand über einige Regionen Nordamerikas verhängt worden sei.

Obwohl während der Sendung häufiger mitgeteilt wurde, dass es sich um ein Hörspiel handele, war die Wirkung dieser Sendung offenbar ungemein nachhaltig. Es sei in einigen Bundesstaaten zu panikartigem Verhalten der Menschen gekommen. 1,7 Millionen Hörer äußerten später, sie hätten das Hörspiel als Nachrichtensendung wahrgenommen und an die Invasion der Marsmenschen geglaubt (vgl. Cantril 1966, S. 57ff., zit. n. Jäckel 1999, S. 86ff.). Offenbar hatte das neue Medium Radio eine bis dato nicht erkannte starke Wirkungen der Massenmedien sichtbar gemacht.

Die Frage ist allerdings, ob mit diesem Beispiel auch das Stimulus-Response-Modell als bestätigt angesehen werden kann. Michael

Jäckel (1999, S. 95) macht zu Recht darauf aufmerksam, dass, wenn ca. 2% der Bevölkerung der USA durch das Hörspiel beunruhigt waren und sich z.T. panikartig verhielten, gefragt werden muss, warum sich die übrigen 98% offenbar der Beeinflussung entziehen konnten. Antworten auf diese Frage findet man dann, wenn man die individuellen Erfahrungen der Rezipienten (ihr Wissen, ihre Einstellungen und Deutungen von Welt) und den sozialen Kontext der kommunikativen Beeinflussung (soziale Strukturen, Normen und Werte) berücksichtigt (vgl. auch Merten 1994, S. 311f.). Explizite Hinweise auf die individuellen und sozialen Kontexte, die quasi als Selektionsfilter für beeinflussende Kommunikationen in Frage kommen könnten, finden sich weder im Stimulus-Response-Modell noch in seinem Vorbild, dem Rhetorikansatz von Aristoteles (auf den wir im vorigen Abschnitt eingegangen sind).

Die Lasswell-Formel

1948 veröffentlichte H.D. Lasswell einen Artikel über die Struktur und Funktion von Kommunikation, in dem er versuchte, die einseitige Sichtweise auf Kommunikation als Wirkung vom Sender zum Empfänger zu überwinden. Bekannt und vielfach zitiert ist dieser Ansatz als »Lasswell-Formel«. Um einen Kommunikationsprozess genauer beschreiben zu können, schlug Lasswell (1948) folgende Beschreibungskomponenten einer Kommunikation vor:

- Wer (Kommunikator, Sender),
- sagt was (Nachricht, Kommunikation, Botschaft, Mitteilung, Message, Information),
- zu wem (Kommunikant, Empfänger, Adressat),
- womit (Zeichen, Signal, verbale, nonverbale Verhaltensweisen),
- durch welches Medium (Kanal, Modalität),
- mit welcher Absicht (Intention, Motivation, Ziel),
- mit welchem Effekt.

Nur in seltenen Fällen können wir allerdings Alltagskommunikationen so detailliert beschreiben, wie es Lasswell fordert. Vor allem die Absicht und der Effekt von Kommunikationen sind in vielen

Fällen, in denen Menschen miteinander kommunizieren, nicht genau zu bestimmen. Auch das, was gesagt wird, bleibt aus unterschiedlichen Perspektiven häufig unklar und unbestimmt. Dennoch müssen wir Jäckel (1999, S. 63) zustimmen, wenn er feststellt, dass Lasswells Modell zum Ausgangspunkt vielfältiger differenzierter Betrachtungsweisen wurde.

The Mathematical Theory of Communication nach Shannon und Weaver

Ein anderes, ebenfalls etwas älteres Modell, mit dem interpersonale Kommunikation beschrieben werden soll, findet man in vielen einschlägigen Lehrbüchern. Das Modell wurde von den amerikanischen Informationstheoretikern Shannon und Weaver (1949) entwickelt.

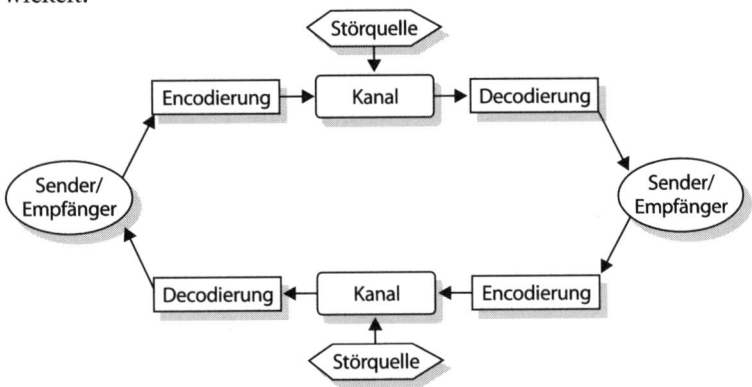

Abbildung 1: Die Theorie von Shannon und Weaver (1949)

»Eine Nachricht wird von einem Sender/Empfänger ›encodiert‹, über einen Kanal übertragen und vom Empfänger ›decodiert‹. ... Fehler in der Kette können sowohl in der Encodierung als auch in der Decodierung auftreten. Zu beachten an diesem Modell ist die für die menschliche Kommunikation wichtige Doppelfunktion, in der eine Person gleichzeitig Sender und Empfänger ist.« (Ellgring 1994, S. 197)

Das Entscheidende an diesem Modell ist, dass Sender und Empfänger über den gleichen Code verfügen müssen, um zu kommunizieren und sich zu verstehen. Kommunikation findet nach diesem Modell dann statt, wenn es einen Informationsfluss gibt. Und dieser Informationsfluss wird gesichert, wenn die Kommunikationspartner über identische Codes verfügen. Nur dadurch sei gesichert, dass die gesendeten Signale oder Informationen »ungestört« beim Empfänger ankommen und dort verarbeitet werden können. Faßler (1997, S. 40) nennt dieses Kommunikationsmodell ein Modell der »wahrscheinlichen Kommunikation«, um darauf aufmerksam zu machen, dass es auf der mathematischen und technologischen Idee beruht, nach der Kommunikation dann wahrscheinlicher, ungestörter und nutzbringender ablaufen kann, wenn es gelingt, die jeweiligen Kommunikationskanäle durchlässiger zu gestalten.

Claude E. Shannon war Mathematiker und Ingenieur und arbeitete zu der Zeit, als er mit Weaver sein Kommunikationsmodell entwarf, in den Bell Telephone Laboratories (Badura 1995, S. 18). Und so wundert es nicht, dass sich Shannon in seinem Modell nur auf den syntaktischen Aspekt von Information konzentrierte. Es ging ihm allein darum, ob eine Information, die von einem Sender abgeschickt wird, auch beim Empfänger ankommt. Semantische und pragmatische Aspekte von Kommunikation, also das, was eine Information bedeuten könnte und welche Funktion sie für Sender und Empfänger haben kann, wurden von Shannon bewusst unberücksichtigt gelassen.

Der Zweistufeneinfluss der Kommunikation (Two-step flow of communication)

Dieses Modell geht auf Lazarsfeld (1940) zurück und beinhaltet in seinem Kern die folgenden Aussagen:

> »Rezipienten nutzen die Massenmedien vor allem, um sich zu informieren; bei der Frage nach Wichtigkeit und Richtigkeit von Informationsangeboten, beispielsweise für Wahlentscheidungen, werden Meinungen benötigt, die als Meta-Aussage (als Bewertung der zu Grunde liegenden Information) die Entscheidung für die Ak-

zeptanz einer Information erleichtern. Diese Meinungen beschafft sich der Rezipient
- bei glaubwürdigen Personen, die er persönlich kennt (opinion-leaders),
- bei glaubwürdigen Personen, die er aus den Medien kennt (virtuelle opinion-leaders),
- durch Diskussionen und Argumentation mit anderen Personen oder durch Verfolgung solcher Diskussionen in den Massenmedien.« (Mertens 1994, S. 317)

Wir haben es also eigentlich mit einem eher auf die Wirkung von Medien orientierten Kommunikationsmodell zu tun. Dass wir dieses Modell dennoch an dieser Stelle kurz vorstellen, hat damit zu tun, dass fast zeitgleich mit Lazarsfeld auch Kurt Lewin (1890–1947) einen ähnlichen Ansatz vorlegte, um kommunikative Prozesse in Gruppenkontexten zu erklären.

Lewins Ausgangsfrage, die zunächst sehr technizistisch anmutet, lautete: »Welche ›Bedingungen‹ müssen geändert werden, um ein bestimmtes Resultat zu erreichen, und wie kann man diese Bedingungen mit den zur Verfügung stehenden Mitteln ändern?« (Lewin 1943, Kurt-Lewin-Werkausgabe, Bd. 4, S. 293) Als Antwort auf seine Frage weist Lewin zunächst darauf hin, dass weder individuelle noch Gruppengewohnheiten hinreichend zu erklären sind, wenn ausschließlich die statischen Strukturen dieser Gewohnheiten oder nur partielle Prozesse ihrer Entwicklung beachtet werden. Vielmehr müssten die Kräfte- oder Feldkonstellationen einer Gruppe (wenn es um Gruppengewohnheiten geht) ins Kalkül gezogen werden. Um derartige Feldkonstellationen zu explizieren, entwickelt Lewin eine so genannte »Kanal-Theorie«, deren zentrale Variable der so genannte »Pförtner« (englisch: Gatekeeper) ist. Darunter versteht Lewin im übertragenen Sinne eine Person, die die zentralen Kommunikationskanäle in einer Gruppe öffnet und schließt, also lenken kann. Das Konzept des »Gatekeeper« ist nahezu identisch mit dem von Lazarsfeld entworfenen »Opinion-Leader«.

Kommunikationspsychologisch interessant an beiden Modellen ist die einfache Tatsache, dass kommunikative Einflüsse von einem Sender eben nicht direkt als starke Wirkungen auf einen Empfänger treffen, sondern vom sozialen Kontext, in dem sich der Empfänger befindet, abhängig sind. Wesentliche Kontextvariablen sind nach dieser Sicht einflussreiche, vertrauensvolle und glaubwürdige Bezugspersonen (oder -gruppen) des Empfängers. Im sozialen Vergleich mit diesen Bezugspersonen oder Bezugsgruppen entscheidet der Empfänger, ob und welche gesendeten Informationen er als glaubhaft akzeptiert oder nicht.

Die Theorie des kommunikativen Handelns von Jürgen Habermas und die Theorie selbstreferenzieller Systeme von Niklas Luhmann

Unsere unvollständige Darstellung allgemeiner Kommunikationstheorien wäre noch unvollständiger, wenn wir nicht auf zwei deutsche, international hoch anerkannte Theorien eingehen, die sich auf einer zunächst sehr allgemeinen Ebene dem gesellschaftlichen Phänomen der Kommunikation widmen.

In beiden Fällen haben wir es eigentlich mit umfassenden philosophisch-soziologischen Entwürfen zur Erklärung nachmoderner Gesellschaftsentwicklungen zu tun. So wundert es dann auch nicht, wenn es kaum empirisch orientierte soziologische oder psychologische Kommunikationsforschungen in Deutschland gibt, die sich explizit auf die Theorien von Habermas und Luhmann beziehen. Dass wir dennoch beide Theorieentwürfe an dieser Stelle knapp vorstellen, hat vor allem mit ihren Breiten- und Hintergrundwirkungen zu tun. Die Theorien von Habermas und Luhmann fungieren für viele Kommunikationsforscher als metatheoretische Denkrahmen, um spezielle, fachtheoretische Modelle zu entwerfen oder einfach nur, um mit einem so allgemeinen Denkrahmen vielfältige Kommunikationsprozesse zu beobachten.

Die Theorie des kommunikativen Handelns (TKH)

Jürgen Habermas veröffentlichte seine Theorie in vollständiger Fassung erstmals in zwei Bänden 1981 (Habermas 1981). Für unseren kurzen Einstieg in die Theorie des kommunikativen Handelns können und wollen wir uns aber nur auf einige kommunikationspsychologisch interessante Aspekte beschränken und Habermas' Gesellschaftskonzeption vernachlässigen. Unsere knappe Darstellung orientiert sich an der gründlichen Kommentierung der TKH durch Burkart/Lang (1995).

Ein wichtiger Bestanteil der TKH ist die »Theorie der kommunikativen Kompetenz«, auf die wir etwas ausführlicher eingehen wollen. Habermas geht dabei von einer idealtypischen Kommunikationssituation aus und meint, ein Sprecher, der verstanden werden will und selbst verstehen wolle, müsse die folgenden universalen Ansprüche erfüllen:

- Den Anspruch der »Verständlichkeit«: Das heißt, der Sprecher/die Sprecherin muss wissen, dass er/sie sich dem grammatikalischen Regelsystem seiner/ihrer Sprache entsprechend ausdrückt, um von seinem Kommunikationspartner verstanden zu werden.
- Den Anspruch der »Wahrheit«: Das heißt, der Sprecher/die Sprecherin muss wissen, dass er/sie über etwas sprechen muss, das auch vom Kommunikationspartner als existierend angesehen wird.
- Den Anspruch der »Wahrhaftigkeit«: Das heißt, der Sprecher/die Sprecherin muss im Gespräch seine/ihre tatsächlichen Absichten ausdrücken, um den Kommunikationspartner nicht zu täuschen.
- Den Anspruch der »Richtigkeit«: Das heißt, der Sprecher/die Sprecherin muss sich vor dem Hintergrund anerkannter sozialer Normen und Werte äußern.

Der Sinn von sprachlicher Kommunikation besteht – nach Habermas – also darin, dass sich mindestens zwei Sprecher/Hörer über etwas verständigen. Ziel der wechselseitigen Verständigung sei der Konsens (die »gewaltlose Einigung im Gespräch«) zwischen den Kommunikationspartnern und nicht die einseitige Einflussnahme. Dieser »verständigungsorientierten« Kommunikation stellt Habermas die so genannte »strategische Kommunikation« gegenüber. Strategische Kommunikation oder Verständigungsform ziele darauf ab, zum Zwecke des eigenen Erfolgs Einfluss auf die Einstellungen des Kommunikationspartners zu nehmen. Eine solche strategische Kommunikation kann offen (z.B. durch Druck oder Machtausübung) oder verdeckt geschehen. Verdeckte strategische Kommunikationen mit dem Ziel, andere (gegen deren Willen) zu beeinflussen, bedienen sich meist verschiedener Formen von Täuschung (vgl. auch Habermas 1988, Bd. 1, S. 446).

Die Fähigkeit der Sprecher, unterscheiden zu können, wann sie wie auf andere wirken, wann und wie sie sich mit anderen verständigen können bzw. wann Verständigungsversuche fehlschlagen, nennt Habermas kommunikative Kompetenz. Idealerweise setzen Sprecher ihre kommunikative Kompetenz ein, um sich mit anderen Sprechern zu verständigen, d.h.,»einen sprachlichen Ausdruck identisch (zu) verstehen« (Habermas 1988, Bd. 1, S. 412). Um eine solche Verständigung herstellen zu können, liegt es

»... in der kommunikativen Absicht des Sprechers, (a) eine im Hinblick auf den gegebenen normativen Kontext richtige Sprechhandlung zu vollziehen, damit eine als legitim anerkannte interpersonale Beziehung zwischen ihm und dem Hörer zu Stande kommt; (b) eine wahre Aussage (bzw. zutreffende Existenzvoraussetzungen) zu machen, damit der Hörer das Wissen des Sprechers übernimmt und teilt; und (c) Meinungen, Absichten, Gefühle, Wünsche usw. wahrhaftig zu äußern, damit der Hörer dem Gesagten Glauben schenkt« (Habermas 1988, S. 413).

Wenn sich Kommunikationspartner in diesem Sinne zu verständigen suchen, kann es selbstverständlich auch zu Störungen kommen, die von den Kommunikationspartnern nicht gewollt und nicht beabsichtigt sind. Derartige Störungen lassen sich durch einfache Reparaturleistungen beheben. Dies kann z.B. dadurch geschehen, dass nachgefragt wird, wie das Gesagte zu verstehen sei, oder indem zusätzliche Erklärungen in die Kommunikation eingebaut oder Rechtfertigungen nachgeliefert werden.

Helfen derartige Reparaturversuche nicht weiter, bedarf es anderer Rechtfertigungsversuche, damit die Kommunikationspartner ihre kommunikativen Absichten realisieren können. Habermas nennt diese »expliziten Rechtfertigungsversuche« Diskurse.

»In Diskursen soll also versucht werden, über problematisch gewordene Geltungsansprüche einen Konsens herbeizuführen. Während in der Alltagskommunikation die Gründe, die einen Geltungsanspruch stützen, nur unterschwellig mitlaufen, werden sie im Diskurs explizit zum Thema. Der Diskurs markiert daher auch einen Bruch mit dem gängigen Hintergrund der vorherrschenden Normen, Werte, Überzeugungen usw.; sie werden im Diskurs kritisch in Frage gestellt.« (Burkart/Lang 1995, S. 48)

Mit der von Habermas thematisierten »Sprechsituation«, in der die Kommunikationspartner Konsens zu erreichen versuchen, beschreibt er das Ideal und die Vision verständiger Kommunikation in einer Gesellschaft, in der gegen diese Ideale zu oft zum Schaden aller Beteiligten verstoßen wird. Wir werden sehen, dass derartige Idealbeschreibungen von gelingender Kommunikation auch in psychologischen Kommunikationstheorien wieder zu finden sind.

Luhmanns Theorie selbstreferenzieller Systeme

1981, im gleichen Jahr, als Habermas seine Theorie des kommunikativen Handelns veröffentlichte, stellte Niklas Luhmann fest, Kommunikation sei »unwahrscheinlich, obwohl wir sie jeden Tag erleben, praktizieren und ohne sie nicht leben würden« (Luhmann 1981, S. 26). Damit verneint er nicht, dass wir Menschen kommunizieren. Er will darauf aufmerksam machen, dass es in der Kommunikation nicht primär um wechselseitiges Verstehen, im Sinne identischer Codierungen und Decodierungen, geht. Kommunikative Beziehungen seien im hohen Maße unklar und unbestimmt.

Luhmanns Theorie selbstreferenzieller Systeme ist nicht minder umfassend als der Ansatz von Habermas. Ebenso wie Habermas will auch Luhmann mit seiner Theorie eine umfassende Gesellschaftstheorie liefern. Wenn wir im Folgenden nur Facetten aus der luhmannschen Theorie herausgreifen, so geschieht das höchst subjektiv, partiell und bruchstückhaft.

»Sobald überhaupt Kommunikation unter Menschen stattfindet, entstehen soziale Systeme.« (Luhmann 1975, S. 9)

Das heißt auch, dass es Luhmann weniger um die Alltagskommunikation zwischen konkreten Menschen geht als vielmehr darum, was durch Kommunikation auf unterschiedlichen sozialen Systemebenen entsteht. Kommunikation ist für Luhmann primär der Prozess, durch den sich soziale Systeme von psychischen (individuell-menschlichen) Systemen unterscheiden. Kommunikative Beziehungen begreift er demzufolge nicht als Wechselwirkung zwischen Menschen, sondern als Elemente von sozialen Systemen. Zugegeben, das ist nicht so leicht zu begreifen: Nicht Menschen sind somit die konstituierenden Systemelemente, sondern die Kommunikationen, die unabhängig von den Menschen prozessieren, obwohl die Menschen an den Kommunikationen beteiligt sind. Soziale Systeme entwickeln sich, indem sie immer neue Kommunikationen produzieren, an denen sich weitere Kommunikationen anschließen usw.

Was aber ist Kommunikation aus der Sicht Luhmanns? Zunächst habe Kommunikation nichts mit der Übertragung von Informationen oder Nachrichten zu tun (Luhmann 1988, S. 193). Die Übertragungsmetapher (s. Abschnitt 1.2) verführe dazu, sich vorzustellen, dass die übertragene Information für Absender und Empfänger dieselbe sei. Kommunikation müsse vielmehr als dreistellige Einheit behandelt werden, bestehend aus Information, Mitteilung und Verstehen (Luhmann 1988, S. 197f.).

»Information *ist ›Neues‹ im Sinne einer von außen kommenden Nachricht; und sie ist zugleich eine Ordnungsbestätigung, da sie ›konservative‹ Elemente enthält, die sie überhaupt lesbar, aneignungsfähig machen.* Mitteilen *erfolgt über die zur Verfügung stehenden Kanäle (gesprochene, geschriebene, gesendete Nachricht) und* Verstehen *ist die Einfügung des Mitgeteilten in den Sinn-Rahmen.*« (Faßler 1997, S. 38)

Verstehen in der Kommunikation bedeutet nach Luhmann aber nicht wie in der Metapher des Mitteilens von Gemeinsamkeiten, dass die kommunizierenden Instanzen (Luhmann nennt sie Alter und Ego) sich dann verstanden haben, wenn sie über die gemeinsame Sicht auf die Wirklichkeit verfügen. Ob Ego verstanden hat, was Alter ihm mitteilte, kann Ego nur prüfen, wenn sich die kommunikativen Handlungen fortsetzen. Ebenso kann Ego nur am Fortgang der Kommunikation feststellen, ob Alter ihn verstanden hat. Verstehen ist immer eine selbstreferenzielle Entscheidung, die Ego oder Alter für sich allein fällen müssen. Minimale Basis für diese Entscheidung, die keine hundertprozentig sichere, also wahrscheinliche sein kann, ist das Anschlussverhalten (eben der Fortgang der Kommunikation).

Den Wert einer solchen Auffassung von Kommunikation beschreibt Peter Fuchs, ein Luhmann-Schüler, in folgender Weise:

»Was im Kopf geschieht, kommt nicht raus. Und trotzdem muss es einen Verhaltensabstimmungsmodus zwischen psychischen Systemen geben. Dieser läuft über eine ›emergente‹ Größe, über eine Einheit, die ihre eigene Gesetzmäßigkeit entfaltet, nämlich Kommunikation. Das ist sicherlich widerständig gegenüber dem Alltagsverständnis, weil wir immer die Idee haben, wir kommunizierten miteinander. Wir tun das aber nie! Wir sind vielmehr in der Weise an Kommunikation beteiligt, dass wir Äußerungen produzieren. Wie diese dann aber miteinander verschliffen werden, in welche Art von Strukturen, von Kombinationsspielräume sie fallen, darüber haben wir kaum noch die Kontrolle.« (Fuchs 1998, S. 173)

Zunächst einmal bleibt festzustellen, dass von der luhmannschen Sicht auf kommunikative Beziehungen eine Menge Verstörungen und Beunruhigungen ausgehen, weil sie nicht sofort mit unserem Alltagsverständnis oder unseren Alltagswünschen vereinbar ist.

3.3 Psychologische Kommunikationstheorien

In einem Artikel in »Social Psychology: Handbook of Basic Principles« haben Robert M. Krauss und Susan R. Fussel versucht, die zahlreichen und zum Teil auch diversen sozialpsychologischen Kommunikationstheorien und -modelle zu ordnen und strukturiert und differenziert darzustellen (Kraus/Fussel 1996). In ihrer Literaturrecherche haben sie vier Klassen dieser Theorien bzw. Modelle identifizieren können:

- Encoder-/Decoder-Modelle;
- intentionalistische Modelle;
- Perspektivenübernahme-Modelle;
- Dialog-Modelle.

Wegen ihrer Praktikabilität nutzen auch wir im Folgenden diese Klassifikation, um einige kommunikationspsychologische Modelle und Theorien einzuordnen und kurz vorzustellen.

Encoder-/Decoder-Modelle

Encoder-/Decoder-Modelle betrachten Kommunikation als Prozess, in dem ein Sender eine interne Repräsentation (eine individuelle Absicht oder Wirklichkeitsvorstellung) in einen Code (eine Sprache, ein Signal etc.) transformiert (encodiert), die so codierte Information über einen Kanal zu einem Empfänger transportiert, der diese Information, um sie zu verstehen, decodieren muss. Die bereits vorgestellte mathematische Theorie der Kommunikation von Shannon und Weaver ist sicher das prototypische Beispiel für ein Encoder-/Decoder-Modell. Krauss und Fussel (1996, S. 662) betonen, dass Encoder-/Decoder-Modelle in jenen kommunikationspsychologischen Diskussionen, die sich mit verbalen Kommunikationen beschäftigen, kaum noch eine bedeutende Rolle spielen.

Für die gegenwärtigen Forschungen zur nonverbalen Kommunikation hingegen scheinen derartige Modelle nach wie vor eine dominante Perspektive auszudrücken. Krauss/Fussel (1996) verweisen zum Beispiel auf die einschlägigen Arbeiten von Ekman/Friesen (z.B. 1975). Interessant sind die Encoder-/Decoder-Modelle aber auch, wenn es um die Erforschung naiver oder impliziter Kommunikationstheorien geht, wenn also die subjektiven Theorien von Kommunikationspartnern in alltäglichen Kommunikationssituationen untersucht werden. Dass wir in unserem Alltag nicht selten von naiven Encoder-/Decoder-Modellen ausgehen, haben wir schon mehrfach betont. Belege für die Wirksamkeit derartiger Modelle als subjektive Bewertungsgrundlagen für Alltagskommunikationen lieferten zum Beispiel Untersuchungen zur Personenattribution und zur Rolle der so genannten impliziten Kausalität (vgl. z.B. Semin/Marsman 1994). Zur Illustration der Encoder-/Decoder-Modelle in der Psychologie stellen wir ein schon recht altes Kommunikationsmodell vor:

Das Organon-Modell von Karl Bühler (1934)

Eine wichtige psychologische Kommunikationstheorie, die eigentlich eine Sprachtheorie ist, stammt von Karl Bühler (1934). Auch Luhmann beruft sich in der Entwicklung seines Kommunikationsbegriffs auf die Sprachtheorie Bühlers (Luhmann 1988, S. 196). Bühler hebt in seiner Theorie drei fundamentale Funktionen oder Leistungen der menschlichen Sprache hervor: Darstellung, Ausdruck, Appell. Dieser Differenzierung, die sich auf die Beziehungen von Zeichen, bezeichnetes Objekt und Objektbenutzer bezieht, liegt die Unterscheidung von Sender und Empfänger zu Grunde, so wie wir sie bereits im Modell von Shannon und Weaver kennen gelernt haben. Diese Ähnlichkeit veranlasste uns, die Theorie Bühlers als Beispiel der so genannten Encoder-/Decoder-Modelle vorzustellen. Abbildung 2 illustriert die Grundbestandteile der Theorie.

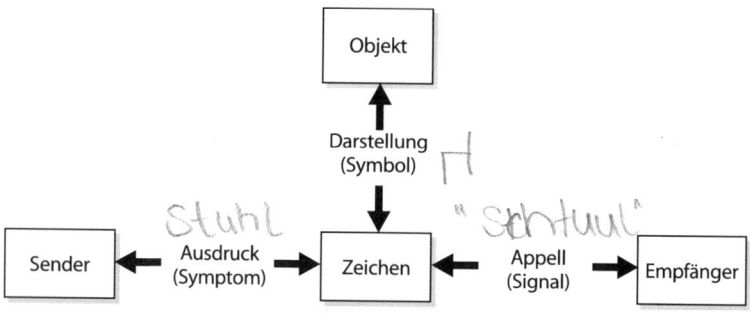

Abbildung 2: Das Organon-Modell von Karl Bühler (1934)

Die drei Beziehungen des Zeichens (zu Objekt, Sender und Empfänger) entsprechen nach Bühler den drei fundamentalen Funktionen der Sprache:

- Die *Darstellungsfunktion* entspricht der Beziehung zwischen Zeichen und Objekt (Zeichen als *Symbol*). Der Sender verweist den Empfänger durch ein sprachliches Zeichen (durch ein Wort, einen Satz oder eine Geste) auf ein Objekt. Das heißt, der Sender stellt mit Hilfe von Zeichen bestimmte Sachverhalte dar, die der Empfänger wahrnehmen soll.
- Die *Ausdrucksfunktion* entspricht der Beziehung zwischen Zeichen und Sender (Zeichen als *Symptom*). Mit seinen sprachlichen (verbalen oder nonverbalen) Zeichen drückt der Sender gegenüber dem Empfänger etwas aus und der Empfänger erfährt auf diesem Wege etwas über den Sender (und seine Befindlichkeiten).
- Die *Appellfunktion* entspricht der Beziehung zwischen Zeichen und Empfänger (Zeichen als *Signal*). Mit dem, was der Sender mit Hilfe seiner sprachlichen Zeichen anzeigt, kann der Empfänger veranlasst werden, ein bestimmtes Verhalten zu zeigen, Verhalten zu ändern oder bestimmte Erfahrungen zu erleben. Der Sender kann zum Beispiel versuchen, den Empfänger aufzufordern, zu überreden oder zu beeinflussen, etwas zu tun oder zu unterlassen.

Das Organon-Modell spielt in aktuellen kommunikationspsychologischen Forschungen kaum noch eine Rolle. Seinen Wert hat dieses Modell aber dennoch; zum Beispiel in der Entwicklungspsychologie, in der es genutzt wird, um die Sprachentwicklung von Kindern zu klassifizieren und zu beschreiben.

Intentionale Modelle

Während es in den Encoder-/Decoder-Modellen vorrangig um die Nachricht und die Wege geht, diese möglichst störungsfrei vom Sender zum Empfänger zu transportieren, fokussieren die Intentionalen Modelle auf die Absichten des Senders dem Empfänger das mitzuteilen, was er (der Sender) auch meint. Dabei geht es letztlich darum, dass die Kommunikation zwischen Sender und Empfänger auch gelingt. Und die Kommunikation ist dann gelungen, wenn

Sender und Empfänger in der Kommunikation einen Konsens, eine Einigung über das Gesprochene herstellen. Um diese Einigung zu erzielen, müssen Sprecher und Hörer, Sender und Empfänger bestimmte Kommunikationsregeln beachten. Auch die von Habermas entwickelte allgemeine Theorie des kommunikativen Handelns geht – wie wir bereits gesehen haben – von ähnlichen Prämissen aus. Als Beispiel für ein Intentionales Modell aus psychologischer Sicht wollen wir deshalb einen Ansatz vorstellen, der im Kern einige Gemeinsamkeiten mit der von Habermas beschriebenen idealtypischen Sprach- oder Kommunikationssituation aufweist.

Die Konversationsmaxime von Grice (1975)

Grice (1975) schlug vor, Konversationen, also sprachliche Austausche, als kooperative Bemühungen zu betrachten. Wenn Menschen die Absicht haben zu diskutieren, einander zu kritisieren oder auch zu beleidigen, müssen sie, um ihre Absichten realisieren zu können, die Botschaften in bedeutungsvoller und nachvollziehbarer Weise an ihre jeweiligen Kommunikationspartner übermitteln. Um dies tun zu können, bedarf es bestimmter Rahmenbedingungen, die Grice in seinem *Kooperationsprinzip* zusammenfasst. Dieses *Kooperationsprinzip* besagt: Man soll jeden Beitrag zu einer Konversation so gestalten, wie es zum *Zeitpunkt* seines Auftretens und bei den von den Partnern akzeptierten *Zielen* der Interaktion notwendig ist. Dieses Kooperationsprinzip besteht aus vier Basisregeln, die auch als Konversationsmaxime bezeichnet werden:

- Die *Qualitätsmaxime*: Nachrichten sollten ein Maximum an Qualität aufweisen (sei wahrhaftig).
- Die *Quantitätsmaxime*: Nachrichten sollten nicht mehr und nicht weniger Informationen als nötig enthalten. Das heißt, man soll so informativ wie notwendig sein, aber nicht informativer als nötig.
- Die *Relevanzmaxime*: Nachrichten an die Kommunikationspartner sollen relevant und bedeutungsvoll sein. Themen, die

nicht Gegenstand des laufenden Gesprächs sind, sollten vermieden werden.
- Die *Klarheitsmaxime:* Nachrichten sollten klar, deutlich und knapp sein. Mehrdeutige Ausdrücke, unklare Formulierungen sollten vermieden werden.

Dann, wenn alle vier Maximen befolgt werden, können Konversationen angenehm und effizient sein. Andernfalls könne es zu Missverständnissen, schlechter Laune und Zeitverschwendung kommen. Dass derartige Kommunikationsregeln im Alltag nur schwer einzuhalten sind, haben wir schon früher bemerkt. Ihre Beachtung hängt nicht zuletzt vom Kontext ab, in dem die jeweilige Kommunikation eingebettet ist. Lyons (1977) zählt zu diesem Kontext

- die Rollen der Kommunikationspartner in der Kommunikationssituation (sind sie Sprecher oder Hörer),
- die sozialen Rollen und den sozialen Status der Kommunikationspartner (z.B. Doktor oder Patient),
- die formelle und/oder informelle Struktur der Kommunikation (z.B. ein Gespräch zwischen Vorgesetztem/Mitarbeiter oder ein Plausch zwischen Studenten in der Mensa),
- die Zeit und den Ort der Kommunikation,
- die Angemessenheit des Sprechstils,
- die Gesprächsthemen,
- die jeweilige Situation (zu Hause oder auf Arbeit).

Mit anderen Worten: Kommunikation ist zu komplex, um sie durch das Aufstellen idealer Regeln meistern zu können. Auch das werden wir noch ausführlicher behandeln.

Modelle der Perspektivenübernahme

Derartige Modelle gehen letztlich auf den Symbolischen Interaktionismus im Sinne Georg Herbert Meads und auf dessen bekannte Formulierung zurück: »Take the role or attitude of the other.« Das heißt, jeder Kommunikationspartner muss versuchen, die Kommunikationssituation so wahrzunehmen und zu erfahren, wie sie von den anderen Kommunikationspartnern ebenfalls wahrgenommen und erfahren wird. Um dies tun zu können, müssen die Kommunikationspartner bereit und fähig sein, die Kommunikationssituation aus der Sicht des/der jeweiligen anderen zu betrachten.

Psychologische Modelle und Begriffe, die diese Perspektivenübernahme zu beschreiben versuchen, gibt es viele: Rogers (1980) spricht von Empathie; Goldstein/Michaels (1985) entwickelten ein relativ komplexes Modell zur Erklärung und zum Training von Empathie; Clark/Carlson (1982) präsentieren ein allgemeines Modell der Hörer- und Sprecherhandlungen. Wir haben uns entschieden, ein deutsches Modell des interpersonalen Verstehens kurz vorzustellen, in dem die Perspektivenübernahme eine zentrale Rolle spielt.

Das Vier-Komponenten-Modell von Rosemann und Kerres (1986)

Rosemann/Kerres (1986) heben vier Komponenten hervor, um den Vorgang des interpersonalen Verhaltens zu beschreiben:

- Eine *kognitiv-prozedurale* Komponente, die sich unmittelbar auf die Fähigkeit zum Perspektivenwechsel bezieht. Damit meinen die Autoren die Fähigkeit, sich in den anderen hineinzuversetzen, Dinge aus der Perspektive eines anderen zu sehen (Rosemann/Kerres 1986, S. 151).
- Eine *affektiv-intentionale* Komponente, die auch als Empathie bezeichnet werden kann. Menschen mit hoher Empathie sind in der Lage, auf Gefühle einer anderen Person mit eigenen Gefühlen zu reagieren und unter Umständen mit den anderen zu leiden. Diese Komponente ist nach Meinung der Autoren keine notwendige Bedingung für interpersonales Verstehen, da man andere in ihrem Schmerz auch dann verstehen könne, wenn man nicht selbst die Schmerzen erleiden müsse.
- Eine *kommunikative* Komponente des interpersonalen Verstehens, mit der die Wechselseitigkeit und die laufenden Rückmel-

dungen beschrieben werden, die nötig sind, damit die Kommunikationspartner Gemeinsamkeiten oder Unterschiede zwischen den eigenen und den Auffassungen der anderen entdecken können.
- Eine *kognitiv-strukturelle* Komponente, die die Kenntnis der eigenen Einstellungen, Schemata und Vorstellungen beinhaltet, durch die auf individueller Seite das kommunikative Handeln gesteuert wird. Zu diesen Einstellungen und Schemata gehört auch das Wissen über die Vorurteile, mit denen man anderen Kommunikationspartnern begegnet.

Dialog-Modelle

In den bisher beschriebenen psychologischen Kommunikationsmodellen stehen weitgehend die kommunikativen Handlungen einer einzelnen Person im Mittelpunkt der Betrachtung. Ein Sprecher muss seine Äußerungen so formulieren, dass die damit verbundenen Bedeutungen in adäquater Weise zum Hörer transportiert und von diesem in der vom Sprecher gemeinten Weise identifiziert werden können. Beide, Sprecher und Hörer, werden in diesen Modellen als autonome, informationsverarbeitende Instanzen konzeptualisiert.

Eine davon verschiedene Perspektive präferieren die so genannten *Dialog-Modelle*. In diesen Modellen stehen die soziale Situation, in der kommuniziert wird, und die Interaktion der Kommunikationspartner im Mittelpunkt des Interesses. Die Bedeutung einer Mitteilung, die ein Sprecher an einen Hörer richtet, wird erst im Prozess der Kommunikation erzeugt und ist auch nur im Kontext dieser Kommunikation verständlich und interpretierbar. Das Ziel einer Kommunikation sei die Herstellung von Intersubjektivität (Krauss/Fussel 1996, S. 684). Unter Intersubjektivität wird der von den Kommunikationspartnern gemeinsam geteilte Bedeutungsgehalt bestimmter Handlungen oder Symbole verstanden, der erst in der gemeinsamen Kommunikation hergestellt wird. Das heißt, in jeder Kommunikation werden die Bedeutungen durch die Wechselseitigkeit der Beziehungen zwischen Sprecher und Hörer immer wieder neu erzeugt. Die Prozesse dieser Wechselseitigkeit werden gegenwärtig vor allem in der so genannten Konversationsanalyse untersucht (vgl. Clark/Brennan 1991; Clark/Wilkes-Gibbs 1986). Wir haben als Beispiel für ein Dialog-Modell einen Entwurf ausgewählt, der sich zwar nicht explizit in die gegenwärtigen Konversationsforschungen einordnet, dafür aber relevante psychologische Variablen identifiziert und wohl zu den bekanntesten Kommunikationsmodellen gehört.

Axiome einer formalen Theorie menschlicher Kommunikation (Watzlawick u.a. 1967)

Kommunikation ist ein universelles Phänomen. Ohne Kommunikation ist Menschsein nicht möglich. Ganz in diesem Sinne haben Watzlawick u.a. Grundlagen einer Kommunikationstheorie entwickelt, in der Kommunikation synonym zum Begriff der menschlichen Interaktion gebraucht wird.

»... *Kommunikation wird nicht einfach als Vehikel oder Manifestation, sondern als eine brauchbare Konzeption dessen aufgefasst, was sonst oft ungenau unter der Rubrik ›Interaktion‹ zusammengefasst wird.*« (Watzlawick/Beavin 1972, S. 179)

Der Entwurf, den Watzlawick und seine Kollegen vorlegten, ist mittlerweile so bekannt, dass wir eigentlich auf seine Darstellung verzichten könnten. Dass wir ihn dennoch an dieser Stelle vorstellen, hat mit seiner axiomatischen Grundlegung zu tun. Watzlawick u.a. haben keine vollständige, in allen Aspekten empirisch gehaltvolle und entsprechend prüfbare Theorie entwickelt, sondern mit ihrem Entwurf versucht, die Pragmatik interpersoneller Beziehungen zu beschreiben.
Dieser Entwurf ist vielfach kritisiert worden (vgl. z.B. Girgensohn-Marchand 1994; Burkart 1998). Indes ist er eigentlich immun gegen jede Kritik, da seine Bestandteile, die so genannten Kommunikationsaxiome, den Status von Annahmen haben, die nicht bewiesen werden müssen, sondern in sich eine logische Konsistenz

aufweisen sollten. Sie fungieren quasi als theoretische Kernsätze, die man entweder akzeptieren oder verwerfen kann, je nachdem, ob man die generelle Sichtweise, mit der diese Theorie entworfen wurde, übernehmen oder ablehnen will. Der Ansatz von Watzlawick u.a. lässt sich auf die folgenden fünf Axiome reduzieren:

- *1. Axiom: Man kann nicht nicht kommunizieren.*
  In Gegenwart einer zweiten Person ist alles Verhalten kommunikativ, hat also Mitteilungscharakter für andere. Demzufolge sei es unmöglich, nicht zu kommunizieren. Ob ich mich jemandem zuwende oder abwende, ihm signalisiere, dass ich mit ihm reden möchte, oder ihm zeige, dass ich lieber darauf verzichten will, immer hat mein Verhalten für die andere Person Mitteilungscharakter und ist insofern Kommunikation. Auch Schweigen ist Kommunikation.

  »Ja, es lässt sich allgemein sagen, dass alles Verhalten, nicht bloß der Gebrauch von Wörtern, Kommunikation ist ... und da es so etwas wie Nichtverhalten nicht gibt, ist es unmöglich, nicht zu kommunizieren.« (Watzlawick/Beavin 1972, S. 181)

- *2. Axiom: Kommunikation hat einen Inhalts- und einen Beziehungsaspekt.*
  Dieses Axiom besagt, dass jede Mitteilung aus einem Inhalt (was gesagt wird) und den Hinweisen des Senders für den Empfänger besteht, wie der Sender die Mitteilung verstanden haben will (wie etwas gesagt wird). Das heißt, mit jeder Kommunikation definieren die kommunizierenden Personen auch die Beziehung, die sie miteinander eingehen. Oftmals kann der Beziehungsaspekt wichtiger als der Inhaltsaspekt sein.

  »... während in einer bestimmten Kommunikation der eine oder der andere das größere, relative Gewicht haben kann, sind Kommunikationen, bei denen nur der eine oder nur der andere Aspekt vorkommt, unmöglich ...« (Watzlawick/Beavin 1972, S. 184)

  Das macht Kommunikation auch manchmal so schwierig, da beide Aspekte sich durchaus widersprechen können. So kann eine Person einer anderen Person auf der Inhaltsebene Zuneigung mitteilen, diese aber durch die Gestaltung der Beziehungsebene wieder in Frage stellen. Während die kommunikativen Inhalte in der Regel lautsprachlich vermittelt werden, können die Beziehungen zwischen den Kommunikationspartnern mittels verbaler und/oder nonverbaler Signale ausgedrückt werden.

- 3. *Axiom: Kommunikationsabläufe werden unterschiedlich strukturiert.*
Die Natur einer Beziehung ist durch die Interpunktion der Kommunikationsabläufe bedingt. Ein externer Beobachter sieht in der Kommunikation zweier Personen in der Regel zunächst einen ununterbrochenen Austausch von Mitteilungen. Tatsächlich definiert jede Person die Struktur der ablaufenden Kommunikation nach ihren eigenen Vorstellungen, Erfahrungen und Einstellungen, interpunktiert also die Struktur der laufenden Kommunikation jeweils nach eigenen Vorstellungen.

»Der Mann sagt etwa: ›Ich meide dich, weil du nörgelst.‹ Dagegen sagt die Frau: ›Ich nörgele, weil du mich meidest.‹ Jeder von beiden nimmt sein eigenes Verhalten nur als Reaktion auf das Verhalten des anderen wahr. Jeder sieht das Verhalten des anderen als ursächlich.« (Thomas 1991, S. 65)

- 4. *Axiom: Kommunikation bedient sich digitaler und analoger Modalitäten.*
Es gibt zwei Weisen, wie etwas dargestellt und mitgeteilt werden kann: entweder durch einen Namen oder ein Symbol, das dem Gegenstand fest zugeordnet ist (das ist ein Baum), oder durch Entsprechungen, Analogien. Die Darstellung durch Wörter und Symbole entspräche der digitalen Kommunikation und die Darstellung durch Entsprechungen wie Ausdrucksverhalten entspräche der analogen Kommunikation. Es lässt sich auch vereinfacht sagen, dass verbale Kommunikation in der Regel für zwei Kommunikationspartner, wenn sie beide der Sprache mächtig sind, in der sie kommunizieren, zu den digitalen Modalitäten der Kommunikation gehört. Während nonverbale Kommunikation eher den analogen Modalitäten zugerechnet werden sollte.

- **5. Axiom: Kommunikation verläuft entweder symmetrisch oder komplementär.**

Komplementär ist eine Kommunikation dann, wenn zwischen den Kommunikationspartnern ein Über- und Unterordnungsverhältnis besteht, wie z.B. zwischen Prüfer und Prüfling, zwischen Vorgesetztem und Mitarbeiter, zwischen Eltern und Kindern. Symmetrische Kommunikationen finden zwischen gleichberechtigten Partnern statt. Fast am Schluss ihrer frühen Arbeit zu einigen formalen Aspekten der Kommunikation schreiben Watzlawick und Beavin (Watzlawick/Beavin 1966/1967; hier zit. n. Watzlawick/Beavin 1972):

»*Aus der Sicht einer Kommunikation erscheint die Frage, ob es so etwas wie eine objektive Realität gibt, die die einen sich bewusster stellen als die anderen, von relativ geringer Bedeutung verglichen mit der Bedeutung verschiedener, auf unterschiedliche Gliederung zurückführbarer Auffassungen von der Wirklichkeit.*« (S. 191)

Diese relative, konstruktivistische Sicht auf Kommunikation und Wirklichkeit ist uns sehr sympathisch. Deshalb wird sie uns noch beschäftigen. Auch auf Paul Watzlawick werden wir noch zurückkommen.

4. Soziale Konstruktion und Kommunikation von Wirklichkeit

4.1 Ein Versuch über gelingende Kommunikation – eine Verunsicherung

Zwei Männer sitzen im Eisenbahnabteil. »Oj«, seufzt der eine. »Ojojoj«, seufzt der andere. Daraufhin der Erste: »Herr, hören wir auf, über Politik zu reden.«

Die beiden kommunizieren und ihre Kommunikation scheint irgendwie auch gelungen zu sein. Was aber heißt gelingende oder gelungene Kommunikation? Wann können wir eine Kommunikation als gelungen bezeichnen?

Der Begriff der gelungenen oder gelingenden Kommunikation geht auf die Theorie des kommunikativen Handelns von Habermas zurück, die wir bereits kurz vorgestellt haben (vgl. auch Faßler 1997, S. 43). Gelungen scheint eine Kommunikation dann zu sein, wenn es den Kommunikationspartnern gelingt, ihre Situationsdefinitionen, ihre Vorstellungen von der Kommunikationssituation aufeinander abstimmen zu können. Man könnte auch sagen, die Kommunikation ist dann gelungen, wenn sich die Kommunikationspartner verstanden haben.

Verstehen ist nicht nur ein sozialer Prozess zwischen einem Sprecher und einem Hörer, der auch zum Sprecher werden kann. Verstehen ist immer auch ein Akt, in dem die Beteiligten durch ihr Sprechen und ihr Zuhören eine ihnen genehme Wirklichkeit konstruieren. Man kann auch reden und sich verstehen, ohne etwas zu sagen. Die Worte kommen ohne Mühe – aber was sie wohl bedeuten mögen?

> »Dass sich das Wort ›verstehen‹ auf eine opak erscheinende Vielfalt von Gegenständen und Tätigkeiten bezieht – sprachliche und nichtsprachliche, mentale und materiale, prozesshafte und statische, natürliche und kulturelle, gegenständliche und abstrakte, qualitative und quantitative, faktische und fiktionale, begriffliche und ästhetische, empirische und normative, humane und extrahumane –, wird erkennbar, wenn man seinen Wortgebrauch und einige seiner phänotypischen Kulturformen samt der damit verbundenen Wissensformen vergegenwärtigt.« (Reusser/Reusser-Weyeneth 1994, S. 9f.)

Es geht um Textverstehen, um Kausalverstehen im Sinne der Naturwissenschaften, um theoretisches Funktionsverstehen im Sinne der Ingenieurwissenschaften und der Technik, um praktisches Verstehen im Sinne der handlungsmäßigen Könnerschaft, um logisch-mathematisches Schließen, um Motiv- und Handlungsverstehen, um kritisches Verstehen, um empathisches Verstehen, um ästhetisches Verstehen (Reusser/Reusser-Weyeneth, S. 11f.).

Aus kommunikationspsychologischer Perspektive interessieren wir uns ausschließlich für das interpersonale Verstehen, für das –

wie Foppa (1994) es nennt – Verstehen im Dialog, oder besser: für das gegenseitige Verstehen kommunizierender Personen. Verstehen ist kein Durchschauen von Wesenheiten, kein Dreinblicken in innere Unzugänglichkeiten der Dinge, Personen und Prozesse, kein wahres Erkennen dessen, was die Welt im Innersten zusammenhält, und eben auch nicht die Vorhersage und das Erklären psychischer Hintergründlichkeiten, wie es etwa Rosemann/Kerres (1986) mit ihrem psychologischen Verstehensbegriff anzudeuten versuchen. Dort heißt es:

»*Verstehen soll heißen, einen, wenn auch nur partiellen, Einblick in die Gedanken und die Gefühlswelt des anderen zu erhalten, seine Handlungsgründe nachzuvollziehen und Aufschluss über seine Wertvorstellungen zu erhalten.*« (Rosemann/Kerres 1986, S. 151)

Verstehen ist ein sozialer und psychischer Prozess, mit dem wir Menschen uns den Umgang mit den Dingen, Prozessen, anderen Menschen und uns selbst erleichtern können, weil wir durch das Verstehen die Möglichkeiten für den etwaigen Umgang, oder wie Luhmann sagt: für den Anschluss, auf einige handhabbare Art und Weisen einzuschränken vermögen. Verstanden haben wir etwas oder jemanden, wenn es uns gelingt, mit diesem ins Verhältnis zu treten, was wiederum nur heißt, uns zu etwas oder jemandem absichtsvoll und zielgerichtet zu verhalten.

Es ist die Passfähigkeit oder Nützlichkeit unserer individuellen und sozialen Konstruktionen, durch die wir erschließen können, ob wir etwas oder jemanden verstanden haben oder dieser uns.

Was heißt Passfähigkeit, und wie zeigt sich, ob unsere Wirklichkeitskonstruktionen zueinander passen? Diese Frage lässt sich erst beantworten, wenn wir wieder zu unserer eingangs genannten Einschränkung des Verstehensproblems zurückkehren. Volker Kraft gibt uns einige Beispiele für die alltagssprachliche Verwendung des Verstehensbegriffs:

»a) ›Obwohl er sehr leise gesprochen hat, habe ich jedes Wort verstanden.‹ ... b) ›Ich habe nicht verstanden, was er gemeint hat.‹ ... c) ›Herr X, er ist Tischler, versteht sein Handwerk ausgezeichnet.

Seine Frau hingegen beklagt sich, er verstehe sie überhaupt nicht.‹ ... d) ›Wie verstehst du diesen Text?‹ ... e) ›Ich verstehe mich selbst nicht mehr.‹ ... f) ›Der muss zum Psychiater oder Analytiker. Ein normaler Mensch kann nicht verstehen, was der getan hat.‹« (Kraft 1989)

Wie das in diesen Fällen geschilderte Verständnis oder Missverständnis beschaffen ist, hängt offensichtlich von sehr unterschiedlichen Kriterien des Verstehens ab. Drei Auffassungen über die Kriterien »passenden« oder gelingenden Verstehens scheinen uns besonders hervorhebenswert.

In der einen Auffassung werden die Kriterien für die Passfähigkeit bei jenen Personen gesucht, die etwas oder jemanden verstehen wollen oder sollen.

»*Häufig wird das Erfassen der Intention des Sprechers durch den Hörer als eigentliches Verstehen oder Verstehen auf der höchsten (oder tiefgründigsten?) Ebene bezeichnet.*« (Dobrick 1985, S. 97)

In diesem Sinne meint z.B. Clark:

»*Eine Äußerung verstehen heißt eine innere Repräsentation der linguistischen Struktur der betreffenden Äußerung aufbauen ... Die linguistische Tiefenstruktur repräsentiert genau das, was die Leute wissen, die einen Satz verstanden haben.*« (Clark, zit. n. Hörmann 1981, S. 127)

Das Kriterium für das Verstehen liege damit beim Empfänger der zu verstehenden Botschaft. Als Hochschullehrer ist uns eine solche Auffassung insofern sympathisch, als wir dann, wenn uns unsere Studenten nicht verstehen, die Gründe des Missverstehens unseren Hörern in die Schuhe schieben könnten.

Eine zweite und wohl innerhalb der Verstehenswissenschaften recht provokante Auffassung vertritt Gerhard Rusch. Er macht kurzerhand denjenigen für »richtiges« oder »falsches« Verstehen verantwortlich und damit zum Träger der Verstehenskriterien, der verstanden werden möchte:

> *»Die entscheidenden Kriterien für richtiges oder falsches Verstehen liegen nicht beim Verstehenden, sondern beim Zu-Verstehenden.«* (Rusch 1992, S. 216)
>
> *»Verstehen ist vielmehr eine Eigenschaft, nämlich die, den Orientierungserwartungen eines Orientierenden in einer Orientierungssituation zu entsprechen. Ob (und wann im Verlaufe einer Orientierungsinteraktion) dem Orientierten diese Eigenschaft zukommt, entscheidet der Orientierende auf Grund seiner Erwartungen und Beobachtungen. Verstehen bzw. verstanden haben ist dann eine dem Orientierten zugeschriebene, nur in der Orientierungsinteraktion mögliche und nur aus der Sicht des Orientierenden feststellbare Eigenschaft.«* (Ebd., S. 231)

Ob ein Sprecher vom Hörer verstanden wurde, entscheide der Sprecher, indem er aus dem Verhalten des Hörers auf dessen Verständnis zu schließen versucht. Interpersonales Verstehen wird bei dieser Perspektive zum wechselseitigen Bewertungsprozess mit Unsicherheitsüberschuss. Denn: Woher soll ich wissen, was ich denke, bevor ich nicht gehört habe, was ich sage?

Uns ist auch die Auffassung von Gerhard Rusch recht angenehm, allerdings weniger aus den vorgenannten hochschuldidaktischen Gründen als aus mehr epistemologischen Gesichtspunkten. Berücksichtigt sie doch die Selbstreferenzialität kognitiver Systeme. Mit dieser Selbstreferzialität verknüpfen sich die vielfachen Täuschungen und Unwägbarkeiten, mit denen man es zu tun bekommt, will man Verstehen verstehen. Sowohl der Sprecher als auch der Hörer können sich in dem, was sie sich selbst und dem anderen an Verständnis zuschreiben, auf Grund der kognitiven Unsicherheit täuschen.

Eine dritte, zwischen den beiden genannten Konzeptionen angesiedelte Auffassung über das interpersonale Verstehen findet sich bei Hans Hörmann (1976, 1988):

> *»Etwas verstehen, heißt nach unserer Auffassung also, eine Mitteilung dadurch erfolgreich verarbeiten zu können, dass man die in ihr enthaltene Information in einer Weise auf einen Horizont des Allgemein-Sinnvollen bezieht, die dem Meinen des Sprechers entspricht.«* (Hörmann 1988, S. 206)

Hier wird der Erfolg interpersonalen Verstehens zunächst daran gemessen, ob es dem Hörer einer Mitteilung gelungen ist, die empfangene Botschaft so zu verarbeiten, wie sie vom Sprecher gemeint ist. Hörmann fährt fort:

»*Was heißt dabei ›erfolgreich‹? Der Erfolg, der Verstandenhaben kennzeichnet, kann ›eigentlich‹ nur vom Sender der Mitteilung attestiert werden, z.b. indem er eine Äußerung des Hörers als Paraphrase seiner eigenen Mitteilung akzeptiert: ja, so habe ich es gemeint. Verstehen entspricht also dem Meinen.*« (Hörmann 1988, S. 206)

Und was mit der Mitteilung gemeint sein könnte, kann nur der Sprecher entscheiden. Eine Äußerung des Sprechers kann für einen Hörer durchaus sinnvoll und für ihn Grund für die Fortsetzung des Gespräches sein, obwohl sie aus der Perspektive des Sprechers vom Hörer nicht verstanden wurde. An dieser Stelle fügt sich nun eine interessante Gegenüberstellung von Textverstehen und Dialogverstehen ein, wie sie Klaus Foppa vorgenommen hat.

»*Als Sprecher müsste ich immer dann, wenn mir die Erwiderung meiner Partnerin ein falsches oder unvollständiges Verständnis meiner eigenen Äußerung zu indizieren scheint, eine Korrektur anbringen (›nein, so habe ich das nicht gemeint!‹ …). Solche und andere Verständnissicherungsschritte fehlen aber weitgehend, und zwar nicht deshalb, weil es in den Gesprächen keine Verständigungsprobleme gäbe, sondern weil es den Teilnehmern gar nicht so sehr darauf ankommt, jedes Detail im intendierten Sinn zu verstehen. Bei Sprecherinnen und Hörern scheint ein hohes Maß an Toleranz gegenüber der mangelhaften Interpretationsgenauigkeit der Partner zu bestehen. Im Allgemeinen scheint man sich damit zu begnügen, bloß so genau zu verstehen oder verstanden zu werden, wie man es für einen gegebenen Gesprächsanlass für nötig hält … Gesprächsanlässe, bei denen hohe ›Verstehenswerte‹, also detailgenaues Verstehen des Redetextes, gefragt wären, sind relativ selten.*« (Foppa 1994, S. 63f.)

Und warum ist das so? Vielleicht, weil die »mangelhafte Interpretationsgenauigkeit« eine der Voraussetzungen ist, um soziale Beziehungen, in denen es eigentlich um wechselseitiges Verstehen geht, aufrechterhalten zu können. Interpretationsungenauigkeiten und die sich daran anschließenden Missverständnisse zwischen den Beteiligten bestimmen offenbar die Dynamik des Verstehensprozesses entscheidend mit (vgl. auch Dobrick 1985). Interpersonales Verstehen wird zum Spiel, indem es den Spielern vor allem um das Spiel und seinen Fortgang zu gehen scheint.

Ob Sie das, was wir schreiben, verstehen oder nicht, hängt nicht vom Wahrheitsgehalt unseres Schreibens ab, auch nicht davon, ob Sie die Welt ebenso sehen, wie wir sie zu beschreiben versuchen, sondern davon, ob Sie das Gesagte oder Geschriebene irgendwie in ihre Vorstellungen und Konstruktionen einordnen können.

Der Fortgang des interpersonalen Verstehens hängt von der Passfähigkeit Ihrer und unserer Konstruktionen ab. Und diese bemisst sich einzig am Fortgang der gemeinsamen Interpretationen und Kommunikationen. Unsere Konstruktionen können auch dann passen, wenn wir »unterschiedlicher Meinung« sind. Gelungen ist eine Kommunikation dann, wenn sie sich fortsetzen lässt.

Am Anfang steht der Gegensatz. Es würde sich wohl niemand, auch esoterische Wissenschaftler nicht, mit den Prozessen des interpersonalen Verstehens beschäftigen, wenn wir immer und überall einer Meinung wären. Jeder und jede sieht die Welt so, wie er und sie die Welt sehen.

4.2 Interpersonale Kommunikation – ein Prozess mit vielen Komponenten

Paul Watzlawick, von dem wir bereits sprachen, erzählt in seinem Buch »Wie wirklich ist die Wirklichkeit?« folgende Geschichte:

> *»Während der letzten Phasen des Zweiten Weltkrieges und in den unmittelbaren Nachkriegsjahren hielten sich Millionen amerikanischer Soldaten auf ihrem Weg zum europäischen Festland vorübergehend in Großbritannien auf. Dies bot die einmalige Gelegenheit,*

die Wirkungen einer solchen, für moderne Zeiten ungewöhnlichen Massendurchdringung zweier Kulturformen unmittelbar zu studieren. Einer der Aspekte dieser Studie war ein Vergleich des Paarungsverhaltens in den beiden Kulturen. Dabei ergab es sich, dass sowohl die amerikanischen Soldaten als auch die englischen Mädchen sich gegenseitig des Mangels an sexuellem Taktgefühl und Zurückhaltung bezichtigten. Dies schien zunächst sehr merkwürdig, denn wie konnten beide Seiten dasselbe von der anderen behaupten? Nähere Untersuchungen brachten ein typisches Interpunktionsproblem ans Licht. Das kulturspezifische Paarungsverhalten, vom ursprünglichen Kennenlernen bis zum Geschlechtsverkehr, durchläuft sowohl in England als auch in den USA ungefähr dieselben 30 Verhaltensstufen; die Reihenfolge dieser Verhaltensweisen ist aber in den beiden Kulturen verschieden. Während in den USA zum Beispiel Küssen früh (etwa auf Stufe 5) kommt und recht harmlos ist, gilt es in England für sehr erotisch und nimmt daher einen viel späteren Platz im Verhaltensablauf (etwa Stufe 25) ein. Wenn also der Amerikaner annahm, es sei Zeit für einen unschuldigen Kuss, war dieser Kuss für die Engländerin durchaus kein unschuldiges, sondern ein sehr unverschämtes Benehmen, das für sie keineswegs in dieses Frühstadium der Beziehung passte. Sie fühlte sich daher nicht nur in undeutlicher Weise (diese kulturell bedingten Verhaltensregeln sind natürlich fast völlig außerbewusst) um einen großen Teil des ›richtigen‹ Paarungsverhaltens betrogen, sondern hatte sich zu entscheiden, ob sie die Beziehung an diesem Punkte abbrechen oder sich ihrem Freunde sexuell hingeben sollte. In diesem letzteren Falle war die Reihe nun am amerikanischen Soldaten, das Verhalten seiner Freundin auf Grund seiner außerbewussten Verhaltensregeln als nicht in das Frühstadium der Beziehung passend und daher schamlos zu finden. Wenn wir nun den typischen Fehler begehen, das Verhalten des Mädchens in künstlicher Isolierung zu beurteilen, so wird es uns nicht schwer fallen, eine Art psychiatrischer Diagnose zu stellen: Bricht sie die Beziehung nach dem ersten Kuss überstürzt ab und ergreift die Flucht, so könnte dies hysterisch genannt werden; beginnt sie dagegen, sich auszuziehen, so scheint dies nymphomanisch. Es kann kaum ausdrücklich genug betont werden, dass es sich hier und in allen ähnlichen Fällen um Konflikte handelt, die nicht auf einen der beiden Partner reduziert werden können und dürfen, sondern die ausschließlich im Wesen der Beziehung *liegen.«* (Watzlawick 1978, S. 74f.)

Jeder sieht offenbar die Welt so, wie er/sie sie sieht. Menschen bilden die Welt, in der sie leben, nicht einfach ab. Sie konstruieren sich vor dem Hintergrund bereits gemachter Erfahrungen ihre eigene, für ihr Handeln praktikable emotional und kognitiv ausgestaltete Wirklichkeit. Das Ergebnis dieses individuellen Konstruktionsprozesses nennen wir *individuelle Wirklichkeitskonstruktionen (IK)* oder individuelle Konstruktionen über die Wirklichkeit.

Die individuellen Konstruktionen (Motive, Handlungsgründe, Einstellungen, Vorstellungen usw.) bilden quasi den individuellen Hintergrund für interpersonale Kommunikationen.

Die britischen Mädchen gehen im Umgang mit den amerikanischen Soldaten von ihren individuellen Erfahrungen aus und die amerikanischen Soldaten tun das umgekehrt ebenfalls. Dieser individuelle Hintergrund ist auch die erste Ebene, die wir uns ansehen müssen, um zu verstehen, warum Kommunikationen so stattfinden, wie sie stattfinden. Dieser Hintergrund ist vielfältig. Das werden wir später noch sehen.

Ein Beispiel, um diesen Hintergrund aber schon jetzt zu illustrieren, wollen wir uns nicht verkneifen. Paul Watzlawick erzählt in seiner »Anleitung zum Unglücklichsein« die bekannte Geschichte vom Hammer:

»Ein Mann will ein Bild aufhängen. Den Nagel hat er, nicht aber den Hammer. Der Nachbar hat einen. Also beschließt unser Mann, hinüberzugehen und ihn auszuborgen. Doch da kommt ihm ein Zweifel: Was, wenn der Nachbar mir den Hammer nicht leihen will? Gestern schon begrüßte er mich nur so flüchtig. Vielleicht war er in Eile. Aber vielleicht war die Eile nur vorgeschützt, und er hat etwas gegen mich. Und was? Ich habe ihm nichts getan; der bildet sich da etwas ein. Wenn jemand von mir ein Werkzeug borgen wollte, ich gäbe es ihm sofort. Und warum er nicht? Wie kann man einem Mitmenschen einen so einfachen Gefallen abschlagen? Leute wie dieser Kerl vergiften einem das Leben. Und

dann bildet er sich noch ein, ich sei auf ihn angewiesen. Bloß weil er einen Hammer hat. Jetzt reicht's mir wirklich. – Und so stürmt er hinüber, läutet, der Nachbar öffnet, doch noch bevor er ›Guten Tag‹ sagen kann, schreit ihn unser Mann an: ›Behalten Sie Ihren Hammer, Sie Rüpel!‹« (Watzlawick 1987, S. 219)

Das Phänomen, das Watzlawick schildert, ist bekannt. Es hat in der Psychologie auch einen Namen bekommen. Es geht um sich selbsterfüllende Prophezeiungen (*self-fulfilling prophecies*): Man bestätigt durch sein Verhalten die eigenen ursprünglichen Erwartungen über das Verhalten anderer Menschen. Als »Pygmalion-Effekt« oder »konfirmatorische Strategien« ist dieses Phänomen in der Sozialpsychologie und Pädagogischen Psychologie hinlänglich untersucht worden. Solche sich selbsterfüllenden Prophezeiungen gehören zu den interessantesten *individuellen Hintergründen* für Kommunikation. Um diese individuellen Hintergründe zu benennen, sprechen wir von *individuellen Sinnräumen*. Dort finden sich die ersten Bedingungen und wohl auch die ersten Barrieren für interpersonale Kommunikationen. Ein Sinnraum bezeichnet das Ausmaß oder die Ausprägung individueller Konstruktionen (individuelle Werte, Überzeugungen, Einstellungen, subjektive Theorien, Schemata etc. – also all das, was als potenzielle Begründung für individuelle Deutungen von Welt in Frage kommen kann). Es geht, kurz gesagt, um die individuellen Gründe, an Kommunikationen teilzunehmen. Was könnten die Gründe sein, die Menschen veranlassen, miteinander zu kommunizieren? Worin sehen sie den Sinn, um zu verstehen und verstanden zu werden? Es spricht sicher vieles dafür zu vermuten, dass Menschen auch deshalb kommunizieren, weil sie sich dadurch gute Möglichkeiten zur Selbstdarstellung (zur Selbstpräsentation) versprechen. Darüber hinaus scheint es aber für manche Personen gute Gründe zu geben, in eine Kommunikation einzusteigen, um die Mitteilungen über die eigene Person in das Zentrum des gemeinsamen Interpretierens und Kommunizierens zu rücken, den Prozess des interpersonalen Verstehens in Gang zu halten, um eigene Probleme, Erfahrungen, Sorgen und Nöte zu »enthüllen« und Persönliches verstehen zu lernen. Die individuellen Gründe für die Teilnahme an der interpersonalen Kommunikation können also vielfältig sein. Wir werden darauf ausführlich im nächsten Kapitel eingehen.

Da wir Menschen nun aber nicht »als einsame Robinsone im Paradiese leben, wo wir ohne Sünde sind, weil wir keine begehen können«, stoßen wir mit unseren individuellen Konstruktionen im Umgang mit anderen Menschen auf potenzielle »Konstruktions- und Verständigungsprobleme«. Auch diese Probleme werden in der Geschichte von Watzlawick illustriert. Das heißt, indem Menschen mit unterschiedlichen und z.T. diversen individuellen Konstruktionen miteinander interagieren und kommunizieren, entstehen offenbar auch völlig neue Wirklichkeiten, anders gesagt: neue Konstruktionen über die Welt; amerikanische Soldaten meinen, englische Mädchen seien schnell zu sexuellen Beziehungen bereit und umgekehrt. Im Raum der *interpersonalen Interaktionen* kann der Einzelne seine Wirklichkeitskonstruktionen sowohl ausprobieren, *validieren*, auf ihre Passfähigkeit prüfen als auch neu *konstruieren*.

Der *Interaktionsraum* umfasst all jene sozialen Formen, in denen wir mit anderen Menschen unmittelbar (von Angesicht zu Angesicht) zusammentreffen und mit ihnen kommunizieren. Im Interaktionsraum, dort, wo die Kommunikationspartner von Angesicht zu Angesicht aufeinander treffen, versuchen die Teilnehmer durch ihr kommunikatives Verhalten soziale Kontrolle über das Geschehen auszuüben, andere zu beeinflussen, Mehrheiten zu überzeugen, Minderheiten zu unterdrücken.

Wir verstehen (erkennen) die Welt durch die Begriffe, die wir im sozialen Austausch mit anderen Menschen konstruieren. In diesem sozialen Konstruktionsprozess sind wir Akteure eines komplexen sozialen Netzwerkes. Die Missverständnisse unserer angloamerikanischen Pärchen beruhen aber offensichtlich nicht nur auf dem interaktiven Austausch von beliebigen Leuten mit je unterschiedlichen individuellen Wirklichkeitskonstruktionen. Es treffen vielmehr Frauen und Männer aus jeweils unterschiedlichen kulturellen Kontexten aufeinander, aus kulturellen Räumen, in denen es auch unterschiedliche Bedeutungen über den Ablauf sexueller Annäherungen zu geben scheint. Diese divergenten *sozialen Bedeutungsräume* bilden quasi den sozialen Background für die Konstruktion von Wirklichkeit und für die besagten sexuellen Missverständnisse.

Unsere Kommunikationspartner sind Mitglieder sozialer Gemeinschaften, in denen die Zeichen, Wörter und Sätze bestimmte Bedeutungen besitzen. Durch ihre gemeinschaftsspezifischen *Bedeutungsräume* grenzen sich soziale Gemeinschaften von anderen Gemeinschaften ab, schaffen sie eine Grenze zwischen dem Innen und dem Außen ihrer Wirklichkeiten. Der Bedeutungsraum unserer Kommunikationen wird uns auch sehr schnell bewusst, wenn wir zum Beispiel in Gesprächen auf Leute treffen, die einer anderen Wissenschaftsgemeinschaft angehören. Wir hantieren in diesem Fall mit unseren wissenschaftlichen Begriffen, die der Vertreter der anderen Wissenschaftsdisziplin vielleicht ganz anders interpretiert und deutet. Begriffe, wie Attribution, Dissonanz oder Konsistenz werden zum Beispiel in der Sozialpsychologie völlig anders interpretiert (wir werden das später noch sehen) als in der Sprachwissenschaft. Noch gravierender fällt uns der Bedeutungsraum unserer Kommunikationen auf, wenn wir mit Menschen aus anderen Sprachgemeinschaften zusammentreffen. Im Kapitel 4 werden wir beispielhaft einige Phänomene der sozialen Konstruktion von Bedeutungen behandeln.

Die Geschichte Watzlawicks über die englischen Mädchen und die amerikanischen Soldaten enthält aber noch eine weitere Dimension. Erst die kriegsbedingten Ereignisse machten quasi auf einer makrosozialen Ebene die besagten sexuellen Missverständnisse infolge des »massenhaften Durchdringens« divergenter sozialer Bedeutungsräume möglich. Wir sprechen deshalb auch von *sozialen Möglichkeitsräumen*, wenn es darum geht, den makrosozialen Rahmen zu bezeichnen, innerhalb dessen sich die Menschen ihre Konstruktionen über die Wirklichkeit konstruieren.

Ob sich unser Kommunikationspartner über den Gang zur Toilette oder zum »Bathroom« verständigt, auf jeden Fall müssen wir in diesen und vielen anderen Fällen noch eine weitere Komponente einführen, von der der Verlauf der Kommunikation abhängig ist. Diese vierte und letzte Komponente nennen wir den *Möglichkeitsraum*. Mit dem Möglichkeitsraum bezeichnen wir die kommunikativ geschaffenen, gesamtgesellschaftlich verfügbaren Angebote zur sozialen Konstruktion von Wirklichkeit.

Der Möglichkeitsraum bietet gesamtgesellschaftlich verfügbare Bedingungen dafür, wie sich wer mit wem in welcher Weise wann und zu welchem Zweck verständigen kann, sollte oder muss. Auch unsere alltäglichen Kommunikationen werden von diesen gesamtgesellschaftlichen Möglichkeiten bestimmt.

Viele Medienwissenschaftler haben in den letzten Jahren darauf aufmerksam gemacht, wie der Medienkonsum unsere alltäglichen Umgangsformen bestimmt. Medien liefern uns gesamtgesellschaftliche Möglichkeiten, die Welt zu interpretieren und über die Welt zu kommunizieren. Wir werden durch die Medien auch erzogen, sozialisiert. Jeder, der noch primär printsozialisiert ist und für den das Fernsehen eine neue Erfahrung war, wird wissen, dass er im Bereich der visuellen Wahrnehmung gegenüber den Computerkids der Gegenwart kaum eine Chance hat. Unsere Schönheitsideale werden durch die Medien mitbestimmt. Auch unsere Liebes- und Gewaltverhalten wird durch die Medien beeinflusst. Unsere Ess- und Trinkgewohnheiten werden durch die Medien beeinflusst. Und auch unsere alltäglichen Kommunikationsformen sind geprägt durch die Medien. Wer möchte nicht zum Beispiel seiner schönen Nachbarin zeigen, dass er das Spülen seiner Weingläser beherrscht oder dass er zwar kein Auto hat, dafür aber hervorragenden Cappuccino kochen kann. Mit anderen Worten, die Medien offerieren uns auch Möglichkeiten für unsere alltäglichen interpersonalen Kommunikationen.

Mit den vier Ebenen der Konstruktion von Wirklichkeit haben wir die Struktur der weiteren Kapitel beschrieben: Im nächsten, dem 2. Kapitel befassen wir uns mit den individuellen Hintergründen für Kommunikation, das heißt, mit dem, was wir so Sinnräume genannt haben. Das 3. Kapitel widmet sich dem interaktiven Geschehen in der Kommunikation, also den Interaktionsräumen. Um Kommunikation als Bedeutungskonstruktion geht es im 4. Kapitel und auf neue Möglichkeitsräume für zwischenmenschliche Kommunikation machen wir im 5. Kapitel am Beispiel der computervermittelten Kommunikation aufmerksam.

Kapitel 2: Individuelle Hintergründe für Kommunikation – ausgewählte Phänomene und Theorien

1. Warum kommunizieren wir mit anderen Menschen: Self Disclosure und Impression Management – eine erste Antwort

Die zentrale Frage, mit der wir uns diesem Kapitel beschäftigen, lautet: Warum kommunizieren wir mit anderen Menschen? Wir kommunizieren mit anderen Menschen, um ihnen etwas über uns mitzuteilen und um ihnen einen bestimmten Eindruck von uns zu vermitteln.

Diese Antwort berührt zwei psychologisch interessante und theoretisch recht gut elaborierte Phänomene. Es geht in dieser Antwort um das, was Psychologen Self Disclosure (Selbstöffnung, Selbsteinbringung, Selbstenthüllung) und Impression Management (Eindruckssteuerung) nennen. Es ist die Frage nach dem Verhältnis von offenen Mitteilungen über sich selbst oder Beeinflussung der anderen.

1.1 Das Phänomen Self Disclosure

Es gibt wohl kaum eine Kommunikation zwischen Menschen, in der die beteiligten Personen nicht auch Mitteilungen über ihre eigene Person machen. In vielen Situationen kommunizieren Menschen über Eigenschaften, Erfahrungen, Probleme ihrer eigenen Person, in Kneipen, im Zug, beim Arzt, in Therapiesitzungen und natürlich auch in Vorlesungen. Die Mitteilung persönlicher Informationen ist ein wichtiger Grund, um an einer Kommunikation teilzunehmen.

Darüber hinaus scheint es aber für manche Personen gute Gründe zu geben, eine Kommunikation zu beginnen, um Mitteilungen über die eigene Person ins Zentrum der Kommunikation zu rücken, den Prozess der wechselseitigen Beziehungen in Gang zu halten, um eigene Probleme, Erfahrungen, Sorgen und Nöte zu »enthüllen« und Persönliches verstehen zu lernen. In der Psychologie wird in diesem Zusammenhang von Selbsteinbringung, Selbstöffnung, Selbstenthüllung bzw. Self Disclosure gesprochen.

Self Disclosure kann als »jede Information über sich selbst, die Person A verbal einer Person B mitteilt«, verstanden werden, definiert Cozby (1973, S. 73).

Die Forschungen, die sich mit diesem Phänomen beschäftigen, wurden Ende der 50er-Jahre durch den Psychologen Jourard (1959) initiiert. Mittlerweile gehört die Selbsteinbringungsforschung zu einem etablierten Forschungszweig in der Psychologie. Eine gute Übersicht über den Stand der Forschung findet sich in dem Buch »Sprechen und Schweigen« von Spitznagel und Schmidt-Azert (1986), auf das wir uns im Folgenden auch stützen werden.

Self Disclosure (SD) bezieht sich sowohl auf den Inhalt dessen, was ein Sprecher/Schreiber anderen Personen mitteilt, als auch auf den Prozess des Mitteilens dieser persönlichen Informationen selbst. Waring/Chelune (1983) unterscheiden kognitives SD (Äußerungen von Gedanken, Überzeugungen, Fantasien und Selbstwissen) und affektives SD (Äußerungen von Emotionen und Bedürfnissen). Smyth (1970), Angelli/Chinsky (1974), Ivey/Authier (1978) u.a. trennen faktenbezogene, unpersönliche Aussagen (z.B. biografische, demografische Angaben) und Aussagen, die auf Gefühle Bezug nehmen. Adler/Tourne (1984) kategorisieren die Inhalte von Self Disclosure nach Klischees, Fakten, Meinungen und Gefühlen. Whalen (1969) kategorisiert persönliches Self Disclosure (das sich auf sexualitäts- und aggressionsbezogene Inhalte beziehen kann) und unpersönliches Self Disclosure (dazu zählen zum Beispiel Angaben über Wohnort, Beruf, Alter) (Literaturangaben alle nach Spitznagel/Schmidt-Azert 1986).

In einer interessanten Untersuchung führten Spitznagel und Schmidt-Azert (1983, zit. n. Spitznagel 1986, S. 29ff.) eine Typenanalyse von Verben durch, mit denen Selbsteinbringung oder, wie die Autoren es nennen, Selbstenthüllung ausgedrückt werden kann. Sie stützten sich dabei auf eine Zusammenstellung von Verben, »deren Bedeutung sich auf die ›aktive‹ Externalisierung von Intrapsychischem bezog« (Spitznagel 1986, S. 29). Die Verben ließen sie durch Beurteiler bewerten, um die Urteile anschließend clusteranalytisch auszuwerten. Herausgekommen sind sechs Cluster oder Gruppen von so genannten Enthüllungsverben:

- Verben, die auf karthartische Selbsteinbringung verweisen (z.B. dem anderen »sein Herz ausschütten«),
- Verben, die exhibitionistische Selbsteinbringung bezeichnen (z.B. »das Herz auf der Zunge tragen«),
- Verben, mit denen Selbstdemaskierung betrieben wird (z.B. »sich seelisch entblößen«),
- Verben, die dosiertes Anvertrauen bzw. einfach nur Über-sich-Erzählen bedeuten (z.B. »sich offenbaren«),
- Verben, mit denen neutrale Selbstberichte abgegeben werden (z.B. »von sich erzählen«),
- Verben schließlich, die bei Geständnissen oder Beichten benutzt werden (z.B. »etwas eingestehen«).

Mit anderen Worten: Beim Self Disclosure haben wir es mit einem sehr vielfältigen Kommunikationsphänomen zu tun. Kaum ein Bereich unserer alltäglichen Kommunikation geschieht, ohne dass wir Mitteilung über unsere eigene Person machen. Das gilt für Talkshows ebenso wie für die Vorlesung über Kommunikationspsychologie, für die E-Mail-Kommunikation zweier Personen, die sich lieben, aber das nicht wahrhaben wollen, für das Gespräch zwischen Vorgesetztem und Mitarbeiter oder für die Unterhaltung zwischen Vater und Tochter. Insofern können wir durchaus behaupten: Self Disclosure ist einer der wichtigsten Gründe und eines der wichtigsten Merkmale für interpersonale Kommunikation. In einer Kommunikationssituation kann Self Disclosure ganz unterschiedliche Funktionen erfüllen (vgl. auch Hormuth 1986):

- *Self Disclosure dient der Selbstwahrnehmung.* Self Disclosure kann zunächst als Selbstgespräch betrachtet werden, in dem die anderen beteiligten Kommunikationspartner nur als Zuhörer fungieren. Indem jemand über sich in Anwesenheit anderer Personen spricht, kann er Klarheit über die eigene Person erlangen. Bereits die öffentliche Verbalisierung der eigenen Gedanken und Gefühle, die jemand über sich selbst hat, kann der Selbstwahrnehmung und der Stabilisierung des Selbstkonzepts dienen. Auch therapeutische Funktionen kann Self Disclosure in diesem Sinne ausüben.

- *Self Disclosure kann im Dienste wechselseitiger Beziehungsgestaltung der Kommunikationspartner stehen und die Kommunikationssituation mit definieren.* Wenn Informationen über die eigene Person anderen mitgeteilt werden, wird eine soziale Wirklichkeit hergestellt. Mit dem, was und wie ich etwas sage, definiere ich die Kommunikationssituation. Ich lege mit dem, was und wie ich etwas sage, den weiteren Verlauf der Kommunikation fest. Aber auch meine Zuhörer werden, indem sie mir zuhören, für den Fortgang der Kommunikationssituation verpflichtet. Indem sie mir zuhören, wenn ich ihnen etwas Intimes mitteile, haben sie sich schon darauf eingelassen, dass die weitere Kommunikation einen intimen Charakter annehmen wird.
- *Self Disclosure ermöglicht den sozialen Vergleich mit anderen.* Vergleiche mit anderen Menschen sind wichtig für die eigene Selbstdefinition. Festinger (1954) nahm sogar ein Grundbedürfnis des sozialen Vergleichs an. Indem jemand in einer bestimmten Situation anderen Menschen etwas über sich mitteilt und die anderen auf diese Mitteilungen reagieren, entwickelt sich ein soziales Vergleichskriterium, an dem man sich messen kann. So lässt sich z.B. feststellen, ob die anderen ähnliche Vorstellungen oder Konstruktionen über sich und die Welt äußern, wie man selbst.
- *Self Disclosure dient der sozialen Kontrolle und dem sozialen Einfluss.* Durch das, was und wie etwas gesagt wird, lässt sich die Kommunikationssituation beeinflussen und unter Umständen auch der weitere Verlauf der Kommunikation kontrollieren. Mit meinen Mitteilungen kann ich meinen Kommunikationspartnern einerseits bestimmte Kommunikationsthemen aufzwingen, und andererseits kann ich auch versuchen, das Bild, das die anderen von mir bekommen sollen, zu managen, zu steuern.

Um das Zustandekommen und den Fortgang von Self Disclosure zu erklären, wird häufig auf den so genannten Reziprozitätseffekt hingewiesen. Was ist damit gemeint? Stellen Sie sich folgende Situation vor: Ein Mann steigt in Leipzig in den Nachtzug nach Köln. In seinem Abteil sitzt schon ein anderer Reisender. Der erste Mann setzt sich und fragt: Gibt es eigentlich ein Mitropaabteil in diesem Zug. Der andere bejaht und schon entwickelt sich ein Gespräch über die wechselseitigen Vorlieben für Bier. Der Erste teilt dem anderen mit, dass er am liebsten Jever trinkt. Der andere antwortet, er trinke lieber Radeberger, aber seine Freundin trinke gern Jever. Überhaupt, seine Freundin, das sei ein Thema für sich. Darauf der Erste: Ja, dieses Thema sei auch sein Problem. Er sei nämlich gerade auf Hochzeitsreise. Worauf der andere fragt, wieso er denn allein reise. Darauf die Antwort: Einer müsse schließlich zu Hause bleiben und das Geschäft hüten. Es hat sich eine kommunikative Situation entwickelt, in der eine Person eine persönliche Mitteilung über sich macht, die von der anderen Person ebenfalls mit einer persönlichen Mitteilung beantwortet wird.

Selbstenthüllung des einen Gesprächspartners zieht Selbstenthüllung des anderen nach sich. Dieses Phänomen wird in der Literatur dyadischer Effekt oder Reziprozitätseffekt genannt. Kommunikationen gelingen dann am besten und die Kommunikationspartner sind am ehesten geneigt, die Kommunikation fortzusetzen, wenn sie das Gefühl haben und der Ansicht sind, der/die andere habe sich auch so offen, wie man selbst, geäußert.

1.2 Impression Management

Das, was wir im sozialen Kontext, in der Kommunikation äußern und präsentieren, dient nicht nur dem *Self Disclosure*, sondern soll auch andere Menschen beeinflussen und beeindrucken. Ein in der Psychologie für diese Form von Beeinflussung gebrauchter Begriff ist der des *Impression Management*. Dieser Begriff ist weitgehend bedeutungsgleich mit den Begriffen *Image control* und *self-presentation*. Eine ausführliche Darstellung der Impression-Management-

Theorie haben Mummendey/Bolten (1985) vorgelegt, auf die wir uns im Folgenden auch beziehen werden.

Impression Management besagt, dass Menschen den Eindruck steuern bzw. kontrollieren wollen, den sie auf andere Menschen auszuüben versuchen. Mit seinem eigenen Verhalten versucht also ein Mensch, andere Menschen so beeinflussen, sodass diese ein bestimmtes Bild von ihm bekommen.

Impression Management (IM) nennt Tedeschi (1981) Strategien und Taktiken, mit denen wir Menschen versuchen, soziale Beziehungen so zu gestalten, dass wir in den Augen anderer in einem gewünschten Lichte erscheinen. Alles, was Menschen im sozialen Kontext tun, sei das Ergebnis einer gezielten Präsentation. Menschen seien nie so, wie sie wirklich sind, sondern nur so, wie sie sich darstellen.

Fast alle Verhaltensweisen eines Menschen können zugleich dem IM dienen oder sind zumindest durch IM-Bemühungen beeinflusst. Impression Management kann bewusst oder unbewusst eingesetzt werden. Es kann gegenüber realen Personen benutzt, aber auch gegenüber imaginären, nicht von Angesicht zu Angesicht vorhandenen Kommunikationspartnern eingesetzt werden. Das heißt, dass Menschen bei fast allem, was sie gerade tun, zumindest teilweise oder nebenbei Impression Management betreiben. Allerdings scheint es interindividuelle Unterschiede im Impression Management zu geben.

Impression Management scheint von einigen Persönlichkeitsvariablen entscheidend mitbestimmt zu sein. Untersuchungen zum so genannten Self Monitoring (Schlenker 1980; zit. n. Mummendey/Bolten 1985, S. 62) haben zum Beispiel gezeigt, dass Menschen in unterschiedlicher Weise dazu neigen, ihr eigenes Verhalten zu »überwachen« und zu kontrollieren. Das würde auch bedeuten, dass sie in interindividuell unterschiedlicher Weise darauf bedacht sein könnten, gegenüber ihren Kommunikationspartnern einen guten Eindruck zu hinterlassen.

Nach Arkin (1980) betreiben Menschen in der Regel Impression Management, um soziale Anerkennung zu erzielen. Es ist aber auch möglich, dass eine Person sich selbst in einem ungünstigen Lichte darzustellen versucht, um ihr Publikum zu beeinflussen (z.B. indem sich die Person als besonders krank darstellt, um Hilfe zu erlangen).

Zu den individuellen Formen, sich den anderen gegenüber darzustellen, zählen Tedeschi, Lindskold und Rosenfeld (1985, zit. n. Mummendey/Bolten 1985, S. 60f.) u.a. folgende Verhaltensweisen:

- die *assertiven Selbstpräsentations-Taktiken*, mit denen Menschen aktiv und offensiv ihre Kommunikationspartner in konkreten Situationen beeindrucken wollen, um auf diese Weise eigene Interessen durchsetzen zu können: z.b. indem sie schmeicheln, nett sind, die anderen einzuschüchtern versuchen, sich als hilfsbedürftig darstellen oder als kompetent, als moralisch und integer präsentieren usw.,
- die *defensiven Selbstpräsentations-Taktiken*, mit denen Menschen verhindern wollen, dass sie bei ihren Kommunikationspartnern an Ansehen einbüßen: z.b. indem sie so tun, als seien sie für das, was in einer konkreten Kommunikationssituation passiert, nicht verantwortlich, indem sie sich rechtfertigen, entschuldigen oder mögliche Missverständnisse in der Kommunikation schon vor ihrem Eintritt ankündigen usw.,
- die *assertiven Selbstpräsentations-Strategien*, mit denen Menschen aktiv und offensiv langfristige Reputationen anstreben, die auch über verschiedene Situationen hinweg wirksam zu bleiben versprechen: z.b. indem sie sich als Experte präsentieren, sich als attraktiv und liebenswert darstellen, status- und prestigebewusst auftreten, sich als generell glaubwürdige und vertrauensvolle Person darstellen usw.,
- die *defensiven Selbstpräsentations-Strategien*, mit denen Menschen den langfristigen und generellen Eindruck zu vermitteln sich mühen, dass sie nicht im vollen Umfange für ihr eigenes Verhalten verantwortlich seien: z.B. indem sie sich als hilflos, krank oder geistig verwirrt darstellen usw.

Impression Management wird nicht nur in direkten Kommunikationssituationen eingesetzt, sondern auch in Situationen mit nicht unmittelbaren Face-to-face-Kontakten. In eigenen Untersuchungen konnten wir zum Beispiel feststellen, dass Internet-Nutzer dann, wenn sie relativ wenig Erfahrung mit der computervermittelten

Kommunikation haben, stärker zum Impression Management neigen als jene Internet-Nutzer, die bereits gut mit dem neuen Medium vertraut sind (vgl. Frindte 1998).

Schlenker/Leary (1982, zit. n. Mummendey/Bolten 1985, S. 64) untersuchten die Reaktionen eines Publikums auf verschiedene Selbstdarstellungsstrategien. So verglichen sie u.a. korrekte Selbstdarstellungen hinsichtlich eigener Leistungen mit bescheidenen oder angeberischen Selbstdarstellungen. Dabei zeigte sich, dass ein Publikum korrekte Selbstpräsentationen günstiger beurteilt als zu bescheidene oder zu übertriebene Selbstdarstellungen. Doch es scheint auch Ausnahmen zu geben, etwa dann, wenn jemand seine hervorragenden Leistungsfähigkeiten durch *Understatement* abzumildern versucht. Insgesamt scheint es so zu sein, dass Akteure und Beobachter, also auch ein Publikum, innerhalb eines kulturellen Kontexts über ein gemeinsames Wissen um den Wert und die Funktionen von Selbstdarstellungen verfügen.

Derartige Selbstdarstellungen dürften – ebenso wie das Self Disclosure – zu den individuellen Versuchen zu rechnen sein, Kommunikationsprozesse anzustoßen, fortzusetzen und mit den anderen Kommunikationspartnern die Wirklichkeit in bestimmter Weise zu konstruieren.

2. Sozialer Vergleich und kognitive Dissonanz – eine zweite Antwort

Wir kommunizieren auch deshalb mit anderen Menschen, um uns mit ihnen zu vergleichen und durch diesen sozialen Vergleich möglichst harmonische, widerspruchsfreie Vorstellungen oder Konstruktionen von der Wirklichkeit entwickeln und letztlich auf diesem Wege auch unseren Selbstwert schützen zu können.

Auch mit dieser Antwort sind psychologisch interessante und bekannte Phänomene und theoretische Erklärungen verbunden.

Der Begriff des sozialen Vergleichs wurde von Leon Festinger (1954), einem Schüler von Kurt Lewin, geprägt. Drei Jahre nach der Veröffentlichung seiner Arbeit über soziale Vergleichsprozesse, publizierte Festinger eine nächste Theorie, die Theorie der kognitiven Dissonanz (Festinger 1957; deutsch: 1978). Mit dieser Theorie versuchte Festinger zu erklären, dass und warum Menschen bestrebt sind, ein möglichst harmonisches Bild von der Wirklichkeit zu konstruieren. Bevor wir beide Theorien von Leon Festinger vorstellen, soll uns ein mittlerweile klassisches sozialpsychologisches Experiment den Einstieg erleichtern.

2.1 Ein Experiment von Salomon Asch

1951 veröffentlichte Salomon Asch beeindruckende experimentelle Befunde über das Verhalten in Gruppen (vgl. auch Neuberger u.a. 1985, S. 142ff.). In seinen Versuchen hatte er Versuchspersonen gebeten, jeweils drei Linien mit einer dritten zu vergleichen und anzugeben, welche der drei Linien der gleichzeitig dargebotenen Vergleichslinie entspricht.

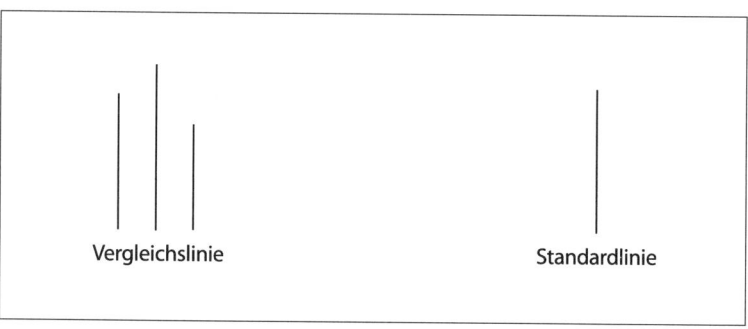

Abbildung 3: Vorgabelinien im Experiment von Asch

In Vorversuchen hatte sich gezeigt, dass es sich bei einer solchen Vergleichsaufgabe um eine durchaus leichte und bewältigbare Aufgabe handelt. In den eigentlichen Hauptversuchen wurde die Aufgabe allerdings schwieriger, und diese Schwierigkeit hat mit der kommunikativen Situation zu tun, die Asch dafür arrangierte: In einem Raum befanden sich mehrere Versuchspersonen (meist 8 bis 10) von denen alle bis auf eine (die »echte« Versuchsperson) Helfer des Versuchsleiters waren. Der echten Versuchsperson war dieses

Arrangement allerdings nicht bekannt. Alle 8 bis 10 »Versuchspersonen« wurden nun gebeten, ihre Urteile über den Vergleich zwischen den drei Linien und der Vergleichslinie abzugeben. Dabei wurde die echte Versuchsperson in der Regel als Letzte aufgefordert, ihre Urteile zu äußern. Die Helfer des Versuchsleiters waren vor dem Versuch instruiert worden, einmütig falsche Urteile abzugeben. Ziel des Versuchs war es festzustellen, ob sich die echte Versuchsperson von den vorausgehenden falschen Urteilen beeinflussen lässt. Im Ergebnis zeigte sich Folgendes: Zirka ein Drittel der echten Versuchspersonen ließ sich von den vorausgehenden Urteilen der Mehrheit beeinflussen. Sie verhielten sich gegenüber der Mehrheit konform. Zwei Drittel widerstanden den »Beeinflussungsversuchen«. Diese Verteilung änderte sich, wenn statt einer zwei echte Versuchspersonen am Experiment teilnahmen bzw. wenn die echte Versuchsperson nicht als Letzte, sondern zum Beispiel als Erste gefragt wurde. In diesen veränderten Versuchsanordnungen sank die Konformitätsrate beträchtlich (auf ca. 8–10%).

Aschs Experiment ist in die psychologische Literatur eingegangen als typischer Versuch, den Einfluss von Mehrheiten auf das Verhalten weniger oder Einzelner und den so genannten »Mitläufer-Effekt« nachzuweisen. Die Frage ist: Wie lässt sich ein solcher »Mitläufer-Effekt« erklären?

2.2 Der soziale Vergleich (Festinger 1954)

Eine mögliche Erklärung für das konforme Verhalten der Versuchspersonen in den Experimenten von Salomon Asch liefert die Theorie sozialer Vergleichsprozesse von Leon Festinger (1954). Die Grundpostulate dieser Theorie (vgl. auch Frey u.a. 1993, S. 81ff.) sind die folgenden:

- Wir Menschen haben ein Bedürfnis, unsere Meinungen und Fähigkeiten zu bewerten und zu vergleichen.
- Sind »objektive«, nicht-soziale Bewertungsstandards nicht vorhanden oder nicht erreichbar, dann suchen wir soziale Vergleiche mit anderen Personen.

- Gelingt es uns weder physikalische oder soziale Vergleichsmöglichkeiten zu finden, so führt das zur Verunsicherung, die wir zu vermeiden suchen.
- Vergleiche mit anderen Personen finden dann statt, wenn uns die anderen ähnlich (hinsichtlich sozialer Herkunft, Einstellungen, Fähigkeiten, Alter) sind.
- Stellen wir fest, dass es Diskrepanzen zwischen unseren Meinungen und den Meinungen der anderen gibt, erleben wir das als psychischen Druck.
- Je attraktiver und wichtiger andere Personen für uns sind, mit denen wir uns vergleichen, umso eher versuchen wir, uns den Urteilen und Verhaltensweisen dieser Personen anzupassen.

Mittlerweile ist die Theorie der sozialen Vergleichsprozesse vielfach untersucht und als Baustein in manch andere psychologische Theorie (auf die wir später noch eingehen werden) integriert worden. Dennoch gibt es auch empirisch begründete Hinweise, die Anlass geben, die Theorie von Festinger in ihrer Aussagekraft einzuschränken. Untersuchungen von Goethals/Nelson (1973) legen zum Beispiel folgende Einschränkungen nahe: Personen, die ihre Einstellungen, Wertvorstellungen und Glaubensüberzeugungen auf soziale »Richtigkeit« und Angemessenheit prüfen wollen, suchen eher nach Übereinstimmung mit ähnlichen Personen (so wie von Festinger angenommen). Handelt es sich dagegen um nicht wertbezogene Meinungen oder individuelle Leistungen, werden eher Vergleiche mit nichtähnlichen Personen gesucht. Möglicherweise werden in diesem Falle die Meinungen unähnlicher Personen als »objektiver« angesehen als die ähnlicher Personen. Übereinstimmungen mit unähnlichen Personen könnten in diesem Falle als glaubwürdiger und beweiskräftiger angesehen werden (vgl. auch Herkner 1991, S. 458).

Die Theorie der sozialen Vergleichsprozesse von Festinger erklärt nun auch ganz gut die Ergebnisse, auf die Salomon Asch in seinen Untersuchungen stieß.

> *»Die dargestellten Untersuchungen legen die Schlussfolgerung nahe, dass die abweichende Meinung anderer soziale Vergleichsprozesse auslöst, die die Urteilsbildung auch dann beeinflussen, wenn*

›objektive‹ Kriterien vorhanden sind. Wenn die Diskrepanz zwischen einem ›objektiven‹ Kriterium (z.B. eine eindeutig bestimmbare Streckenlänge) und dem sozialen Kriterium (z.B. die Aussagen einer Mehrheit von anderen Personen) zu groß wird, steigt die Wahrscheinlichkeit, dass das soziale Kriterium entscheidend an Bedeutung gewinnt und das Urteil entsprechend dem Konformitätsdruck gefällt wird. Die Gründe könnten in einem mangelnden Vertrauen der Person in die eigenen Urteile liegen sowie in dem Wunsch nach Annäherung an das Gruppenurteil, um von der Gruppe belohnt zu werden oder Bestrafung zu vermeiden. An den Ergebnissen wird außerdem deutlich, dass Festingers ursprünglich vorsichtige Einschätzung der Bedeutung von Vergleichsprozessen auf der Basis sozialer Kriterien zu pessimistisch war; tatsächlich scheinen soziale Vergleiche von erheblicher Bedeutsamkeit im Erkenntnisprozess zu sein.« (Frey u.a. 1993, S. 90)

Wir sehen in der individuellen Suche nach sozialen Vergleichen einen wichtigen Grund, dass Menschen Kommunikationsprozesse aufsuchen, um ihre je individuellen Konstruktionen von der Wirklichkeit mit anderen Personen vergleichen zu können.

2.3 Das Vermeiden kognitiver Dissonanzen (Festinger 1957)

In einem jiddischen Witz heißt es:

Stern prahlt mit der Schönheit seiner Frau. Da nimmt ihn sein Freund beiseite und fragt ihn: »Weißt du wirklich nicht, dass dich deine Frau mit einem Liebhaber betrügt?« »Na und?«, meint Stern. »Lieber bin ich mit fünfzig Prozent an einer guten Sache beteiligt als mit hundert Prozent an einer schlechten.«

Eine einmal getroffene Entscheidung möchten wir nicht wieder rückgängig machen, weil das zu inneren Widersprüchen, Konflikten und Inkonsistenzen führen würde. Stattdessen versuchen wir, uns diese Entscheidung schönzureden oder Kommunikationssituationen zu meiden, in denen wir mit derartigen Widersprüchen und

Inkonsistenzen konfrontiert werden könnten. Das Phänomen, um das es dabei geht und dem wir auszuweichen versuchen, wird *kognitive Dissonanz* genannt.

Kognitive Dissonanz ist ein innerer Spannungszustand, der entsteht, wenn wir mit widersprüchlichen Informationen im Kommunikationsprozess konfrontiert werden. Das Vermeiden von kognitiver Dissonanz ist einer der individuellen Gründe, Kommunikationssituationen zu meiden oder bewusst aufzusuchen. Menschen sind offenbar bestrebt, sich ein Bild von der Wirklichkeit zu konstruieren, das möglichst widerspruchsfrei, konsistent und nicht dissonant ist.

Ein Beispiel: Stellen Sie sich vor, Sie hätten gerade erfahren, dass Sie Ihre letzte Hauptprüfung nicht bestanden haben. Wie gehen Sie mit einer solchen Mitteilung um? Da Sie doch von Ihrer Leistungsfähigkeit überzeugt sind – was wir hoffen – steht diese Mitteilung im Widerspruch zu Ihren bisherigen Erfahrungen und Erwartungen. Und so führt diese Mitteilung offenbar zu dem, was wir kognitive Dissonanz genannt haben. Wie erklären Sie sich das Scheitern in der Prüfung; wie gehen Sie in diesem Fall mit der kognitiven Dissonanz um?

Sie könnten zum Beispiel Ihr Scheitern in der Prüfung damit erklären, dass Sie sich sagen, Sie wären einfach zu dumm für die gestellten Fragen gewesen. In diesem Fall suchen Sie die Ursachen für das Scheitern bei sich selbst. Die Folge wäre, dass Ihr Selbstwertgefühl mit Sicherheit verringert würde.

Eine andere Möglichkeit der Erklärung wäre deshalb sicher probater: Sie führen das Scheitern in der Prüfung auf die viel zu dummen Fragen des Prüfers oder auf Ihre erst kürzlich überstandene Frühjahrsgrippe zurück. In jedem Fall bemühen Sie sich, Ursachen für das Scheitern zu suchen, um auf diese Weise die Probleme, Konflikte und kognitiven Dissonanzen zu bewältigen. Wir werden auf diese Ursachensuche noch zurückkommen. Zunächst aber wollen wir uns das Phänomen der kognitiven Dissonanz und seine theoretische Erklärung etwas genauer ansehen.

Die Theorie geht zunächst einmal davon aus, dass ein Mensch eine Entscheidung gefällt hat und nun mit dieser Entscheidung leben muss, obwohl er sich auch anders hätte entscheiden können. In diesem Fall sagt die Theorie voraus, dass Menschen bestrebt sind, eine einmal gefällte Entscheidung auch dann beizubehalten, wenn sich herausstellen sollte, dass andere Entscheidungen zu besseren Alternativen geführt hätten. Ein Mensch geht kognitiven Konflikten (kognitiven Dissonanzen) aus dem Weg und versucht ein kognitives Gleichgewicht (eben kognitive Konsistenz) zu wahren.

Festinger hat einen sehr allgemeinen Kognitionsbegriff. Kognitionen können Meinungen, Einstellungen, Glaubensvorstellungen oder Wissenseinheiten sein. Wir können auch sagen, Kognitionen sind all die internen Vorstellungen, die sich ein Mensch von der Welt und von sich selbst konstruieren kann. Zwischen den Kognitionen können verschiedene Beziehungen bestehen:

- Diese Beziehungen können *irrelevant* sein: z.B. »Ich studiere Medienwissenschaften«; und: »Ich weiß, dass in Japan roher Fisch gegessen wird«.
- Diese Beziehungen können *relevant* sein: z.B. »Ich studiere Medienwissenschaften«; und: »Medienwissenschaftler erhalten in Jena eine gute Ausbildung«.
- Die *relevanten* Beziehungen zwischen den Kognitionen können *konsonant* sein: z.B. »Ich studiere Medienwissenschaften«; und: »Medienwissenschaften sind im Trend«.
- Die *relevanten* Beziehungen können aber auch *dissonant* sein: z.B. »Ich studiere Medienwissenschaft«; und: »Als Medienwissenschaftler finde ich später kaum einen Job«.

Dissonante Beziehung zwischen Kognitionen bestehen laut Festinger (1978, S. 26) dann, wenn zwei Elemente A und B gleichzeitig Meinungen einer Person sind und wenn Element A das Gegenteil von Element B impliziert. Die dabei auftretende kognitive Dissonanz erlebt die Person als Spannungszustand, durch den sie motiviert wird, nach Möglichkeiten zur Spannungsreduktion zu suchen. Dieser Spannungszustand ist abhängig

- vom Verhältnis der dissonanten und konsonanten Kognitionen; je größer die Zahl der dissonanten Kognitionen im Verhältnis zu den konsonanten Kognitionen ist, umso unangenehmer wird der Zustand der kognitiven Dissonanz erlebt;

- von der Wichtigkeit der Kognitionen, die dissonant sind; je wichtiger die dissonanten Kognitionen von der betreffenden Person erlebt werden, umso eher wird sie geneigt sein, die Dissonanzen zu reduzieren;
- davon, ob eine Person eine Entscheidung freiwillig gefällt hat oder ob sie dazu gezwungen wurde; Freiwilligkeit führt zu höherer kognitiver Dissonanz;
- davon, ob sich eine Person für ihre Entscheidung verantwortlich fühlt (»commitment«); auch dann, wenn eine Person zu einer Entscheidung gezwungen wurde, kann sie sich für diese Entscheidung verantwortlich fühlen; in diesem Falle erhöht sich die kognitive Dissonanz;
- davon, ob die jeweiligen Kognitionen in übergreifenden Werthaltungen (z.b. im Selbstkonzept, in Glaubenssätzen etc.) verankert sind; je stärker diese Verankerung ist, umso stärker wird die kognitive Dissonanz erlebt.

Nach der Theorie der kognitiven Dissonanz konstruieren sich Menschen ein harmonisches Bild von der Wirklichkeit. Sie konstruieren sich dieses konsonante, nicht-dissonante Bild von der Wirklichkeit ganz individuell, quasi selbstreferenziell vor dem Hintergrund ihrer bisherigen Erfahrungen. Die Konsequenzen aus der Theorie der kognitiven Dissonanz für den Umgang mit Kommunikation sind demzufolge auch gravierend:

Werden Menschen in einer Kommunikationssituation mit diskrepanten Mitteilungen konfrontiert, können sie mit den daraus sich u.U. ergebenden kognitiven Dissonanzen in folgender Weise umgehen:

- Sie können ihre bisherigen Einstellungen und Konstruktionen von der Wirklichkeit in der Weise, wie durch die erfahrenen Mitteilungen angeregt, ändern.
- Sie können versuchen, die erhaltenen Mitteilungen zu ignorieren, zu verdrängen oder zu vergessen (»Subtraktion dissonanter Kognitionen«).
- Sie können in ihrem Umfeld nach zusätzlichen Hinweisen suchen, durch die sie ihre bisherigen Einstellungen und Konstruk-

tionen wieder zu stabilisieren vermögen (»Addition neuer konsonanter Kognitionen«).
- Sie können aber auch diejenigen, von denen sie die diskrepanten Mitteilungen erhalten haben, als irrelevante Informationsquelle einstufen.
- Sie können auch die gesamte Kommunikationssituation als unwichtig abwerten.
- Sie können nach sozialer Unterstützung für die eigene Meinung suchen.

Wie auch immer Menschen mit kognitiven Dissonanzen umgehen, das Vermeiden kognitiver Dissonanzen scheint ein wichtiger individueller Grund zu sein, bestimmte Kommunikationssituationen zu meiden und andere aufzusuchen.

3. Wirklichkeits- und Ursachenerklärungen – eine dritte Antwort

3.1 »Der propre Ganter« von James Thurber

James Thurber (1972) erzählt folgende Fabel:

> »Es war einmal – und sehr lange ist das noch gar nicht her – ein wunderschöner Ganter. Er war groß und stark, glatt und sauber und beschäftigte sich vorwiegend damit, für seine Frau und die Kinder zu singen. ›Was für ein proprer Ganter‹, bemerkte jemand, der ihn singend im Hof auf und ab stolzieren sah. Das hörte eine alte Henne, und sie erzählte es abends auf der Hühnerstange ihrem Gemahl. ›Von Propaganda war da die Rede‹, zischelte sie. ›Ich habe dem Burschen nie getraut‹, versetzte der Hahn, und tags darauf ging er im Hof umher und sagte jedem, der es hören wollte, der schöne Ganter sei ein höchst gefährlicher Vogel, aller Wahrscheinlichkeit nach ein Habicht im Gänserichgewand. Eine kleine braune Henne erinnerte sich, dass sie einmal von weitem beobachtet hatte, wie der Ganter im Walde mit einigen Habichten sprach. ›Die führten irgendwas im Schilde‹, versicherte sie. Eine Ente be-

richtete, der Ganter habe einmal zu ihr gesagt, er glaube an gar nichts. ›Und er hat auch gesagt, dass er Fahnen hasst‹, fügte die Ente hinzu. Ein Perlhuhn entsann sich, einmal gesehen zu haben, wie jemand, der dem Ganter auffallend ähnelte, etwas warf, was einer Bombe auffallend ähnelte. Schließlich bewaffneten sich alle mit Stöcken und Steinen und zogen vor des Ganters Haus. Er stolzierte gerade im Vorgarten auf und ab und sang für Weib und Kinder. ›Da ist er!‹, schrien alle. ›Habichtfreund! Atheist! Fahnenhasser! Bombenwerfer!‹ Damit fielen sie über ihn her und jagten ihn aus dem Lande.
Moral: Jeder, den du und deine Frau für einen Landesverräter halten, ist selbstverständlich auch einer.«

Was James Thurber mit seiner Fabel erzählt, ist, dass wir in mehrdeutigen Situationen dazu neigen, Erklärungen zu präferieren, mit denen wir unsere eigenen Vorstellungen von der Wirklichkeit bestätigen können. Wir haben diese Geschichte ausgewählt, weil sie uns wieder einmal vor Augen führt, wie eigendynamisch sich unsere psychischen Prozesse verhalten. Man könnte auch sagen, nicht selten machen wir uns ein Bild von unserer Wirklichkeit, das relativ unabhängig von dem zu sein scheint, was wirklich ist oder was andere als wirklich ansehen. Ein Prozess, der eigendynamisch verläuft, erzeugt sich aus seinen eigenen Bedingungen.

Mit anderen Worten: Wir erklären uns die Wirklichkeit nach unseren Vorstellungen. In der sozialpsychologischen Literatur finden wir dafür den Begriff der »Attributionen«.

3.2 Attributionen

Attributionen bezeichnen die kausalen Schlussfolgerungen, die Menschen vornehmen, um das Verhalten anderer Menschen oder ihr eigenes Verhalten zu erklären. Attributionstheorien befassen sich mit den Regeln, die Menschen anwenden, wenn sie versuchen, die Ursachen eines Verhaltens zu erschließen. Die Theorien befassen sich außerdem mit den verschiedenen Arten von Ereignissen, die unterschiedliche Arten von Attributionen hervorbringen.

In der psychologischen Literatur werden meist drei klassische Attributionstheorien besonders hervorgehoben: »Naive Handlungsanalyse« (Heider 1958), »Theorie der korrespondierenden Inferenzen« (Jones/Davis 1965) und »Kovariationstheorie« (Kelley 1973). Alle drei Theorien versuchen die Frage zu beantworten, wie sich Menschen das eigene Verhalten und das anderer Menschen zu erklären versuchen. In ihren Antworten auf diese Frage gehen alle drei Theorien von der mehr oder weniger expliziten Annahme aus, dass Menschen bestimmte Regeln, die durchaus formalisierbar sein können, nutzen, um ihre Wirklichkeitserklärungen ableiten zu können. Das heißt, das Menschenbild, das diesen Attributionstheorien zu Grunde liegt, ist das eines »Datenverarbeiters« (Leyens/Dardenne 1996, S. 132). Diesem Menschenbild zufolge sammeln Menschen Informationen oder Daten über das eigene oder fremdes Verhalten, verrechnen diese Daten intern und leiten aus den Berechnungen bestimmte Schlussfolgerungen über die möglichen Ursachen des in Frage stehenden Verhaltens ab.

Die Frage ist nun allerdings, ob Menschen solche internen Verrechnungen überhaupt vornehmen oder ob sie nicht vielmehr von relativ stabilen internen Schemata und Konzepten ausgehen, um ihre Verhaltenserklärungen abzuleiten.

Individuelle Schemata und Konzepte sind relativ stabile und allgemeine kognitive Muster, von denen wir uns in der Interpretation der Wirklichkeit und in der Kommunikation mit anderen Menschen leiten lassen (vgl. auch Schwarz 1985).

Dazu gehören zum Beispiel Personenschemata als typisierte abstrakte Konstruktionen einzelner Personen (z.B. das allgemeine Wissen über die eigene Mutter) oder Personengruppen (z.B. das allgemeine Wissen über die Gruppe der Professoren, Türken oder Straßenbahnfahrer). Solche Personenschemata fungieren als kognitiver Hintergrund, wenn wir z.b. aufgefordert werden, konkrete Mütter oder konkrete Professoren, konkrete Türken etc. zu beurteilen bzw. mit ihnen zu kommunizieren. In solchen Fällen lassen wir uns nicht selten von unseren internen Schemata, die in solchen Fällen auch als Vorurteile wirken können, leiten und weniger von den beobachtbaren konkreten Merkmalen und Verhaltensweisen der Personen, die wir beurteilen oder mit denen wir kommunizieren.

Ereignisschemata oder Scripte sind individuelle »Drehbücher«, die die angemessene Abfolge von Ereignissen in vertrauten Alltagssituationen beschreiben (Schwarz 1985, S. 274) und unser Verhalten in diesen Situationen meist automatisch steuern. Derartige Scripts laufen zum Beispiel ab, wenn wir jemanden begrüßen (»Guten Tag« sagen, Hand geben, nach dem Wohlbefinden erkundigen usw.) oder ein Restaurant besuchen (Tisch suchen, hinsetzen, Karte einsehen, bestellen, verzehren, Rechnung verlangen, bezahlen, gehen). Jeder Teil innerhalb eines solchen Scripts (z.b. »bestellen«) kann mit weiteren, sog. Subscripten verknüpft sein (z.b. »Speisekarte erhalten, öffnen, lesen, entscheiden, Kellner rufen, Bestellung aufgeben usw.). Scripts oder Ereignisschemata geben quasi einen kognitiven Rahmen vor, der in einer konkreten Situation durch konkrete Handlungen ausgefüllt wird. Das heißt: Menschen besitzen bereits vor einer Kommunikation bestimmte Konstruktionen über die nachfolgenden Kommunikationen. Und mit diesen vorausgehenden Konstruktionen deuten und interpretieren wir den nachfolgenden Verlauf der Kommunikation.

Doch bevor wir die Frage beantworten, ob Menschen in der Erklärung von Wirklichkeit komplexe Schlussprozesse vollziehen oder ob sie sich von relativ stabilen Schemata und Konzepten leiten lassen, möchten wir am Beispiel der »Attributionsfehler« verdeutlichen, wie die individuellen Erklärungen über die Wirklichkeit aussehen können. »Attributionsfehler« sind Abweichungen oder Verzerrungen von Wirklichkeitserklärungen (vgl. auch Hewstone/Fincham 1996, S. 190):

- *Der »fundamentale Attributionsfehler«:* Psychologische Forschungen, aber auch Alltagsbeobachtungen zeigen, dass Beobachter den Situationen zu wenig und der Person zu viel Gewicht beimessen. Der fundamentale Attributionsfehler besteht also in der Überschätzung individueller Ursachen. Demzufolge neigen Menschen dazu, eher die Personen als die Situationen für ein Verhalten verantwortlich zu machen. So führen wir beispielsweise die Missverständnisse in einer Kommunikation eher auf die Eigenschaften unserer Kommunikationspartner zurück als auf mögliche Störquellen der Situation. Derartige Erklärungs- oder Urteilsverzerrungen lassen sich kognitionspsychologisch erklären (zum Beispiel, indem angenommen wird, dass das Verhalten eines Handelnden gewöhnlich auffälliger – salienter – ist als die umgebende Situation) oder auf kulturspezifische Besonderheiten zurückführen. So gibt es Hinweise, dass in westlichen Kulturen der »fundamentale Attributionsfehler« eher anzutreffen ist als zum Beispiel in der indisch-hinduistischen Kultur (vgl. Hewstone/Fincham 1996, S. 191).

- *Der Attributionsunterschied zwischen Handelnden und Beobachter:* Beobachter neigen eher dazu, die Akteure für ihr Verhalten verantwortlich zu machen, während die Akteure dazu neigen, ihr eigenes Verhalten eher durch externale, situative Faktoren zu begründen und zu erklären. Beobachter suchen also die Ursachen für das Verhalten des anderen vornehmlich in dessen Person, weniger in situationalen Bedingungen. Bei sich selbst begeht man dagegen den Fehler, sein Verhalten mit situationalen Umständen zu begründen. Jones/Nisbett (1971) erklären derartige Verzerrungen, indem sie auf die unterschiedlichen Perspektiven von Beobachter und Akteur aufmerksam machen. Je nachdem, ob man Akteur oder Beobachter ist, erlebt man sich selbst entweder als Figur oder Hintergrund. Die Folge ist ein unterschiedlicher Fokus der Aufmerksamkeit. Als Akteur richtet man seine Aufmerksamkeit vorrangig auf die situativen, kontextuellen Beschaffenheiten, während Beobachter vorrangig die Handlungsweisen der Akteure betrachten.
- *Attributionsunterschiede bei Erfolg und Misserfolg:* Eigene Erfolge führen wir eher auf internale Faktoren (auf unsere Begabung, Kompetenz oder Anstrengung) zurück, während wir eigene Misserfolge vornehmlich durch externale Faktoren (durch die missliebige Umgebung, das Pech) erklären.

Auch wenn manche der »verzerrten Erklärungen« auf den ersten Blick »irrational« erscheinen, zeigen sie doch, dass und wie Menschen Sinn in ihre Wirklichkeit zu bringen versuchen. Derartige Bestrebungen, Sinn und Erklärung für die Wirklichkeit zu finden, können wichtige individuelle Anlässe für kommunikative Beziehungen sein. Andererseits können solche individuellen Erklärungsbestrebungen auch zu Kommunikationsstörungen und Konflikten führen. Wenn man sich nicht selbst verantwortlich für einen Misserfolg fühlt und stattdessen andere dafür verantwortlich zu machen versucht, diese aber diese Verantwortung zurückweisen, steht man vor einer Situation, die man eigentlich als ungerecht erleben sollte und gegen die man sich wehren müsste. Auseinandersetzungen dürften dann unausweichlich folgen.

3.3 Kognitive Schemata und Faustregeln

Stellen Sie sich vor, Sie sollen einem Herrn vorgestellt werden, von dem Sie erfahren haben, dass er schüchtern und zartgliedrig sei und gern Gedichte schreibe. Bevor Sie diesen Herrn kennen lernen werden, werden Sie gefragt: »Was meinen Sie, wird dieser Herr von Beruf sein: Ingenieur oder Sinologe?« (Vgl. auch Nisbett/Ross 1980)

Wenn wir im gegebenen Beispiel zu dem Urteil kommen, die Person, der wir vorgestellt werden, sei mit hoher Wahrscheinlichkeit ein China-Kundler, dann haben wir uns nach einem Schema oder einem Konzept gerichtet, das besagen könnte: Menschen, die sich mit einem scheinbar so seltenen Thema wie der chinesischen Kultur und Sprache beschäftigen, müssten auch über Eigenschaften (zartgliedrig, Gedichte schreibend) verfügen, die, gemessen am Durchschnitt der deutschen Bevölkerung, relativ selten zu sein scheinen. Tversky/Kahneman (1982) beschreiben verschiedene Heuristiken oder kognitive Faustregeln, mit denen Menschen solche und ähnliche Fälle, in denen es um Urteile und Erklärungen über die Wirklichkeit geht, zu lösen versuchen. Eine Heuristik oder kognitive Faustregel beschreibt vereinfachte Strategien bei der Beurteilung von Sachverhalten.

Eine erste kognitive Faustregel nennen Tversky/Kahneman (1982) *Verfügbarkeits-Heuristik:* Leichter zugängliche Informationen werden in einem Urteilsprozess stärker berücksichtigt als weniger gut zugängliche Informationen. Das, was wir schnell aus unserem Gedächtnis abrufen können, berücksichtigen wir in einem Urteilsprozess auch eher. Wir schließen zum Beispiel häufiger von uns auf andere, einfach deshalb, weil wir auf Informationen über die eigene Person im Gedächtnis leichter zugreifen können. Sie werden zum Beispiel danach gefragt, wie eine optimale Liebesbeziehung aussehen müsste. Je nachdem, welche Vorerfahrungen Sie haben, böten sich vielleicht zwei grundlegende, aber gegensätzliche Faustregeln oder Heuristiken an: »Gleich und gleich gesellt sich gern« oder: »Gleiche Pole stoßen sich ab«. Das heißt, wenn Sie gerade in einer Beziehung sind, in der Sie sich und Ihren Partner als ähnlich erleben, würden Sie vielleicht die erste Faustregel benutzen, um Ihre allgemeine Antwort zu formulieren. Das heißt, je verfügbarer oder sinnfälliger ein Ereignis ist, desto eher wird es als häufig oder typisch beurteilt.

Die *Heuristik der Verankerung* ist eine zweite von Tversky/Kahneman (1982) beschriebene Faustregel. Werden Personen aufgefordert, Häufigkeits- bzw. Wahrscheinlichkeitseinschätzungen abzugeben, so richten sie sich oftmals nach bereits vorgegebenen Informationen, Ausgangswerten oder einem »Anker«. Solche Verankerungsheuristiken dürften zum Beispiel für den so genannten *Primacy-Effekt* verantwortlich sein. Darunter versteht man den nachhaltigen Einfluss der ersten Mitteilung in einer Reihe von Mitteilungen. Diese erste Mitteilung oder Information fungiert dann als Anker, an der alle weiteren Mitteilungen angepasst und gemessen werden (etwa beim »ersten Eindruck«). Häufig wird aber auch die umgekehrte Tendenz, die Bevorzugung der letzten Mitteilung in einer Serie, berichtet, der *Recency-Effect*. Hier gehen die letzten Informationen oder Mitteilungen als wichtige Anker in ein Urteil ein. Wir lassen uns in diesem Fall vor allem von der letzten Information in einer Reihe von Informationen leiten, um über einen Sachverhalt, eine Person oder einen Prozess ein Urteil abzugeben. Ein anderes Beispiel ist der *Extremitätseffekt*. In diesem Falle erhalten generell extreme Informationen mehr an Gewicht in der Beurteilung und Interpretation von Wirklichkeit. Auch der so genannte *Heiligenschein-Effekt* ist in diesem Zusammenhang zu nennen. Ein positives Merkmal, das wir bei einer Person wahrnehmen, veranlasst uns, der Person weitere positive Merkmale zuzuschreiben. Zum Beispiel: »Wer schön ist, ist auch klug.«

Die dritte von Tversky/Kahneman beschriebene kognitive Faustregel ist die *Heuristik der Repräsentativität*. Dabei wird die

Wahrscheinlichkeit, ob eine Person (ein Sachverhalt oder ein Ereignis) einer bestimmten Kategorie angehört oder nicht, danach beurteilt, wie ähnlich die Person dieser Kategorie ist. Wenn die Merkmale der Person für die Kategorie repräsentativ sind, wird angenommen, dass die Person dieser Kategorie mit hoher Wahrscheinlichkeit angehört.

»Der Mann mit Baskenmütze, mit Gauloises und Baguette unterm Arm wird leicht als Franzose klassifiziert, weil er die beobachteten Merkmale mit denen des typischen Franzosen teilt. Ein Sperling wird spontan der Kategorie ›Vogel‹ zugeordnet, während ein Strauß (der bezeichnenderweise oft ›Vogel Strauß‹ genannt wird) nicht ohne weiteres als Vogel klassifiziert wird. Natürlich gehören beide Tiere derselben biologischen Spezies an, aber der Sperling ist dem typischen Vogel weit ähnlicher als der Strauß.« (Strack 1985, S. 254)

Die Repräsentativitätsheuristik bestimmt auch unseren kommunikativen Umgang mit anderen Personen und könnte dafür verantwortlich sein, dass wir im o.g. Beispiel zu dem Urteil kommen, die Person, der wir vorgestellt werden, sei mit großer Wahrscheinlichkeit ein Sinologe. Geht man allerdings von der zahlenmäßigen Verteilung von Ingenieuren und Sinologen in der deutschen Bevölkerung aus, müsste man eigentlich zu einem anderen Urteil kommen. Da es sicher viel mehr Ingenieure als Sinologen in Deutschland gibt, dürfte die Wahrscheinlichkeit, dass eine Person, auf die die obige Beschreibung passt, Ingenieur ist, viel größer sein als die, die für das Zutreffen auf einen Sinologen gilt. Um zu diesem, sicher passenderen Urteil zu kommen, dürften wir uns nicht von unseren kognitiven Faustregeln oder internen Schemata leiten lassen, sondern müssten versuchen, unser Urteil gründlicher zu elaborieren.

Wie kommen Menschen zu einem Urteil über einen tatsächlichen oder potenziellen Kommunikationspartner? Gehen wir in unseren Urteilen von relativ stabilen internen Schemata, Konzepten oder Faustregeln aus oder versuchen wir in möglichst komplexer Weise viele Informationen oder Daten über die Kommunikationspartner zu sammeln, um dann aus den Berechnungen unsere

Schlussfolgerungen über die Kommunikationspartner abzuleiten? Wir haben diese Frage bereits im Zusammenhang mit dem Prozess der Attributionen aufgeworfen und wollen nun versuchen, eine vorsichtige Antwort zu formulieren.

3.4 Komplexe Datenanalysen oder schematische Beurteilung der Kommunikationssituation – das Modell der Elaborationswahrscheinlichkeit (ELM)

Ein Modell, mit dem wir recht gut verdeutlichen können, ob und wann bei der individuellen Beurteilung und Erklärung von Wirklichkeit eher schematisch oder in komplexer Weise vorgegangen wird, ist das *Modell der Elaborationswahrscheinlichkeit (ELM)* von Petty/Cacioppo (1986).

Das Modell versucht, die verschiedenen z.T. widersprüchlichen Befunde über die beeinflussende Kommunikation und die Einstellungsänderung zu klären. Für uns ist dieses Modell vor allem deshalb interessant, weil es eine Antwort auf die Frage zu liefern vermag: Wann urteilen und kommunizieren wir vornehmlich konzeptgesteuert und wann unterwerfen wir uns der Mühe, in komplexer Weise die Ursachen für das kommunikative Geschehen so zu erschließen, wie es die klassischen Attributionstheorien zu erklären versuchen? Die für unsere Zwecke wichtigen Postulate des Modells lassen sich in verkürzter Weise folgendermaßen formulieren (vgl. auch Güttler 1996, S. 192f.):

- Menschen sind in der Regel motiviert, an adäquaten Einstellungen und Konstruktionen über die Wirklichkeit festzuhalten. Ob die Einstellungen adäquat und der Wirklichkeit angemessen sind, prüfen wir, indem wir uns mit anderen Menschen vergleichen.
- Werden Menschen mit neuen Botschaften oder Mitteilungen konfrontiert, die ihren bisherigen Einstellungen und Wirklichkeitskonstruktionen widersprechen, hängen die Tiefe und Gründlichkeit der Elaboration (also der kognitive Aufwand, den Menschen aufbringen, um sich mit einstellungskonträren In-

formationen auseinander zu setzen) von verschiedenen individuellen und situativen Faktoren ab.
- Die Elaboration (die Tiefe und Gründlichkeit, mit denen Überzeugungsargumente von Kommunikationspartnern oder anderen Einflussquellen verarbeitet werden) kann nach Petty und Cacioppo relativ »objektiv« oder auch relativ verzerrt erfolgen. Eine »objektive« Verarbeitung liegt dann vor, wenn sich die Person, die überzeugt werden soll, mit den Inhalten der Mitteilungen sehr intensiv auseinander setzt und sich in der Auseinandersetzung mit den neuen Botschaften weniger von eventuellen Voreinstellungen leiten lässt. Bei einer verzerrten Verarbeitung richtet sich die Person nach internen Konzepten, Schemata, Urteilsheuristiken oder Vorurteilen. Die Mitteilungen oder Botschaften, durch die die Person überzeugt werden soll, dienen in diesem Fall meist nur dazu, bereits bestehende Konzepte und Urteile zu bestätigen.
- Die Motivation und die Fähigkeit zur Informationsverarbeitung (also zur Elaboration) sind die zentralen individuellen Variablen, von denen – nach Petty/Cacioppo – die »objektive« oder »verzerrte« Verarbeitung der neuen Argumente und Botschaften abhängen.

Petty/Cacioppo postulieren zwei Routen der Einstellungsänderung bzw. internen Verarbeitung von Informationen und Argumenten:

- *Die zentrale Route:* Die Argumente und neuen Mitteilungen werden vom Rezipienten genau geprüft. Das ist dann der Fall, wenn die Motivation und Fähigkeiten des Rezipienten zur Informationsverarbeitung und zur Prüfung der Argumente des »Senders« relativ hoch sind. Die Person investiert in diesem Fall mehr Zeit, um sich mit den Argumenten auseinander zu setzen. Sie hat die Intelligenz und das Wissen, um die Argumente der Mitteilung zu verstehen. Sie strengt sich an, um sich kritisch und sorgfältig mit den Argumenten zu beschäftigen, um sie mit dem eigenen Wissen und den eigenen Einstellungen und Konzepten zu vergleichen und eventuell in die eigenen Konstruktionen zu integrieren.

- *Die periphere Route:* Die Person, der Rezipient, ist kaum motiviert bzw. hat nur geringe Fähigkeiten zur genauen Prüfung der Argumente des »Senders«. Unsere Person denkt kaum über die Inhalte der Argumente nach, elaboriert die Argumente also kaum. Sie stützt sich, wenn sie die beeinflussenden Argumente akzeptiert oder ablehnt, fast ausschließlich auf eher nebensächliche, periphere Aspekte. Das heißt, sie konzentriert sich weniger auf die Inhalte der Argumente als vielmehr auf die Form ihrer Darbietung, z.B. auf die »Glaubwürdigkeit« der Kommunikationsquelle, auf den »vermuteten Sachverstand« der Kommunikationspartner, auf die »Attraktivität« des »Senders« oder auf andere Hinweise aus der Kommunikation.

Kennzeichnend für die *periphere Route* ist die Benutzung von einfachen Faustregeln und Erklärungsschemata, so wir sie bereits behandelt haben.

Güttler (1996, S. 194) nennt ergänzend folgende kognitive Faustregeln, die Menschen benutzen, wenn sie neue Botschaften überwiegend peripher verarbeiten:

- »Experten sagen immer die Wahrheit.«
- »Experten kann man vertrauen.«
- »Fachleute wissen es am besten.«
- »Mit solchen Leuten stimmt man überein.«
- »Sympathischen Leuten kann man vertrauen.«
- »Je länger die Mitteilung, desto überzeugender ist der Inhalt.«
- »Was teuer ist, muss auch gut sein.«
- »Was ich gekauft habe, muss ich mögen.«

Die Motivation, also die erste entscheidende individuelle Bedingung für die *zentrale Route* und für eine gründliche Verarbeitung (Elaboration) neuer Mitteilungen hängt u.a. von folgenden Faktoren ab (vgl. Güttler 1996, S. 198ff.):

- von der persönlichen Relevanz der Mitteilung und Argumente: Je relevanter die Botschaft ist, umso eher wird sich die Person mit ihr intensiv auseinander setzen;

- von der persönlichen Verantwortlichkeit: Je mehr die Person wahrnimmt, dass sie allein für den Umgang mit den beeinflussenden Argumenten verantwortlich ist, umso eher wird sie sich engagiert mit diesen Argumenten auseinander setzen;
- von der Anzahl der Quellen einer Botschaft: Je mehr unabhängige Quellen oder »Sender« die gleichen Argumente verbreiten, umso intensiver wird die Beschäftigung mit den Argumenten sein;
- vom Bedürfnis nach Erkenntnis: Dabei scheint es sich um eine Persönlichkeitsdisposition zu handeln, die dazu führt, dass jene Personen, die ein sehr hohes Bedürfnis nach Erkenntnis haben, eher bereit sind, sich intensiv mit Argumenten auseinander zu setzen, die ihren bisherigen Einstellungen zu widersprechen scheinen;
- von den Vorwarnungen über mögliche Inhalte und Absichten einer Kommunikationsquelle: Wenn Personen vor dem Eintreffen einer Botschaft vorgewarnt werden, können sie sich zum einen auf die mögliche Beeinflussung vorbereiten. Zum anderen neigen sie dann wohl eher zur vorschnellen Ablehnung der nachfolgenden eintreffenden Botschaften;
- von negativen Kommentaren seitens anderer Zuhörer: »Zwischenrufe des Publikums, abwertende, kritische Kommentare, Gegenargumente von Zuhörern zum Vortrag des Senders u.Ä., die die Rede unterbrechen oder stören, verleiten den (die) Empfänger eher zur Produktion von Gegenargumenten als zu befürwortenden Gedanken und können zu einer verzerrten, voreingenommenen Informationsverarbeitung Anlass geben.« (Güttler 1996, S. 201)

Die Fähigkeit zur gründlichen Elaboration neuer Argumente wird u.a. von folgenden Bedingungen beeinflusst:

- von der Intelligenz der Person, die sich mit den Argumenten auseinander setzt,
- vom Vorwissen und den Vorkenntnissen zur Thematik, auf die sich die neuen Argumente beziehen,
- von der Komplexität der Botschaft und der neuen Argumente,

- davon, ob die Person in ihrer Auseinandersetzung mit den neuen Argumenten abgelenkt wird,
- von der Modalität der Botschaft, d.h., ob sie als mündliche Mitteilung, schriftlicher Text oder in bildlicher Darstellung erfolgt.

Stahlberg/Frey (1993) sprechen dem Modell der Elaborationswahrscheinlichkeit (ELM) eine wichtige ordnungsstiftende Rolle zu.

»Kommunikatoren, die daran interessiert sind, langfristig stabile, gegen Gegenargumente gefeite und verhaltenssteuernde Einstellungen zu einem bestimmten Thema zu erzeugen, sollten in die Qualität ihrer Botschaften investieren und gleichzeitig sicherstellen, dass die potenziellen Rezipienten dazu willens und in der Lage sind, die Botschaft intensiv zu verarbeiten.« (S. 355)

Überdies zeigt das ELM, wann und wie sich Personen individuell mit kommunikativen Botschaften auseinander setzen, um sich die Wirklichkeit zu erklären.

4. Sympathie und Attraktivität – eine vierte Antwort

Wir kommunizieren mit anderen Menschen – nicht immer, aber immer öfter – auch deshalb, weil wir sie sympathisch und attraktiv finden.

Rosemann/Kerres (1986, S. 85) stellen fest, dass in der angloamerikanischen Literatur die uns vertrauten Begriffe der Sympathie und Antipathie in diesem Falle seltener benutzt werden. Stattdessen habe sich der Begriff der interpersonalen Attraktion eingebürgert. Nach Walster und Walster (vgl. Walster/Walster 1976) könnte man damit jene individuelle Tendenz bezeichnen, andere Personen oder Symbole dieser Personen positiv oder negativ zu bewerten.

Hunderte von Untersuchungen des Ausdrucksverhaltens von Personen haben gezeigt, dass die Attraktivität sehr oft von kleinen Nuancen abhängt. Und diese kleinen Nuancen bewirken nicht selten, dass wir diesen Personen automatisch noch weitere positive Merkmale zuschreiben. Berscheid/Reis (1998) verweisen zum Beispiel auf den »what is beautifull is good«-Effekt, der sehr oft repliziert werden konnte. Danach werden einer als gut aussehend beurteilten Person weitere positive Merkmale, zum Beispiel Erfolg, Zufriedenheit etc. zugeschrieben. Aus Alltagserfahrungen wissen wir aber auch, dass es nicht selten der Gesamteindruck ist, der uns veranlasst, auch sympathische, attraktive, liebenswerte Details an der anderen Person zu entdecken. Das Thema »Attraktivität« lässt sich also aus einer vornehmlich *individuellen* Beobachterperspektive behandeln und mit der Frage verknüpfen: Welche physischen Merkmale anderer Personen sind relevant, um sie als attraktiv zu beurteilen? Eine informative Übersicht über die Befundlage zu diesem Thema bis Mitte der 80er-Jahre findet sich bei Rosemann/Kerres (1986).

Attraktivität ist aber auch ein *interaktives* Geschehen. Garcia u.a. (1991) fanden zum Beispiel, dass die physische Attraktivität einer Person hoch mit der Qualität der Interaktionen zwischen der eingeschätzten und der einschätzenden Person korreliert.

Plausibel dürfte überdies die Annahme sein, dass Attraktivität in unterschiedlichen *kulturellen Kontexten* unterschiedlich bewertet wird. Cunningham u.a. (1995) fanden allerdings eine überraschend hohe Korrelation in der Bewertung von Attraktivität durch asiatische und spanische Studenten einerseits und weißen amerikanischen Studenten andererseits.

Natürlich unterliegen die individuellen und sozialen Bezugssysteme, nach denen wir Personen als attraktiv einschätzen, auch einem ständigen Wandel, der nicht zuletzt durch die öffentlichen Medien begleitet, moderiert und befördert wird (vgl. z.B. Krohne 1995). Wir haben es offenbar mit komplexen Prozessen zu tun, und es würde zu weit führen, sie im Einzelnen hier zu besprechen.

Interessant für uns ist der offenbar recht robuste Befunde, dass attraktive Menschen generell als Kommunikationspartner bevorzugt werden (vgl. Buunk 1996, S. 385). Dabei scheinen die Effekte für Attraktivität bei Männern stärker als bei Frauen zu sein. Buunk zitiert eine von Buss (1989, zit. n. Buunk 1996, S. 384) in 37 Ländern durchgeführte Studie, in der sich zeigte, dass beide Geschlechter physische Anziehung als wichtig einschätzen, dies aber in den meisten Kulturen für Männer stärker als für Frauen gilt. Eine spätere, ebenfalls von Buss (1994, zit. n. Buunk 1996, S. 384) durchgeführte Untersuchung, legt folgende Differenzen zwischen Männern und Frauen in der Beurteilung des jeweils anderen Geschlechts nahe: Männer achten eher auf Jugendlichkeit (große Augen, kleine Nase, kleines Kinn, weit auseinander liegende Augen), Gesundheit und das Fortpflanzungspotenzial und legen die damit zusammenhängenden physischen Merkmale von Frauen ihren Attraktivitätsurteilen über Frauen zu Grunde. Eine von Wiggins u.a. (1968) durchgeführte Untersuchung scheint mit diesen Befunden kompatibel zu sein. Die Autoren fanden, dass Männer unabhängig von ihren Persönlichkeitsmerkmalen im Durchschnitt Frauen mit mittellangen Beinen, mittlerem bis schmalem Gesäß und leicht überdurchschnittlich großen Brüsten bevorzugen. Frauen hingegen fühlen sich zu Angehörigen des anderen Geschlechts hingezogen, die nonverbales dominantes Verhalten zeigen, körperlich groß (aber nicht zu groß) sind und äußere Merkmale aufweisen, die auf Reife hinweisen (wie hervorstehende Wangenknochen, langes breites Kinn, breites Lächeln und ein Kleidungsstil, der auf hohen Status hinweist).

Wir möchten uns für zeitliche Stabilität solcher Urteilsmerkmale nicht verbürgen. Aus einer sozial-konstruktivistischen Perspektive scheint uns ein anderer Aspekt, als eben die zeitlich überdauernden oder eben auch sehr variablen Bewertungskriterien für Attraktivität, bedeutsam. Die individuellen Vorlieben für Attraktivität entfalten ihre Wirkung nicht zuletzt vor dem Hintergrund der sozial konstruierten Bedeutungen von Attraktivität. Solche Bedeutungen werden über Medien (Filme, Bücher, Fernsehen usw.) konstruiert und verbreitet, in Familien, Jugendcliquen, Selbsterfahrungsgruppen, Skatklubs, Kaffeekränzchen, Peepshows, in Arbeitsteams oder von Wissenschaftlern konventionalisiert und tradiert, von Schauspieler/innen, Nachrichtensprecher/innen, Moderator/innen oder Politiker/innen transportiert. Wir werden später noch darauf zurückkommen. Jetzt soll uns noch einmal der Hinweis reichen: Menschen kommunizieren auch deshalb, weil sie ihre Kommunikationspartner attraktiv und sympathisch finden. Die Attraktivität anderer Personen dürfte ein sinnvoller Anlass sein, mit ihnen ein Gespräch zu beginnen.

Kapitel 3:
Kommunikation als interaktives Geschehen – theoretische Ansätze und Phänomene

1. Wie kommunizieren wir mit anderen Menschen: Die Frage nach der Wechselseitigkeit des kommunikativen Geschehens

Am spannendsten sind noch immer jene Formen menschlicher Beziehungen, in denen sich die Akteure von Angesicht zu Angesicht begegnen. Hier wird gelebt und geliebt, aber auch getötet und gestorben. Wir nennen diese Formen des *unmittelbaren* menschlichen Umgangs den Interaktionsraum oder die Interaktionsräume und verstehen unter *Interaktion eine von Angesicht zu Angesicht stattfindende, wechselseitige Beziehung zwischen Menschen (face-to-face-exchange).*

Das bedarf der mehrfachen Erläuterung: Wir halten es mit Paul Watzlawick, dass man nicht nicht kommunizieren kann (Watzlawick u.a. 1967, S. 50ff.). Eine Interaktion ist eine spezifische Kommunikation, eben jene, die von Angesicht zu Angesicht stattfindet, wobei das »Angesicht« sinnlich wahrnehmbare Gegenwart des anderen bedeutet.

Gerade eine solche Aussage mag bei einem Blick in gängige sozialpsychologische Lehrtexte überraschen. Der erste Satz in Werner Herkners Lehrbuch der Sozialpsychologie (Herkner 1991, S. 17) lautet z.B.: »Sozialpsychologie ist die Wissenschaft von den *Interaktionen zwischen Individuen*« (Hervor. v. Autor). Da Herkner in seinem Buch auch Kommunikationsphänomene behandelt und überdies die Kommunikation als »eine besonders häufige und wichtige Form der sozialen Interaktion« betrachtet (Herkner 1991, S. 131), liegt die Vermutung nahe, er ordne den Kommunikationsbegriff dem der Interaktion unter. Alexander Thomas betont hingegen (1991, S. 55), in Definitionen von Kommunikationen werde zwar meist darauf hingewiesen, dass Kommunikation eine spezifische Form der Interaktion sei, doch halte er eine Trennung zwischen Interaktion und Kommunikation für wissenschaftlich nicht besonders fruchtbar.

Ob in Kommunikationen Informationen ausgetauscht werden, überhaupt austauschbar sind und nur dann mit Erfolg ausgetauscht werden können, wenn Sender und Empfänger – wie im Kommunikationsmodell von Shannon/Weaver (1949) – kompatible Codes besitzen, lässt sich bezweifeln. Wir finden es deshalb passender, von Kommunikation dann zu sprechen, wenn sich die beteiligten Menschen (oder allgemeiner: sozialen Systeme) wechselseitig zur Konstruktion von Wirklichkeit anregen. Und wenn sich diejenigen, die sich da anregen (das können Sie getrost wörtlich nehmen), dies von Angesicht zu Angesicht tun, sprechen wir von Interaktion.

In diesem Kapitel werden wir verschiedene Formen des kommunikativen Umgangs vorstellen. Die Auswahl dieser Formen ist keinesfalls willkürlich, aber auch nicht vollständig. Wir behandeln verbale und nonverbale, formelle und informelle Kommunikation, Kommunikation in und zwischen Gruppen und die Liebe als die intimste Form zwischenmenschlicher Kommunikation.

2. Nonverbale Kommunikation

2.1 Historische Impressionen über das Studium nonverbalen Verhaltens

Menschen sind zu Menschen geworden, weil sie der Sprache mächtig geworden sind. Diese übermächtige Bedeutung der Sprache für die menschliche Kommunikation hat lange zu einer Unterschätzung alternativer, nichtsprachlicher oder eben »nonverbaler« Kodesysteme wie Mimik oder Gestik in der menschlichen Kommunikation geführt (Scherer 1979, S. 358).

Allerdings wollen wir nicht verschweigen, dass die Erforschung der »Körpersprache« trotz allem eine lange Tradition hat (vgl. Delhees 1994, S. 128). Die so genannte Ausdruckslehre ist ein Beispiel für diese lange Tradition. Die Arbeiten des Züricher Pfarrers Johann Caspar Lavater (1741–1801) sind hier einzuordnen.

Lavaters in ganz Europa verbreitetes Buch »Physiognomische Fragmente zur Beförderung der Menschenkenntnis und Menschenliebe« (1772) behandelt die Frage, wie aus bestimmten Gesichtsformen auf bestimmte Charaktere geschlossen werden kann. Dazu ließ Lavater Porträts »bedeutender Menschen« anfertigen, um diese mit den Charakteren der Personen zu vergleichen und auf diese Weise seine Lehre von der Physiognomik zu begründen. Goethe berichtet in seiner Autobiografie »Aus meinem Leben. Dichtung und Wahrheit« über seine brieflichen Kontakte und sein Treffen mit Lavater. Dessen Buch beschrieb er als »genial-empirisch, als methodisch-kollektiv« (Goethe 1984, S. 724), meinte aber auch, es riefe »eine komisch-heitere Empfindung« (Goethe 1984, S. 725) hervor.

Zu den wissenschaftlichen Wurzeln der modernen Forschungen zur nonverbalen Kommunikation gehören nach Depaulo und Friedman (1998, S. 4ff.) u.a. die frühen verhaltensbiologischen Untersuchungen. Vor allem Charles Darwin legte mit seinem Buch »The expression of emotions in men and animals« (Original: 1873) wichtige Grundlagen für die moderne Forschung zum nonverbalen Verhalten.

Die Suche nach Antworten auf die Frage, ob nonverbale Zeichen, wie das Lächeln, Gesten der Liebkosung, Blickverhalten usw. ebenso kulturell-spezifisch wie die Sprache oder vornehmlich biologisch bedingt sind, führte zu zahlreichen interessanten Untersuchungsansätzen, auf die wir noch eingehen werden (Ekman u.a. 1979). Auch die in den letzten Jahrzehnten vorgelegten Untersuchungsergebnisse über die Entwicklung des kindlichen Ausdrucksverhaltens (vgl. z.B. Ekman 1973) wurden von Darwins Buch angeregt. Darwins Theorie, nach der die menschlichen Ausdrucksbewegungen rudimentäre Handlungen seien, die sich im Laufe der Generationen behaupten konnten, wird in dieser rigorosen Weise aber heute nicht mehr vertreten (vgl. auch Schmidt 1972, S. 36).

Ebenso innovativ für die gegenwärtigen Forschungen erwiesen sich Felduntersuchungen, mit denen Anthropologen die Frage nach der kulturellen Spezifik gestischen Verhaltens zu beantworten versuchten.

Die heute vorliegenden Forschungen legen den Schluss nahe, dass nonverbale Zeichen für bestimmte Arten der Kommunikation mindestens ebenso bedeutsam, wenn nicht bedeutsamer für die jeweilige Situation sind, als Sprachzeichen (vgl. auch Delhees 1994, S. 133). Das hängt vor allem damit zusammen, dass nonverbale Zeichen für bestimmte Kommunikationsaufgaben besonders gut geeignet sind – so etwa für die Kommunikation emotionaler Inhalte sowie zur Regulation von Status- und Sympathiebeziehungen.

2.2 Was heißt »nonverbal«?

Depaulo/Friedman (1998, S. 3) meinen lapidar: »By ›nonverbal‹ we mean simply ›not words‹«. Zu den nonverbalen Zeichen, die in der Kommunikation mit anderen Menschen genutzt werden können, gehören (vgl. auch Thomas 1991, S. 62f.):

- Kommunikationen durch Blickverhalten (Blickkontakt);
- Kommunikationen durch Gesichtsausdruck (Mimik);
- Kommunikationen durch Körperhaltung und Körperbewegung (Pantomimik):
- Kommunikationen durch Berührung (Taktilität);
- Kommunikationen durch räumliche Distanz zum anderen Kommunikationspartner (Regulierung des sozialen Raums);
- Kommunikation durch vokale (tönende) nonverbale Zeichen: Stimmqualität, Stimmhöhe, Stimmführung, Lautstärke, Klangfarbe, Artikulation, Sprechgeschwindigkeit (Paralinguistik);
- Kommunikation durch Staffage: Kleidung, Statussymbole, Gestaltung des Raumes, in dem kommuniziert wird etc.

Die Gesamtheit der nonverbalen Zeichen, die wir mit unserem Gesicht ausdrücken können, wird mit dem Begriff *Mimik* beschrieben. *Pantomimik* bezieht sich auf die Ausdrucksmöglichkeiten unseres gesamten Körpers. So wie auch die anderen nonverbalen Kommunikationssignale ist auch die Pantomimik in der Regel ein nur zum Teil bewusst und absichtsvoll eingesetztes Kommunikationsverhalten. *Paralinguistische* Kommunikationsmerkmale spielen in der Beurteilung anderer Kommunikationsteilnehmer eine wichtige Rolle. So wissen wir aus Alltagserfahrungen, dass man scheinbar leicht von der Grundfrequenz der Stimme auf die Gefühlslage einer Person schließen kann. Eine hohe Stimmlage erscheint uns als Hinweis für die Nervosität und Unsicherheit unserer Partner. Scherer (1982) konnte indes zeigen, dass die Schlüsse von der Stimme auf die Gefühlslage eines Kommunikationspartners höchstens mit einer Genauigkeit von ca. 60% gelingen. Persönlichkeitsmerkmale wie Extraversion oder Durchsetzungsvermögen lassen sich noch viel schwieriger aus der Stimme ableiten.

Was unterscheidet nonverbale von verbalen Kommunikationszeichen?

Nach Delhees (1994, S. 131f.) sind es vor allem folgende Unterschiede:

- *Nonverbale Kommunikationszeichen sind in der Regel unstrukturierter als verbale Kommunikationszeichen.* Die Wortsprache enthält in der Regel eine bestimmte und begrenzte Anzahl von Lauten und Strukturregeln. Die korrekte Anwendung dieser Regeln lernen wir im Verlaufe unserer Ontogenese. Dadurch wird das, was wir sagen, auch für andere Kommunikationspartner verständlicher. Für nonverbale Kommunikationszeichen gibt es solche Regeln der Anwendung so gut wie nicht. Aus diesem Grunde sind nonverbale Kommunikationszeichen auch kaum eindeutig und sicher interpretierbar. Ausgenommen sind hier fixierte Zeichensprachen wie die Taubstummensprache.
- *Nonverbale Kommunikationszeichen sind in der Regel unbestimmter.* Verbale Kommunikationen lassen sich innerhalb bestimmter Sprach- und Deutegemeinschaften relativ sicher interpretieren. Ihr Inhalt ist weniger mehrdeutig als nonverbale Kommunikationen. Gesten und andere nonverbale Kommunikationen lassen sich auch innerhalb bestimmter Deutegemeinschaften auf recht unterschiedliche Weise auslegen.
- *Nonverbale Kommunikationszeichen sind unbegrenzter.* Verbale Kommunikationen haben in der Regel einen durch die Kom-

munikationspartner und externe Beobachter relativ genau definierbaren Anfang und ein ebenso erkennbares Ende. »Die Länge einer Äußerung, die Länge der Pause vor einer Antwort, die Häufigkeit von Unterbrechungen oder die Reibungslosigkeit der zeitlichen Abstimmung von Sprechern und Zuhörern sind genau bestimmt.« (Delhees 1994, S. 131) Derartige Strukturangaben sind bei nonverbalen Kommunikationen kaum möglich. So lange sich die Kommunikationspartner im Interaktionsraum befinden, findet auch nonverbale Kommunikation statt.

- *Nonverbale Kommunikationszeichen lassen sich weniger gut steuern als verbale Kommunikationszeichen.* In vielen Fällen werden nonverbale Kommunikationen weniger absichtsvoll, weniger zielgerichtet und weniger gesteuert eingesetzt als verbale Kommunikationen.

2.3 Interindividuelle Unterschiede im kommunikativen Verhalten

Hin und wieder sind wir uns im Klaren, warum wir bestimmte nonverbale Zeichen einsetzen oder nicht. Mit anderen Worten: Bestimmte nonverbale Zeichen sind für uns sinnvoll, andere wiederum nicht. Allerdings ist nicht jede/r in gleich guter Weise in der Lage, nonverbal zu kommunizieren. Untersuchungen zeigen vor allem eine Abhängigkeit dieser Fähigkeiten vom Alter, Beruf, Geschlecht, vom sozialen Status der Person und von der Beschaffenheit der Gesamtsituation. Besonders deutlich scheinen in dieser Hinsicht die Unterschiede zwischen Männern und Frauen zu sein. »Frauen können im Allgemeinen besser nonverbales Verhalten interpretieren als Männer und Körpersignale, die ihre eigene Innenwelt betreffen, besser senden.« (Delhees 1994, S. 172) Frauen drücken überdies ihre Gefühle eher nonverbal als Männer aus. Während der kommunikativen Interaktion scheinen Frauen sich stärker auf ihre Kommunikationspartner und deren nonverbales Verhalten zu konzentrieren als dies Männer tun. Auf diese Weise gelingt es Frauen offenbar auch besser, die Kommunikation wärmer und angstfreier zu gestalten. Allerdings können Frauen versteckte kommunikative Mitteilungen (z.B. Lügen oder Täuschungen) durch Beobachtung des nonverbalen Verhaltens ihrer Kommunikationspartner nicht besser erkennen als Männer (vgl. Depaulo/Friedman 1998, S. 6).

Generell scheint es so zu sein, dass Personen, die weniger zurückhaltend in ihrem nonverbalen Ausdrucksverhalten sind, auch geselliger, weniger gehemmt, liebevoller, empathischer (im Sinne von einfühlsamer), aber auch einflussreicher und dominanter sind (vgl. Depaulo/Friedman 1998, S. 11ff.). Allerdings scheinen diese Zusammenhänge auch Folge von erfolgreichen Kommunikationen zu sein; somit Ergebnis und nicht nur Voraussetzung der Kommunikation. Das heißt, jene Personen, die in ihrem nonverbalen Verhalten offener und variabler sind, haben in vorausgegangenen Kommunikationssituationen gelernt, dass diese Offenheit und Variabilität für weitere Kommunikationen funktional sein kann. Vor allem Untersuchungen über den positiven Zusammenhang zwischen Ausdrucksverhalten und Attraktivität legen einen solchen Schluss nahe (Friedman u.a. 1988). Personen, die besser als andere in der Lage sind, sich nonverbal auszudrücken, erfahren offenbar, dass sie durch ihr nonverbales Verhalten an Attraktivität gewinnen und setzen demzufolge ihr nonverbales Verhalten in unterschiedlichen Kommunikationssituationen auch gezielter (im Sinne des Impression Management) ein (vgl. auch Whitney u.a. 1994).

2.4 Funktionen nonverbaler Kommunikation

Nonverbale Kommunikation reguliert die dynamische Wechselseitigkeit im kommunikativen Geschehen. Damit ist die Frage nach möglichen Funktionen nonverbalen Verhaltens im Prozess der Kommunikation angesprochen. Delhees (1994, S. 133ff.) nennt die folgenden Funktionen:

- *Nonverbale Kommunikationszeichen erhöhen die Redundanz von Kommunikationen.* Kommunikationen zwischen Menschen sind immer unbestimmt, zweideutig oder mehrdeutig. Dennoch oder gerade deshalb sind Menschen bestrebt, diese Unbestimmtheit und Mehrdeutigkeit im kommunikativen Austausch zu reduzieren. Eine Möglichkeit, solche Mehrdeutigkeiten zu reduzieren besteht darin, die gleichen Mitteilungen auf zwei oder mehreren Kanälen zu übermitteln, um damit die Mitteilungen redundanter zu gestalten; z.B. mittels der gesprochenen Sprache und mit Hilfe nonverbaler Zeichen. Das heißt, das, was ich mitteilen möchte, versuche ich verbal und gleichzeitig nonverbal auszudrücken. Zum Beispiel: Wenn ich eine Fremdsprache nicht so gut beherrsche, setze ich zusätzlich zum Gesagten bewusst auch nonverbale Signale ein. Ich sage zum Beispiel in der italienischen Gaststätte »Uno Espresso« und hebe dabei einen Finger.

- *Nonverbale Kommunikationszeichen ergänzen verbale Kommunikationen:* Nonverbale Mitteilungen können die Bedeutung einer verbalen Äußerung ergänzen und zusätzlich »illustrieren«. Meist ergibt erst die Kombination von verbalen und nonverbalen Mitteilungen die gemeinte Bedeutung des Mitzuteilenden. »Redundanz hilft Ungewissheit reduzieren, indem eine Mitteilung mit an sich überflüssigen Elementen überladen wird. Bei der Ergänzung gehört die nonverbale Mitteilung zur sprachlichen Mitteilung; nur beide zusammen machen die Mitteilung verständlich.« (Delhees 1994, S. 135)
- *Nonverbale Kommunikationszeichen können die verbale Kommunikation betonen:* »Wir werden beim Sprechen lauter, schneller, heben einzelne Wörter hervor, seufzen, schreien oder deklamieren.« (Delhees 1994, S. 135) All dies tun wir, um das Gesagte zu unterstreichen, hervorzuheben, zu betonen. Untersuchungen zeigen zum Beispiel, dass jemand, der andere zu überreden versucht, mehr Gestik und mimische Aktivität entfaltet sowie schneller und lauter spricht.
- *Nonverbale Kommunikationszeichen dienen dazu, den Ablauf der verbalen Kommunikation zu steuern und zu lenken:* Wir bedeuten jemanden durch unser Kopfnicken, doch bitte weiterzusprechen. Wir recken uns in die Höhe, um zu signalisieren, dass jetzt wir an der Redereihe sind. So können wir den Beginn und das Ende unserer Rede durch nonverbales Verhalten anzeigen. Wir können durch Gestik oder Mimik den Partnern bedeuten, jetzt nicht reden zu wollen, oder sie dadurch auffordern, das Wort zu ergreifen. Wir können ein nonverbales Zeichen unserer Kommunikationspartner durch ein ähnliches beantworten, um

damit zu bedeuten, die Beziehung fortsetzen oder beenden zu wollen.
- *Nonverbale Kommunikationszeichen können verbale Kommunikationen ersetzen (Substitution):* Manchmal hilft eine Berührung mehr als tausend Worte. Aber auch dann, wenn sich die anderen Kommunikationspartner weigern, eine verbale Kommunikation aufzunehmen, können nonverbale Kommunikationszeichen anzeigen, dass man sich diese Weigerung nicht gefallen lassen möchte. Delhees (1994, S. 139) verweist in diesem Zusammenhang u.a. auf das nonverbale Verhalten von gesellschaftlichen Randgruppen oder Einzelpersonen, die durch Kleidung, Haartracht, Symbole und Rituale (also durch Staffage) zum Ausdruck zu bringen versuchen, dass sie auch dann, wenn die gesellschaftliche Majorität Kommunikation mit ihnen ablehnt, ihre Unterdrückungsgefühle artikulieren können. Überdies: »Es gibt in bestimmten Verhaltensbereichen starke soziale Konventionen, verbale Ausdrucksmöglichkeiten zu unterdrücken. Als taktlos würde gelten, in einer Abdankungsrede das Sündenregister des Verstorbenen aufzuzählen. Nonverbale Kommunikationen folgen meistens solchen Konventionen nicht. Sie können sehr wohl unmissverständlich ausdrücken, wie jemand über den anderen denkt, auch wenn dieser sich schon im Grab befindet.« (Delhees 1994, S. 138)
- *Nonverbale Kommunikationszeichen können im Widerspruch zu verbalen Kommunikationen eingesetzt werden:* »Jeder hat schon erlebt, wie die Freundlichkeit der Worte durch die Tonlage der Stimme, die abweisende Mimik oder den fehlenden Blickkontakt widerlegt oder wie umgekehrt eine kritische Bemerkung mit einem Lächeln geäußert wurde« (Delhees 1994, S. 140). Widersprüchliche Kommunikationen können bewusst eingesetzt werden, um zum Beispiel eine Aussage durch eine gegenläufige nonverbale Geste zu relativieren oder zu konterkarieren. Widersprüchliche Kommunikationen können aber auch unbewusst erfolgen. Zum Beispiel dann, wenn es sich um Botschaften handelt, die der »Sender« nicht direkt, klar und deutlich aussprechen kann oder aussprechen darf, etwa, weil er verunsichert ist. Auf die Problematik derartiger Widersprüche hat bereits Watz-

lawick (s. Kapitel 2) mit seinem Axiom vom Inhalts- und Beziehungsaspekt von Kommunikation aufmerksam gemacht. Dann, wenn sich der Inhalt einer Mitteilung und die Beziehungen zwischen den Kommunikationspartnern widersprechen, haben wir es auch oft mit Widersprüchen zwischen verbalen und nonverbalen Kommunikationen zu tun.

Ob und wie diese Funktionen nonverbaler Signale wirken, wie sie also tatsächlich in der interpersonalen Kommunikation funktionieren, hängt sicher nicht nur von dem ab, der diese nonverbalen Kommunikationssignale benutzt. Diese Funktionen hängen auch nicht nur von dem ab, der sie zu verstehen versucht. Sondern erst in der eigentlichen Interaktion, also im Prozess des kommunikativen Austauschs der nonverbalen Signale von Angesicht zu Angesicht wird sich die Wirkung dieser Signale entfalten. Hier wird sich entscheiden, ob und wie die Kommunikationspartner die gemeinsame Kommunikation zu gestalten vermögen. Der Fortgang (also der Prozess) der gemeinsamen nonverbalen Kommunikationen ist das Kriterium, an dem wir Beobachter entscheiden können, ob die Kommunikationspartner sich verstehen. Gesten und andere nonverbale Zeichen können diesen Fortgang, die Wechselseitigkeit der Kommunikation fördern oder hemmen:

Wechselseitige Kommunikationen können recht verschiedene Formen annehmen. Nonverbale Kommunikationszeichen fungieren in diesem Zusammenhang als wichtige Indikatoren, aus denen wir u.U. Rückschlüsse auf diese Formen ziehen können. Depaulo/Friedman (1998) verweisen zum Beispiel darauf, dass die nonverbalen Zeichen der Kommunikationspartner – dann, wenn sie sich von Angesicht zu Angesicht gegenübersitzen – im Verlaufe eines Kommunikationsprozesses immer ähnlicher werden können (Depaulo/Friedman 1998, S. 20). Derartige Ähnlichkeiten lassen sich zum Beispiel an der Schnelligkeit und Lautsprache des gemeinsamen Gesprächs (also an den vokalen nonverbalen Kommunikationszeichen), an den Gesprächspausen, aber auch am gemeinsamen Lachen oder wechselseitigen Anstarren ablesen.

Nonverbale Zeichen regulieren den Fortgang und die Wechselseitigkeit der Kommunikation auch, indem sie die soziale Distanz oder die Intimität zwischen den Kommunikationspartnern fördern oder hemmen können.

»Wenn zwei oder mehrere Menschen miteinander in Interaktion treten, müssen sie entscheiden, wie nahe sie einander kommen wollen. Die untere Grenze ist der körperliche Kontakt, die obere Grenze wird durch die Sicht- und Hörbarkeit der Partner bestimmt. Soziale Distanz bezeichnet den Grad der Intimität des Kontaktes, den Menschen in bestimmten Situationen im Bezug auf andere Menschen als wünschenswert ansehen oder dulden. Sichtlich gibt es darin Unterschiede zwischen verschiedenen Menschen und verschiedenen Kulturen. So kommen sich Lateinamerikaner und Araber körperlich beträchtlich näher als Amerikaner oder Nord- und Mitteleuropäer.« (Delhees 1994, S. 157)

- *Intime Distanzen* reichen vom direkten Körperkontakt bis zu einem Abstand von 45 cm. Sie regulieren in der Regel unsere Liebes- und Zärtlichkeitsbeziehungen. Allerdings führen geringe Körperdistanzen bekanntermaßen nicht zwangsläufig zu mehr Intimität. Wo einem die intime Distanz aufgezwungen wird, etwa bei überfüllten Veranstaltungen oder in einem überfüllten Zugabteil, versuchen wir dies zum Beispiel durch sog. Barriere-Signale zu kompensieren: durch Kreuzen der Arme vor der Brust, durch abgewandte Körperhaltung, Vermeiden von Blickkontakt oder Lesen zum Schutz der Intimsphäre.
- *Persönliche Distanzen* umfassen den Bereich von 45 bis etwa 120 cm. Delhees (1994, S. 157) nennt diesen Bereich die persönliche Schutzzone. Es ist die Entfernung, die wir für persönliche Gespräche oder im Freundeskreis wählen. Es ist die bequemste Distanz, wenn man sich mit einer anderen Person unterhält.
- *Gesellschaftliche Distanzen* bewegen sich zwischen 120 und 350 cm. Aus diesen Distanzen heraus regeln wir gewöhnlich mehr oder weniger unpersönliche Kommunikationssituationen: Amtsgespräche, Einkaufsgespräche, Besichtigungen, Führungen.
- *Öffentliche Distanzen* sind größer als 350 cm. Diese Distanzen finden sich zum Beispiel zwischen Personen, die formell miteinander verkehren. Zum Beispiel, wenn der Seminarleiter zur Gruppe spricht, der Betriebsleiter zur Belegschaft oder der Poli-

tiker in einer Wahlveranstaltung. Wie Delhees (1994, S. 158) schreibt, ist die zwischenmenschliche Beziehung hier formal und unpersönlich. Man konzentriert sich auf die Sache, auf das, was zu tun ist, und die Beziehung rückt dabei eher in den Hintergrund.

Argyle/Dean (1965) argumentieren in einer mittlerweile oft zitierten Arbeit, dass Menschen durch nonverbale Zeichen Annäherungs- und Vermeidungstendenzen zu regulieren vermögen (vgl. auch Wiemann/Giles 1996, S. 334ff.). Wird beispielsweise durch einen Kommunikationspartner (durch große körperliche Nähe zum anderen Kommunikationspartner) das Ausmaß an Intimität erhöht, kann der eine Partner dies zum Beispiel durch Verringerung des Blickkontakts wieder verringern, um ein für sich angemessenes Gleichgewicht zwischen der sich entwickelnden kommunikativen Beziehung und den ausgetauschten Mitteilungen herzustellen.

2.5 Universalität versus kulturelle Spezifik von nonverbalen Kommunikationszeichen

Depaulo/Friedman (1998) erwähnen eine Untersuchung von Efron (1941, zit. n. Depaulo/Friedman, S. 5f.), der die Alltagsfrage zu beantworten versuchte, ob Juden und Italiener gestenreicher kommunizieren als Nordeuropäer und ob eventuell zu findende Unterschiede auf biologische oder kulturelle Ursachen zurückgeführt werden können. Efrons Ergebnisse scheinen eher für eine kulturspezifische Erklärung zu sprechen. Darauf verweisen seine Befunde, dass amerikanische Juden unterschiedliche Gesten benutzen, je nachdem ob sie Jiddisch oder Englisch sprechen. Andere anthropologische Befunde, z.B. zum nonverbalen Grußverhalten, zeigen die große interkulturelle Variabilität nonverbaler Kommunikationen. So sind in Japan Verbeugungen typische Grußformen bei der Eröffnung und zum Abschluss eines Gesprächs. In den USA hingegen sind Verbeugungen höchst selten. Depaulo/Friedman (1998, S. 6) führen dies auf die amerikanische Antipathie gegenüber Königen zurück, die traditionsgemäß durch Verbeugungen zu grüßen sind.

Es scheint also interkulturelle Unterschiede in der Interpretation und Deutung von nonverbalen Kommunikationszeichen zu geben. Die Möglichkeiten, bestimmte nonverbale Kommunikationen unterschiedlich auszulegen, differieren in diesem Fall von Kultur zu Kultur. »Lachen wird in den meisten westdeutschen Ländern assoziiert mit Witz und Fröhlichkeit. In Japan ist Lachen oft ein Anzeichen von Verwirrung und Unsicherheit, sodass manchmal Missverständnisse zu Stande kommen, so etwa, wenn ein Europäer seinem Zorn Luft macht und sein japanischer Partner aus Verlegenheit mit Lachen antwortet.« (Maletzke 1996, S. 77) Ebenso besitzen auch andere Gesten eine interkulturelle Spezifik. Der mit Daumen und Zeigefinger geformte Kreis zeigt für einen Amerikaner und Europäer, dass etwas »o.k.« sei, Japaner verknüpfen mit diesem Zeichen die Bedeutung »Geld« (vgl. auch Delhees 1994, S. 169).

Bestimmte nonverbale Kommunikationszeichen haben aber offenbar auch universelle Bedeutungen. Der Möglichkeitsraum, sie unterschiedlich auszudeuten, ist beschränkt. Die bekanntesten Forschungen zur Universalität und Kulturunabhängigkeit des emotionalen Ausdrucks im Gesicht stammen von Ekman und seinen Mitarbeitern (Ekman 1972; Ekman/Friesen 1975). Die Forscher legten in einer Serie von Untersuchungen Personen aus Japan, Brasilien, Chile, Argentinien (vier verschiedene Sprachgruppen) und den USA Fotografien von Gesichtsausdrücken der sechs Grundemotionen: *Ärger, Traurigkeit, Furcht, Zufriedenheit/Glück, Überraschung und Ekel* zur Beurteilung vor. Trotz großer kultureller Unterschiede zeigten die Versuchspersonen aus den verschiedenen Ländern eine hohe Übereinstimmung in der Zuordnung von Gesichtsausdrücken und Emotionen (vgl. auch Delhees 1994, S. 149). Das heißt, es gibt offenbar so etwas wie Universalität von Nonverbalem.

3. Formelle und informelle Kommunikation

Kommunikative Beziehungen in sozialen Gemeinschaften sind zu einem großen Teil strukturell vorgegeben, teilweise entstehen sie aber auch spontan und formen sich nach den Gegebenheiten der konkreten Situation.

Der kommunikative Umgang in einem Institut muss sich zum Beispiel nach der arbeitsbedingten Struktur richten. Nicht jeder kann zu jeder Zeit mit jedem kommunizieren. Die sozialen Strukturen und Organisationsformen des Instituts enthalten bestimmte Normen und Regeln, nach denen man sich in der Kommunikation richten muss.

Formelle Kommunikationen sind jene kommunikativen Beziehungen, in denen Anlass und Verlauf (und meist auch das angestrebte Ziel) der Kommunikation *durch externe Strukturvorgaben* (z.B. durch die Rollen und Positionen der Teilnehmer, durch die gestellten Sachaufgaben oder durch die Mitgliedschaft in einer Organisation oder einem Institut) weitgehend vorgegeben sind.

Denken Sie bitte beispielsweise an mündliche Prüfungen, an die Kommunikationen zwischen Mitarbeitern und Vorgesetzten, an mündliche oder schriftliche Kommunikationen zwischen Geschäftspartnern usw. All diesen Kommunikationen liegen bestimmte Normen des kommunikativen Umgangs zu Grunde.

Wir wissen aber auch, dass solche Kommunikationsnormen häufig unterlaufen werden. Der Prüfer, der in der Prüfung seine Witze macht, verletzt bestimmte offizielle Kommunikationsnormen; der Mitarbeiter, der mit seiner Chefin anbändelt, tut das ebenfalls.

Das heißt, in jeder Kommunikationssituation gibt es auch soziale Beziehungen, die durch offizielle Normen nicht oder nur bedingt geregelt werden. So existieren in einem Institut neben der arbeitsbedingten Kommunikationsstruktur vielfältige kurz- oder langfristige kommunikative Beziehungen zwischen den Institutsmitgliedern, die quasi quer zur offiziellen oder formellen Arbeitsstruktur gepflegt und genutzt werden.

Diese informellen Kommunikationsbeziehungen entstehen mehr oder weniger spontan oder eigendynamisch.

Von *informeller Kommunikation* sprechen wir, wenn sich Anlass und/oder Verlauf der Kommunikation eigendynamisch durch die kommunikativen Beiträge der Teilnehmer entwickeln.

Um die Funktion formeller und informeller Kommunikationen ausführlicher zu beschreiben, stellen wir uns die Binnenstruktur einer beliebigen Organisation vor: Bestimmte Arbeitsvollzüge verlangen die Kooperation mehrerer Personen, nur einige Stelleninhaber sind weisungsbefugt, andere sind berichtspflichtig, wiederum andere sind für den Geschäftsverkehr nach außen eingesetzt oder haben Verfügungsrecht über das Budget usw. Mit diesen formal bestimmten Kommunikationsbeziehungen sollen zunächst die kommunikativen Beziehungen zwischen den Organisationsmitgliedern kontrolliert, kanalisiert und unter Umständen sanktioniert werden, um die jeweiligen Ziele und Zwecke der Organisation erreichen und erfüllen zu können. Die Kommunikationsbeziehungen sind insofern formal, als die Organisationsstruktur bestimmte Zusammenhangsbeziehungen zwischen den jeweiligen Mitgliedern erfordert, die auch dann noch bestehen bleiben, wenn sämtliche Einzelpersonen durch andere ersetzt würden. Das heißt allgemeiner, formale Kommunikationen drücken sich in bestimmten Kommunikationsstrukturen aus, die relativ unabhängig von den kommunizierenden Personen existieren. Sie können deshalb wirksam werden, weil vorgegebene und dauerhafte Kommunikationskanäle und Status und Machtdifferenzen zwischen den Kommunikationspartnern existieren, auch wenn diese nicht immer in Form eines expliziten, meist schriftlich fixierten, Regelkatalogs verankert sind (vgl. auch Frey u.a. 1993, S. 358).

Zu den klassischen, in der Sozialpsychologie untersuchten, formellen Kommunikationsstrukturen gehören die so genannten Kommunikationsnetze. Die Forschungen dazu begannen mit einer Arbeit von Leavitt (1951), der einer vier- oder fünfköpfigen Gruppe die Aufgabe übertrug, schriftliche Botschaften zu übermitteln. Leavitt steuerte den Austausch der Botschaften, indem er durch die Versuchsanordnung nur bestimmte Kommunikationswege oder Kommunikationsnetze zuließ.

Die Ergebnisse zeigten, dass stark zentralisierte Kommunikationsnetze, in denen alle Mitteilungen über einen »Führer« laufen, der Problemlösung zwar zugute kamen, aber zu Unzufriedenheit bei den Kommunikationsteilnehmern führten. Kommunikationsnetze, in denen alle Kommunikationsteilnehmer in gleicher Weise Zugang zu den wichtigen Mitteilungen hatten, waren zwar im Hinblick auf die sachliche Problemlösung weniger vorteilhaft, bewirkten aber eine größere Zufriedenheit bei den Teilnehmern (vgl. auch

Forgas 1994, S. 268f.). Mit anderen Worten: Die verschiedenen formellen, weil vorgegebenen Kommunikationsstrukturen haben unterschiedliche Auswirkungen auf die Befindlichkeiten der Kommunikationsteilnehmer.

Um die Dynamik von Kommunikationen in Organisationen, Gruppen oder beliebigen Personen zu erklären, reicht der Verweis auf die formellen Kommunikationsstrukturen aber nicht aus. Neben und mit den formellen Kommunikationen (ko-)existiert ein zweites Kommunikationssystem, das *spontan* entsteht und von den Organisationsangehörigen *aktiv* am Leben erhalten wird – zuweilen auch außerhalb des Betriebs. Dabei haben wir es zum Beispiel mit den privaten Beziehungen zwischen den Organisationsmitgliedern, ihren Pausengesprächen oder den interpersonalen Konflikten zwischen den Mitarbeitern zu tun. Derartige spontan entstehende Kommunikations- und Interaktionsverläufe hängen sehr stark von den beteiligten individuellen Persönlichkeiten und den situativen Gegebenheiten ab.

Die Unterscheidung von formellen und informellen Kommunikationen erinnert an die Unterscheidung zwischen Inhalts- und Beziehungsaspekt der Kommunikation, so wie wir sie im Modell von Paul Watzlawick kennen gelernt haben (vgl. Kapitel 1, Abschnitt 3.2).

Während sich formelle Kommunikationen wesentlich durch die externen, von den Kommunikationsteilnehmern relativ unabhängigen Strukturvorgaben entfalten, entwickeln sich informelle Kommunikationen durch die kommunikative Wechselseitigkeit der Kommunikationsteilnehmer. Die individuellen Beschaffenheiten der Kommunikationspartner und der Kommunikationsprozess selbst sind die Basisbedingungen für die informellen Kommunikationen. Zu den individuellen Basisbedingungen informeller Kommunikation gehören alle jene individuellen Hintergründe, die wir bereits ausführlich besprochen haben: das Ausmaß und die Bereitschaft der Kommunikationsteilnehmer, Self Disclosure und Impression Management zu betreiben, soziale Vergleiche mit den anderen Kommunikationspartnern herzustellen, kognitive Dissonanzen zu vermeiden, den eigenen Selbstwert zu schützen, nach Ursachen für das kommunikative Verhalten der Teilnehmer zu suchen, die eigene Attraktivität und die der anderen Kommunikationspartner. Ist beispielsweise der kommunikative Kontakt zwischen Kommunikationsteilnehmern nur kurzfristig oder oberflächlich, so kann dies zu »Urteilsverzerrungen« führen, durch die formelle Kommunikationen beeinflusst und mit informellen Kommunikationsanteilen angereichert werden können.

»So entwickeln sich z.B. leicht Vorurteile gegenüber Stellenbewerbern, kaum kontaktierten Vorgesetzten oder Untergebenen sowie gegenüber Angehörigen anderer Schichten oder Kulturgruppen. Aber auch bei länger dauernden Kontakten gibt es spezifische Aufmerksamkeitseffekte: Die Verhaltenseigenschaften von beispielsweise Personen, die in Gruppen einen ›Solo-Status‹ einnehmen (wie z.B. eine Frau unter lauter Männern) werden extremisiert wahrgenommen ..., was zum Beispiel bedeuten kann, dass nachgiebiges Verhalten als unterwürfig und selbstbehauptendes Auftreten als dominant missinterpretiert wird.« (Maderthaner 1989, S. 489)

Derartige Missinterpretationen können von den missinterpretierten Kommunikationspartnern erwidert werden und auf diese Weise den informellen Fortgang der Kommunikation beeinflussen.

Vor dem Hintergrund der Theorie der kognitiven Dissonanz (s. Kapitel 2) lässt sich zum Beispiel erklären, warum negative Mitteilungen über Kommunikationspartner, die einem sympathisch sind, eher angezweifelt werden. Da werden unleugbare Fehler als liebenswerte Schwächen umgedeutet oder negative Eigenschaften von Freunden durch Hervorhebung positiver Eigenschaften kompensiert werden. Derartige Strategien der Vermeidung von Dissonanz und der Herstellung von Konsistenz können auch dazu führen, dass sich Kommunikationspartner, die meinen, ähnliche Einstellungen und Konstruktionen über die Wirklichkeit zu haben, einander sympathischer finden oder sich in Sprache und nonverbalem Ausdruck eher anpassen (vgl. Maderthaner 1989, S. 491).

Auch der Status der Kommunikationsteilnehmer kann die Beschaffenheiten der informellen Kommunikation beeinflussen. Personen, denen ein hoher (sozialer oder beruflicher) Status zugeschrieben wird, nehmen in der Kommunikation mehr Raum und Zeit in Anspruch, sprechen häufiger, unterbrechen häufiger, ihre Beiträge werden mehr beachtet; sie dürfen eher gegen die Höflichkeit verstoßen, ohne ihr Image zu verlieren (Maderthaner 1989, S. 491). Insofern können statushöhere Personen auch die Struktur und den Verlauf informeller Kommunikationen eher dominieren.

Ebenso können der Sprachstil (Scherer 1979), die Differenziertheit des Wortschatzes, eine hohe Sprechgeschwindigkeit und eine sozial angesehene Aussprache eines Kommunikationsteilnehmers Einfluss auf den Eindruck, den die anderen von ihm bekommen, und auf die Beschaffenheiten der informellen Kommunikation nehmen. So haben nach Wiemann/Giles (1996, S. 341) Untersuchungen weltweit gezeigt, dass ein korrekter Akzent (Hochsprache) schon in jungen Jahren nicht nur den Eindruck von sozialem Status und wahrgenommener Kompetenz vermittelt, sondern dass er auch großen Einfluss auf die Bereitschaft anderer hat, mit solchen Sprechern zu kooperieren.

Auf eine wichtige Basisbedingung, die den *Prozess* der informellen Kommunikationen beeinflusst, machen die so genannten *Turn-Taking-Systeme* innerhalb einer kommunikativen Beziehung aufmerksam. Mit Turn-Taking ist die Übergabe und Übernahme des Rederechts und die wechselseitige Koordination und Kontrolle der kommunikativen Beiträge der Teilnehmer gemeint (vgl. Forgas 1994, S. 137f.). Wiemann/Giles (1996, S. 339) verweisen auf eine Untersuchung von Zimmermann/West (1975), die zeigen konnten, dass in gemischtgeschlechtlichen Dyaden die Männer häufiger die Frauen unterbrechen als umgekehrt. Zirka 98% der Unterbrechungen erfolgte durch die Männer. Turn-Takings werden meist durch nonverbale Zeichen (durch Blickkontakte, Mimik, Pantomimik, Paralinguistik etc.) ausgehandelt und festgelegt.

»Möchte jemand zu Wort kommen, signalisiert er seine Absicht gewöhnlich dadurch, dass er den Blick des Sprechers einfängt, tief (und zuweilen auch hörbar) atmet, sich vorbeugt und gegebenenfalls mit Körperhaltung und Gesten aufmerksamkeitsheischende Signale gibt. Bricht das Ritual aus irgendeinem Grund zusammen

> *und ergreifen mehrere Sprecher gleichzeitig das Wort, entbrennt vielleicht ein kurzer Kampf, bis nach mehreren unisono geäußerten Worten schließlich Lautstärke, Sprechgeschwindigkeit und Hartnäckigkeit von Blick und Gestik den Ausschlag geben.«* (Forgas 1994, S. 138)

Zu den verbalen Mitteln, um das Turn-Taking-System innerhalb einer Kommunikationssituation herzustellen oder aufrechtzuerhalten, gehören (vgl. auch Wiemann/Giles 1996, S. 339):

- so genannte Verstärker (»intensifiers«, z.b. »sehr«, »wirklich«),
- Höflichkeitsformen,
- Absicherungsversuche (»hedges«, z.B. »eine Art von«, »ziemlich«, »sie wissen ja«),
- Betonung und Intonation, z.b. fragendes Heben der Stimme bei Feststellungen,
- »Aufhänger-Fragen« (»tag questions«, z.b. »das ist ein interessantes Gebiet, finden Sie nicht?«),
- »Killerfragen« (z.b. »werden Sie doch mal konkret«).

Eine weitere wichtige Basisbedingung, die den *Prozess* der informellen Kommunikationen beeinflusst, können wir der *Communication-Accomodation-Theory* von Howard Giles entnehmen (Giles 1982). Die Theorie besagt, dass Kommunikationspartner diverse Kommunikations- und linguistische Strategien nutzen können, um die Distanz zwischen sich und anderen Kommunikationsteilnehmern zu regulieren, um sich – mit anderen Worten – den jeweiligen Kommunikationssituationen anzupassen, zu akkommodieren. Wichtige, von Giles untersuchte Kommunikationsstrategien sind die sog. *Sprachkonvergenz* und die *Sprachdivergenz*. Mittels Sprachkonvergenz (Nutzen eines gemeinsamen Sprachcodes bzw. übereinstimmender Begriffe und Deutungen) können Gemeinsamkeiten zwischen den Kommunikationsteilnehmern betont werden. Strategien der Sprachdivergenz werden eingesetzt, um sich von den Kommunikationsteilnehmern abzugrenzen. So gelte es z.B. als erwiesen, dass Kommunikationsteilnehmer in der Regel bestimmte Konzepte, Schemata oder vorgefasste Meinungen darüber haben, welche sprachlichen Merkmale in bestimmten Kommunikationssituationen angemessen sind oder nicht (Wiemann/Giles 1996, S. 344).

Daher drücken wir uns in formalen Situationen meist gewählter und grammatisch differenzierter aus. In gewissen mehrsprachigen Situationen würden wir buchstäblich mit zwei »Zungen« sprechen, indem wir in öffentlichen Situationen die Sprache mit dem höheren Status verwenden (z.B. in der Schule oder in den Medien) und den Dialekt oder die Umgangssprache mit dem niedrigeren Status im privaten Rahmen pflegen (z.B. zu Hause oder mit den Nachbarn; Wiemann/Giles 1996).

Mit derartigen Versuchen, sich durch das Herstellen von sprachlicher Übereinstimmung oder Nichtübereinstimmung an die jeweiligen Kommunikationssituation anzupassen, regulieren die Kommunikationsteilnehmer ihre informellen kommunikativen Beziehungen. Giles (1982) und Street (1983, zit n. Maderthaner 1989, S. 499) weisen überdies darauf hin, dass durch Anpassungen im Sprechverhalten (Hochsprache versus Dialekt, Sprechgeschwindigkeit, Sprechdauer, Akzentuierung etc.) nicht nur Missverständnisse vermieden, sondern auch Sympathien gefördert werden können.

Formelle und informelle Kommunikationen bedingen und beeinflussen sich. Sie bestimmen die Dynamik einer Kommunikationssituation, ihren Prozess. Das heißt zunächst: Formelle Kommunikationen setzen Grenzen für informelle Kommunikationen. In Abhängigkeit von den Rollen der Kommunikationspartner und in Abhängigkeit von den offiziellen Kommunikationsnormen kann eben nicht alles kommuniziert werden, was kommunikabel wäre. Die formellen Kommunikationsmuster bilden einen relativ stabilen Rahmen für die informellen Kommunikationen. Sie sind quasi das *konservative Element* in der Kommunikationssituation.

Informelle Kommunikationsmuster hingegen überschreiten die offiziellen Grenzen und Normen, die durch die formellen Kommunikationsmuster festgelegt und vorgegeben werden. Informelle Kommunikationsmuster erhöhen die Unbestimmtheit des Kommunikationsprozesses. Unbestimmt oder schwer vorauszusehen sind informelle Kommunikationsmuster deshalb, weil sie das Resultat des Aufeinandertreffens von Menschen mit z.T. sehr unterschiedlichen Bedürfnissen, Interessen und Wirklichkeitskonstruktionen sind. Informelle Kommunikationsmuster bilden quasi das *progressive Moment* in der Kommunikationssituation.

Formelle Kommunikationsmuster enthalten formelle und z.T. offizielle Anforderungen (Rollenanforderungen), wie sich die Kommunikationspartner in einer Kommunikationssituation zu verhalten haben. Wenn die formellen Kommunikationsmuster sehr dominant, vordergründig präsent (mit anderen Worten: salient) sind – so können wir vermuten –, versuchen die Kommunikationsteilnehmer diesen Rollenanforderungen im Interesse der Kommunikation weitgehend gerecht zu werden. Die Folge davon könnte sein, dass die Kommunikationsteilnehmer – im Idealfall – ihre Aufmerksamkeit auf diese Rollenanforderungen, die formellen Normen und auf ihr eigenes öffentliches Verhalten richten. Wir können dieses Verhalten auch als *öffentliche Selbstaufmerksamkeit* bezeichnen. Dieser Begriff geht auf die gleichnamige Theorie von Duval/Wicklund (1972) zurück.

»Die Theorie der Selbstaufmerksamkeit nimmt an, dass die Aufmerksamkeit eines Menschen in einem bestimmten Augenblick entweder überwiegend auf das Selbst oder überwiegend auf externe Ereignisse gerichtet ist. Unter Selbstaufmerksamkeit wird dabei ein Zustand verstanden, in dem die Person sich selbst als Objekt sieht, d.h., in dem das Selbst im Mittelpunkt der Aufmerksamkeit bzw. des Bewusstseins steht. Gegenstand der Selbstaufmerksamkeit können alle Aspekte sein, die eine Person als Teil ihres Selbst kogniziert, z.B. ihre jeweiligen Stimmungen, Affekte, Selbsteinschätzungen, Intentionen, Aspirationen, Erwartungen, Standards, Einstellungen, Ziele und Verpflichtungen.« (Wicklund/Frey 1993, S. 155)

Fenigstein u.a. (1975) haben dieses Modell noch weiter differenziert und unterscheiden zwischen den Sub-Dimensionen Private Self-Awareness (Private Selbstaufmerksamkeit) und Public Self-Awareness (Öffentliche Selbstaufmerksamkeit). Dominiert die Private Selbstaufmerksamkeit, dann richten Personen ihre Aufmerksamkeit vornehmlich auf persönlichere Aspekte ihres Selbst, z.B.

auf ihre jeweiligen Gefühle, Einstellungen und Werte. Von Öffentlicher Selbstaufmerksamkeit wird dann gesprochen, wenn die Personen ihre Aufmerksamkeit auf das eigene Außenbild (auf ihre Erscheinung, ihr äußeres Verhalten und auf die physisch wahrnehmbaren Aspekte ihrer Person) konzentrieren (vgl. auch Fenigstein 1987).

Die Kommunikationsteilnehmer versuchen – zumindest öffentlich – durch ihr Verhalten zu zeigen oder zu präsentieren, dass sie den Rollenanforderungen und Normen entsprechen. Das heißt, die Kommunikationsteilnehmer betreiben Selbstpräsentation, um bei den Kommunikationspartnern den Eindruck zu hinterlassen, sie würden die vorgegebenen Anforderungen und Normen einer formellen Kommunikation akzeptieren und erfüllen.

Andererseits enthalten informelle Kommunikationsmuster genügend Freiheitsgrade, sodass sich die Kommunikationsteilnehmer – im Idealfall – entsprechend ihren aktuellen Bedürfnissen und Erwartungen verhalten können. Die Folge davon könnte sein, dass die Kommunikationsteilnehmer – wieder im Idealfall – ihre Aufmerksamkeit auf ihre eigenen Bedürfnisse, ihre »inneren Zustände« richten. Diese Aufmerksamkeitsfokussierung können wir *private Selbstaufmerksamkeit* nennen. Die Kommunikationsteilnehmer sind unter diesen Umständen auch eher bereit, über sich selbst Auskunft zu geben, über ihre Bedürfnisse und »inneren« Zustände zu sprechen. Das heißt, die Kommunikationsteilnehmer haben unter diesen Umständen eher die Motivation, sich selbst in die Kommunikation einzubringen und *Self Disclosure* zu betreiben.

In der Regel testen die Kommunikationsteilnehmer die Grenzen der formellen Kommunikationsmuster aus. Sie erproben, wie weit sie in einer bestimmten Kommunikationssituation mit informellen Kommunikationen gehen können. Der Mitarbeiter wird in einer geeigneten Situation prüfen, wie nahe er seinem Chef treten darf; der Prüfling wird zu Beginn einer Prüfung zu checken versuchen, wieweit er selbst die Prüfungssituation ausgestalten kann usw. Das heißt, in einer normalen Kommunikationssituation wird sich im Verlaufe der Zeit eine bestimmte Balance von formellen und informellen Kommunikationsmustern herausbilden. Problematischer wird es allerdings, wenn andere Kommunikationspartner gezielt die Balance von formellen und informellen Kommunikationsmustern stören bzw. im Unklaren, intransparent zu halten versuchen. Beispielsweise wenn der Vorgesetzte gegenüber seinen Mitarbeitern einmal als Vertrauter und Freund auftritt, gleichzeitig aber auf die Wahrung der offiziellen und formellen Kommunikationsstrukturen verweist, sodass die Mitarbeiter nicht einschätzen können, wann welches Verhalten vom Vorgesetzten zu erwarten ist.

Die Folge derartiger Imbalancen oder Intransparenzen können Kommunikationsstörungen, Missverständnisse oder Konflikte sein.

4. Kommunikation in Gruppen

4.1 Historische Impressionen

Im Jahre 1913 führte Walter Moede (1888–1958), ein Schüler Wilhelm Wundts, im Rahmen seiner Dissertation eine Reihe von eindrucksvollen Experimenten durch, um individuelle Leistungen (z.B. Unterscheidungsempfindlichkeit für Geräusche, Schmerzempfindlichkeit, Gedächtnisleistungen) unter den Bedingungen von Einzel- und Gruppenarbeit zu untersuchen (vgl. auch Eckardt 1979, S. 449f.). Der Titel seiner Arbeit, die er 1920 als Buch veröffentlichte, lautete: »Experimentelle Massenpsychologie – Beiträge zur Experimentalpsychologie der Gruppe«. Moedes Hauptfrage war: »Welches sind die seelischen Erscheinungen, die eintreten, wenn immer Gruppen zusammen sind?«

Moede berichtet u.a. von Untersuchungen, in denen die Schmerzempfindlichkeit von Schülern im Alter von 12 bis 14 Jahren unter verschiedenen Bedingungen gemessen wurde. Nachdem bei jedem Schüler die individuelle Schmerzschwelle erhoben worden war, sollte geprüft werden, ob sich die individuelle Schmerzschwelle in verschiedenen Wettbewerbssituationen veränderte. Zunächst wurden zwei Schüler mit annähernd gleicher Schmerzschwelle ausgewählt, in einem Paarvergleich gegenübergestellt und zum Wetteifer angeregt. Jeder Schüler sollte versuchen, den Strom, der ihm mit Hilfe eines Kurbelinduktors indiziert wurde, so lange wie möglich und möglichst länger als der andere auszuhalten.

Wenn der Schmerz unerträglich wurde, brach der Versuchsleiter das Experiment ab. Es zeigte sich, dass unter dieser Bedingung die Schmerzschwelle um durchschnittlich 13% herabgesetzt wurde. Nachdem jeder Schüler seinen Wettbewerbspartner frei wählen konnte und das Experiment erneut durchgeführt wurde, zeigte sich eine noch deutlichere Senkung der Schmerzschwelle, nämlich um 37%. Moede zog daraus den Schluss, dass die Anwesenheit anderer Personen bzw. der Wetteifer mit anderen Personen als fördernde Bedingung für die individuelle Leistungssteigerung angesehen werden können.

Obwohl – wie Eckardt (1979, S. 450) vermerkt – Moedes Arbeit wenig Wirkung in der deutschen Psychologie hinterließ, gehört sie doch zu den Pionierarbeiten, in denen erstmals auf theoretischer Basis und in systematischer Weise sozialpsychologische Fragestellungen verfolgt wurden. Der Deutsche *Hugo Münsterberg*, der seit 1892 an der Harvard University tätig war, erfuhr von Moedes Arbeit und regte den Amerikaner *Allport* zu einer ähnlichen Untersuchung an. Diese wurde ebenfalls 1920 im »Journal of Experimental Psychology« unter dem Titel »The influence of the group upon association and thought« publiziert und gehört ebenfalls zu den Pionierarbeiten auf dem gruppenpsychologischen Gebiet.

Die Gruppe gehört seitdem zu den prominenten Untersuchungsgegenständen der Sozial- und Kommunikationspsychologie. Vor und während des 2. Weltkrieges wurden in den USA verschiedene bemerkenswerte Forschungsprojekte, in denen die soziale Gruppe den zentralen Untersuchungsgegenstand bildete, durchgeführt; nicht zuletzt angeregt durch die Arbeiten Kurt Lewins.

Die vor allem von Lewin angestoßene Entwicklung in der psychologischen Gruppenforschung setzte sich allerdings nicht in der von ihm erwarteten Weise fort. Zwischen dem Ende der 50er- und dem Anfang der 80er-Jahre des 20. Jahrhunderts kam es zu einer gravierenden Stagnation in der wissenschaftlichen Gruppenforschung (vgl. auch Levine/Moreland 1998, S. 416). Die Erforschung individueller Wahrnehmungs-, Einstellungs- und Urteilsprozesse im Umgang mit der sozialen Wirklichkeit dominierten über Jahrzehnte die sozialpsychologische Forschung, sodass sich Martin Irle noch 1985 veranlasst sah, zu konstatieren:

> »*Die Sozialpsychologie wandte sich u.a. dem Thema zu, wie ›Urteile über objektive‹ Objekte/Ereignisse (Objektivität physikalisch definiert?) von Urteilen anderer über eben diese Objekte/Ereignisse moderiert werden. Dieses Thema ist in dem Augenblick schwachsinnig, in dem es das zentrale Thema der Sozialpsychologie wird. Sozialpsychologie könnte auch davon handeln, wie soziale Realitäten geschaffen werden.*« (Irle 1985, S. 60)

Seit den 80er-Jahren des 20. Jahrhunderts scheint wieder Bewegung in die psychologische Gruppenforschung gekommen zu sein (Becker-Beck/Schneider 1990), sodass Witte (1995) Mitte der 90er-Jahre feststellen konnte, die Kleingruppenforschung sei präsent in der scientific community.

Soziale Gruppen sind soziale Wirklichkeiten und sie konstruieren soziale Wirklichkeiten in eigendynamischer Weise. Das hatte wohl auch Lewin im Sinne, als er im bereits zitierten Vortrag aus dem Jahre 1942 von den »selbstregulierenden Prozessen innerhalb der Gruppe« sprach (Lewin, Original: 1942, zit. n. 1982, S. 230). Diese selbstregulierenden oder eigendynamischen Prozesse sind Kommunikationsprozesse.

4.2 Gruppen als Kommunikationssysteme

Durch die fortlaufenden Interaktionen, das gemeinsame Schaffen sozialer Konstruktionen, das sich entwickelnde Zusammengehörigkeitsgefühl und die identitätsstiftende Funktion ihrer gemeinsamen Interaktionen etc. unterscheiden sich die Interaktionspartner zunehmend als Gruppe von ihren nicht zur Gruppe gehörenden Umwelten. Die betreffenden Interaktionspartner, die zu Gruppenmitgliedern geworden sind, grenzen sich damit von ihren Umwelten ab. Nach innen, in der Gruppe, funktioniert diese Grenzbildung im Sinn von Normsetzungen, Sanktionierungen, Konformitätsgeboten etc.; nach außen kann sich die Grenzbildung als symbolische Abgrenzung von anderen Gruppen, Abwertung, Stigmatisierung etc. manifestieren. Gruppenspezifische Sprachspiele, Gruppencodes, Gruppensymbole sind beobachtbare Merkmale der Grenzbildung.

Infolge dieser Grenzbildung zwischen dem, was die Gruppenmitglieder als gruppeninternen Interaktionsraum deuten, und dem, was sie der gruppenexternen Umwelt zurechnen, sind soziale Gruppen als relativ eigenständige, sich selbst organisierende Kommunikationssysteme zu beschreiben.

Soziale Systeme definiert Hejl (1990, S. 319) als »eine Gruppe lebender Systeme, die zwei Bedingungen erfüllen: 1. Jedes der lebenden Systeme muss in seinem kognitiven Subsystem mindestens einen Zustand ausgebildet haben, der mit mindestens einem Zustand der kognitiven Systeme der anderen Gruppenmitglieder verglichen werden kann. 2. Die lebenden Systeme müssen (aus ihrer Sicht) mit Bezug auf diese parallelisierten Zustände interagieren.« »Lebende Systeme« sind für Hejl Menschen, die durch ihre wechselseitigen Aktionen neue, übergeordnete soziale Systeme bilden.

Durch die interindividuellen Übereinstimmungen und die darauf bezogenen Interaktionen (oder Kommunikationen) zwischen den Systemmitgliedern grenzen sich soziale Systeme von anderen sozialen Systemen ab.

Diesen Beschreibungskriterien genügen kommunikative Paarbeziehungen ebenso wie Familien, Gruppen, Cliquen, Organisationen, aber auch Gesellschaften. Die Elemente des Systems Gruppe sind miteinander agierende konkrete Menschen. Ihre Kommunikationen aber, die wechselseitigen Beziehungen, die die Menschen miteinander eingehen, bilden die konstitutiven Komponenten des Systems Gruppe. Damit lassen sich Gruppen jedoch noch nicht von anderen sozialen Systemen abgrenzen. Wir benötigen also weitere Beschreibungsmerkmale. Wir sprechen dann von einer sozialen Gruppen

- wenn wir es mit einer Anzahl von Menschen zu tun haben,
- die miteinander interagieren (von Angesicht zu Angesicht kommunizieren),
- auf diese Weise gemeinsam soziale Konstruktionen über bestimmte Wirklichkeitsbereiche konstruieren,
- womit sie ihre fortlaufenden Interaktionen selbstständig zu stabilisieren und zu strukturieren und sich von ihren Umwelten abzugrenzen vermögen,

- ein bestimmtes Zusammengehörigkeitsgefühl (»Wir-Gefühl«) entwickeln und
- die soziale Identität der beteiligten Interaktionspartner (der Gruppenmitglieder) stützen können.

Das heißt, dass sich soziale Gruppen zunächst durch ihre *gruppenspezifischen Kommunikationen* von anderen sozialen Systemen unterscheiden lassen.

Gruppenspezifische Kommunikationen lassen sich nach ihrer Quantität (Häufigkeit, Dauer, Intensität, Wechselseitigkeit) und nach ihrer Qualität (nach der Aufgabenspezifik, den Kommunikationsinhalten etc.) wichten und zur Unterscheidung von sozialen Gruppen nutzen. Oder anders gesagt: Soziale Gruppen unterscheiden sich zunächst hinsichtlich der Quantität und Qualität ihrer gruppenspezifischen Kommunikationen.

Ferner lassen sich soziale Gruppen durch ihre *gruppenspezifischen Wirklichkeitskonstruktionen* von anderen sozialen Systemen differenzieren. Soziale Gruppen konstruieren sich ihre Wirklichkeit eigendynamisch, auf Grund der individuellen Möglichkeiten der Gruppenmitglieder und in Folge ihrer fortlaufenden Kommunikationen. Das heißt, Gruppen unterscheiden sich von anderen sozialen Systemen durch ein gruppenspezifisches Wissen, das sie nutzen, um bestimmte gruppeninterne Normen und Standards zu etablieren. Soziale Gruppen sind somit *kommunikative Deutegemeinschaften*.

Deutegemeinschaften sind soziale Gruppierungen von Menschen, die gleiche oder ähnliche Sichtweisen auf gesellschaftliche Probleme und Prozesse, also weitgehend interindividuell übereinstimmende soziale Konstruktionen besitzen. Der Begriff der »Deutegemeinschaft« ist also dem Gruppenbegriff übergeordnet.

Das heißt, nicht nur soziale Gruppen können Deutegemeinschaften sein; auch Parteien, Organisationen, Interessenverbände, Vereine, soziale Netzwerke, Sekten, mediale Netze, scientific communities können als Deutegemeinschaften bezeichnet werden. Deutegemeinschaften sind Gemeinschaften von Menschen, die sich zwar untereinander nicht kennen müssen, aber gleiche oder annähernd ähnliche Vorstellungen, Orientierungen, Konstruktionen über die Wirklichkeit besitzen. Das heißt, die interindividuell ähnlichen, kompatiblen oder übereinstimmenden Wirklichkeitskonstruktionen der Gruppenmitglieder sind zwar ein notwendiges, aber längst kein hinreichendes Merkmal, um Gruppen von anderen sozialen Systemen zu unterscheiden.

Dennoch unterscheiden sich soziale Gruppen durch ein gruppenspezifisches Wissen, das sowohl individuell (in den individuellen Gedächtnissen) als auch in sozialen Artefakten (z.B. in Unterlagen, Dokumenten, auf Computerfestplatten etc.) abgespeichert ist. Mario v. Cranach spricht in diesem Zusammenhang von *sozialen Repräsentationen* als spezifische Form des Wissens in sozialen Systemen (von Cranach 1995).

Soziale Repräsentationen (SR) oder das gruppenspezifische Wissen – wie wir es nennen möchten – umfassen die konventionellen (von den Gruppenmitgliedern übereinstimmend geteilten) und tradierten (für zukünftige Gruppensituationen und -mitglieder aufbewahrten) Konstruktionen über die Wirklichkeit.

Gruppeninterne Kommunikationen sind sowohl Voraussetzung als auch Ergebnis für gruppenspezifisches Wissen. Dieses gruppenspezifische Wissen (GSW) kann sich in den individuellen Handlungen der Gruppenmitglieder, in ihren Ritualen, Symbolen oder in schriftlichen Produkten (Reglements, Ausbildungsrichtlinien, Programmen etc.) ausdrücken. Dabei übernimmt das gruppenspezifische Wissen u.a. folgende Funktionen für die Gruppe:

- GSW ist ein Merkmal, durch das sich eine Gruppe definiert und von anderen Gruppen abgrenzen kann.
- GSW liefert den Gruppenmitgliedern Muster zur Interpretation der Welt und ermöglicht somit die Konstruktion geteilter sozialer Wirklichkeit.
- GSW beeinflusst die individuellen Konstruktionen von Wirklichkeit und auf diese Weise auch die individuellen kommunikativen Beiträge.
- GSW ermöglicht geordnete Kommunikationen zwischen den Gruppenmitgliedern.
- GSW wird einerseits tradiert und unterliegt andererseits dem sozialen Wandel (vgl. auch Thommen u.a. 1988, S. 50).

Soziale Gruppen unterscheiden sich überdies von anderen sozialen Systemen durch gruppeneigene Normen, Standards und Rangstrukturen. In formellen Kommunikationen werden diese Normen, Standards und Rangstrukturen durch externe Festlegungen (z.b. durch Arbeitsverträge oder Organigramme) vorgegeben. In informellen Kommunikationen entwickeln sich die Normen, Standards und Rangstrukturen auf der Basis des gruppenspezifischen Wissens. Das heißt, es gibt somit immer mehrdimensionale Normen, Standards und Rangstrukturen in einer sozialen Gruppe. Gruppennormen sind »Aufforderungen, in bestimmten wiederkehrenden Situationen der Klasse s ein Verhalten h zu zeigen (Gebot) oder zu unterlassen (Verbot)« (Korthals-Beyerlein 1979, S. 137, zit. n. Witte/Ardelt 1989, S. 472).

Mit Gruppennormen werden die kommunikativen Beziehungen in einer Gruppe kanalisiert, kontrolliert und u.U. sanktioniert. Das heißt, durch die Gruppennormen werden implizite oder explizite Vorgaben an die Gruppenmitglieder formuliert, dass es bestimmte kommunikative Umgangsformen gibt und dass nicht alles in jeglicher Form kommuniziert werden kann. Auf jene, die gegen derartige Festlegungen verstoßen, wird sozialer Druck ausgeübt, um sie an die normativen Festlegungen zu erinnern. Falls sie dem Druck der Gruppenmehrheit nicht folgen, werden die Normabweichler sanktioniert (für das normwidrige Verhalten bestraft). Gruppennormen erleichtern einerseits den kommunikativen Austausch in einer Gruppe, da nicht in jeder neuen Situation ausgehandelt werden muss, was und wie zu kommunizieren ist. So konnte nachgewiesen werden, dass Arbeitsgruppen mit hohen und stabilen Gruppennormen über kürzere oder längere Zeit gute Leistungen zu vollbringen in der Lage sind. Andererseits können relativ rigide Gruppennormen in Problemlösungs- und Entscheidungsgruppen den kommunikativen Austausch behindern, da innovative, den bisherigen Gruppennormen zuwiderlaufende Ideen und Vorschläge möglicherweise aus Furcht vor Sanktionen nicht geäußert werden (vgl. auch von Rosenstiel 1993, S. 335).

Eng verknüpft mit den gruppeneigenen Normen sind die gruppenspezifischen Rangstrukturen. Auch hier haben wir formelle, extern vorgegebene, von informellen Rangstrukturen zu unterscheiden, wobei die Letzteren aus kommunikationspsychologischer Sicht von besonderem Interesse sind. Informelle Rangstrukturen entwickeln sich auf Grund der gruppenspezifischen Kommunikationen, also in Folge der Eigenbeiträge der Gruppenmitglieder. Aus organisationspsychologischer Perspektive lassen sich diese informellen Rangstrukturen auch als vertikale Differenzierungen bezeichnen.

Rosentiel (1993, S. 333) erinnert in diesem Zusammenhang an die Untersuchungen von Schjelderupp-Ebbe (1922), der bei der Beobachtung an Hühnern eine so genannte »Hackordnung« entdeckte, die im Laufe der Jahrzehnte zur Metapher für die eben genannten vertikalen Differenzierungen oder informellen Rangstrukturen in Gruppen wurde.

Eine der bekanntesten (metaphorischen) Beschreibungen der Rangstruktur einer Gruppe ist die des Psychoanalytikers und Gruppenpsychologen Raoul Schindler (1964). Schindler identifiziert vier zentrale Positionen oder Rollen in der Rangstruktur einer Gruppe, die er mit Alpha, Beta, Gamma und Omega bezeichnet. *Alpha* sei der Repräsentant der Gruppeninitiative (und der Gruppennormen), mit der sich auch die Mehrheit der Gruppe, die *Gamma*-Personen, identifiziert. *Alpha* repräsentiert die Gruppe gleichzeitig nach außen. Das schwächste Mitglied in der Gruppe wird als *Omega* bezeichnet. In seiner Schwäche sucht *Omega* sich mit den Gegnern der Gruppe zu identifizieren und fungiert auf diese Weise in den Augen der Gruppenmitglieder als gruppeninterner Vertreter gegnerischer Gruppen. *Omega* ist sozusagen der gruppeninterne Sündenbock. Abseits von dieser Gruppendynamik bewegen sich einzelne Gruppenspezialisten, die so genannten *Betas*, die auf Grund ihres Expertentums einerseits eine gute Position in der Gruppe besitzen, andererseits aber auch austauschbar sind.

Durch ihre gruppeneigenen Normen, Standards und Rangstrukturen grenzen sich soziale Gruppen von anderen sozialen Systemen ab. Durch diese systemeigenen Konstruktionen unterscheiden sich soziale Gruppen, von ihren Umwelten. Wenn sie das nicht täten, könnte man sie auch nicht als Gruppen erkennen und beobachten. Es bedarf also dieser Differenz zur Umwelt. Eine Grenze hat in der Regel zwei Seiten, ein Hier und ein Da. Das, was zur Gruppe gehört und was nicht, muss eine Gruppe, müssen die

Gruppenmitglieder durch ihre gruppenspezifischen Kommunikationen selbst definieren.

Hiebsch/Vorwerg (1967, S. 212) sprechen von der *Tendenz zur Kommunikationsverdichtung*, um den Wirkungsmechanismus zu benennen, durch den eine Gruppe zusammengefügt und zusammengehalten wird. Kommunikationsverdichtung liegt dann vor, wenn nahezu alle Gruppenmitglieder gleichberechtigt in die Kommunikation über die wesentlichen gruppenspezifischen Themen einbezogen werden. Kommunikationsverdichtung bezeichnet somit die Innenseite der Grenzbildung, durch die sich Gruppen als interaktive Kommunikationssysteme konstituieren. Auch der Begriff der *Kohäsion*, der in diesem Zusammenhang in der Gruppenpsychologie verwendet wird (vgl. z.B. Dollase 1973; Sader 1976; Witte/Ardelt 1989), verweist auf das, was innerhalb von Gruppen passiert. Kohäsion liegt dann vor, wenn die wechselseitige Attraktivität der Gruppenmitglieder hoch ist. *Kohäsion* beschreibt jenes gruppeninterne Phänomen, das wir auch »Wir-Gefühl« nennen können – ein Zusammengehörigkeitsgefühl der Gruppenmitglieder, das quasi die emotionale Basisbedingung für die Konstituierung einer Gruppe darstellt. Ein ausgeprägtes *Wir-Gefühl* bewirkt vor allem zweierlei: eine hohe Zufriedenheit und eine striktere Einhaltung der gruppenspezifischen Normen (von Rosenstiel 1993, S. 336).

Dann, wenn die *Tendenz zur Kommunikationsverdichtung bzw. die Kohäsion* ein sehr hohes Maß aufweist, funktionieren soziale Gruppen als relativ von ihren Außenwelten abgeschlossene Systeme. Die gruppenspezifischen Kommunikationen vollziehen sich überwiegend im Interaktionsraum der eigenen Gruppe. Kommunikationen zwischen Gruppe und Umwelt finden kaum statt.

Die Nachteile dieser extremen Kommunikationsabschottung haben Janis (1972) und Janis/Mann (1972) als »group think« bezeichnet und einen entsprechenden psychologischen Erklärungsansatz vorgelegt. Ausgangspunkt ihres Modells war die Auswertung von Sitzungsprotokollen des Stabes um den amerikanischen Präsidenten John F. Kennedy während der sog. Kuba-Krise im Jahre 1962. Die amerikanische Administration hatte beschlossen, mit Hilfe von Exil-Kubanern die kubanische Regierung mit Fidel Castro zu stürzen. Das ganze Unternehmen scheiterte bekanntlich auf

Grund massiver Fehlentscheidungen der amerikanischen Regierung und hätte fast zu einem atomaren Krieg zwischen den USA und der UdSSR geführt. Durch die Rekonstruktion der genannten Sitzungsprotokolle des amerikanischen Präsidentenstabes stieß Janis (1972) auf gruppenspezifische Interpretations- und Kommunikationsmuster, die für die Fehlentscheidungen verantwortlich waren. Die von ihm als *Group Think* genannten Urteils- und Kommunikationsmuster lassen sich folgendermaßen beschreiben:

- Die Gruppenmitglieder unterliegen der Illusion der Unverwundbarkeit, sie neigen zu unrealistischem Optimismus.
- Die Gruppenmitglieder entwickeln so genannte kollektive Rationalisierungen (Scheinbegründungen), um sich ihre Wirklichkeiten zu erklären.
- Moralische Bedenken in der gemeinsamen Suche nach Gruppenentscheidungen werden abgebaut und moralische Rechtfertigungen für die gemeinsam getroffenen Entscheidungen treten in den Vordergrund.
- »Rivalen« oder relevante andere Gruppen, die als Kontrahenten betrachtet werden, werden stereotypisiert und abgewertet.
- Gruppenmitglieder, die sich gegen die gemeinsamen Illusionen und möglichen Fehlentscheidungen wenden, werden als Dissidenten und Abweichler unter sozialen Druck gesetzt und sanktioniert.
- Die Gruppenmitglieder überschätzen in kollektiver Weise die gruppeninterne Übereinstimmung und Einmütigkeit, sodass sie sich gegen externe und gruppeninterne Kritik abschirmen.
- Selbst ernannte Meinungswächter haben die Aufgabe, die Gruppe vor »störenden« kommunikativen Einflüssen und externen Informationen zu schützen.

Group Think als Ausdruck extremer Kommunikationsverdichtung und eines irrealen »Wir-Gefühls« kann letztlich zu Fehlentscheidungen und Wirklichkeitsverzerrungen führen.

Janis (1982) sowie Tjosfold/Field (1985) entwickelten 10 Regeln, die helfen können, dysfunktionale Gruppenprozesse (wie das *Group Think*) weniger wahrscheinlich zu machen:

- Aufklärung über die Gefahren des Gruppendenkens;
- Zurückhaltung des Vorgesetzten in eigenen Stellungnahmen;
- Ermutigung der Gruppenmitglieder zur Äußerung von Einwänden bei Zweifeln;
- fallweise die Übernahme der Rolle eines »Advocatus Diaboli« durch ein Gruppenmitglied;
- gelegentlich Bildung von Untergruppen zur konkurrierenden Bearbeitung eines wichtigen Teilproblems;
- sorgfältige Analyse der Möglichkeiten und Absichten eines eventuellen Konkurrenten oder Gegners;
- erneutes Überdenken der (vorläufigen) Einigung auf eine Lösung;
- Beiziehen externer Beobachter und Kritiker;
- Einholung von Meinungen vertrauenswürdiger Kollegen durch Gruppenmitglieder;
- Einsetzen einer parallel am selben Problem arbeitenden Gruppe.

(Entnommen aus: von Rosenstiel 1993, S. 326)

Ein ähnliches Phänomen, wie das *Group Think*, ist das sog. *Risky Shift*. Stoner (1961) und Wallach u.a. (1962) fanden in experimentellen Untersuchungen, dass Gruppenentscheidungen häufiger risikofreudiger als Entscheidungen von Einzelpersonen getroffen werden. In den Experimenten mussten die Versuchspersonen zunächst einzeln eine Reihe von Entscheidungsaufgaben lösen. In einer anschließenden Gruppensitzung bekamen diese Personen nun die Aufgabe, ähnliche oder die gleichen Entscheidungsaufgaben in der Gruppe zu diskutieren und eine konsensuelle Gruppenentscheidung zu fällen. In späteren Experimenten (z.B. Lamm/Kogan 1970) schloss sich an die Gruppensitzung noch eine dritte experimentelle Phase an, in der die Versuchspersonen noch einmal (wie in Phase 1) einzeln entscheiden mussten. Die weitgehend robusten Befunde zeigten, dass die einzelnen Entscheidungen auch nach der Gruppensitzung riskanter waren als die Einzelentscheidungen in der ersten Phase. Die Kommunikation in der Gruppe und die gemeinsamen Gruppenentscheidungen hatten offenbar eine nachhaltige Wirkung für das Verhalten der einzelnen Personen. Da sich in einigen späteren Experimenten zeigte, dass in der Gruppenentscheidungsphase nicht nur risikofreudigere, sondern u.U. auch – im Vergleich zu vorausgehenden Einzelentscheidungen – zu vorsichtige gemeinsame Entscheidungen gefällt werden können, spricht man inzwischen von Polarisationseffekten, um die generellen Unterschiede zwischen Einzel- und Gruppenentscheidungen zu benennen.

Für die erhöhte Risikobereitschaft von Gruppen gibt es recht verschiedene Erklärungsversuche, von denen wir nur drei beispielhaft erwähnen möchten (vgl. auch Herkner 1991, S. 484ff.):

- *Verteilung von Verantwortung:* Es wird vermutet, dass sich einzelne Personen in einer Gruppenentscheidung weniger für das »Gruppenprodukt« verantwortlich fühlen, weniger persönliche Konsequenzen bei eventuellen Fehlentscheidungen befürchten müssen und deshalb risikobereiter sind, als wenn sie eine Entscheidung allein fällen müssten.
- *Risikobereitere Personen sind in einer Gruppe einflussreicher:* Personen, die bereits vor der Gruppensitzung risikovoller mit Entscheidungen umgehen, würden sich in Gruppenkontexten besser durchsetzen können und auf diese Weise den Gruppenprozess beeinflussen.
- *Sozialer Vergleich:* Gruppen seien deshalb risikobereiter, weil Risikobereitschaft von vielen Menschen positiv bewertet würde. Wie risikobereit die eigene Entscheidung ist, könne man aber erst in der Gruppensituation durch den sozialen Vergleich mit den anderen Gruppenmitgliedern feststellen. Nachdem man die Risikobereitschaft der anderen Mitglieder erfahren habe, wolle man wenigstens etwas risikovoller sein als die anderen.

Das Phänomen des *Group Think* und die höhere *Risikobereitschaft* von Gruppen verweisen indirekt auf die zweite Seite der Grenzbildung einer Gruppe, nämlich auf ihre Außenseite. Soziale Gruppen können zu massives Gruppendenken und zu hohe Risikobereitschaft vermeiden, wenn sie sich stärker auf ihre Umwelten orientieren, sich gegenüber ihren Umwelten öffnen. Bei Hiebsch/Vorwerg (1967, S. 212) findet man dafür den Begriff der *Kommunikations-*

auflösung. Kommunikationsauflösung liegt vor, wenn sich die Gruppenmitglieder als Gruppe zunehmend auf ihre Umwelten beziehen, kommunikative Beziehungen mit anderen Personen und anderen sozialen Systemen aufnehmen. Diese Kommunikationen mit den Gruppenumwelten haben u.a. folgende Funktionen:

- Sie stehen im Dienste der Gruppenpräsentation.[1]
- Sie dienen dem sozialen Vergleich und Wettbewerb mit anderen sozialen Gruppen und Systemen.
- Sie dienen der Erweiterung des gruppenspezifischen Wissens.
- Sie werden eingesetzt, um Intergruppenkonflikte zu reduzieren oder zu forcieren.

Dann, wenn soziale Gruppen zu diesen Zwecken mit anderen Gruppen kommunizieren, können wir auch von Intergruppen-Beziehungen (vgl. auch Brown 1996, S. 545ff.) sprechen. Intergruppen-Kommunikationen finden dann statt, wenn die Gruppenmitglieder sich selbst als zu einer Gruppe (oder sozialen Kategorie) zugehörig wahrnehmen und die Mitglieder anderer Gruppen ebenfalls als Gruppenmitglieder eben dieser Gruppen und nicht als beliebige Einzelpersonen identifizieren. In diesem Falle können Intergruppen-Kommunikationen eine wichtige Funktion für die einzelnen Gruppenmitglieder erfüllen: Durch den sozialen Vergleich mit der eigenen Gruppe und den jeweiligen Fremdgruppen kann sich der Einzelne seine soziale Identität als Gruppenmitglied konstruieren. Darum soll es im nächsten Abschnitt gehen.

---

1 Gruppenspezifische Symbolpräsentationen sind vor allem in der Jugendforschung und in der Untersuchung von Jugendkulturen erforscht worden. Der bekannteste Ansatz, der sich diesen Symbolpräsentationen widmet, stammt aus dem Birminghamer »Centre for Contemporary Cultural Studies«. Phil Cohen, einer der ehemals führenden Köpfe dieses Forschungszentrums meint z.B., Jugendkulturen würden sich durch vier Symbolsysteme voneinander unterscheiden: a) durch Kleidung, b) durch Musik, c) Jargon und d) Rituale (Cohen, 1972, S. 23).

5. Kommunikation zwischen Gruppen: Auf der Suche nach sozialer Identität

5.1 Interpersonale versus Intergruppen-Kommunikation und die Erinnerung an ein Beispiel

Henri Tajfel hat 1978 vorgeschlagen, zwischen sozialen Situationen zu unterscheiden, in denen sich ein Individuum als Einzelperson verhält und solchen, in denen es sich als Mitglied bestimmter sozialer Gruppen wahrnimmt und demzufolge als Gruppenmitglied handelt (Tajfel 1978). Es macht offenbar einen Unterschied, ob wir als Person X mit Person Y diskutieren oder als Psychologe X mit der Medienwissenschaftlerin Y.

Tajfel meint, soziale Situationen variieren auf einem Kontinuum zwischen eindeutig interpersonellem Verhalten und eindeutig intergruppalem Verhalten. In Situationen, in denen es um interpersonales Verhalten geht, werden die kommunikativen Beziehungen der beteiligten Personen vor allem durch die Eigenschaften der beteiligten Personen und durch deren persönliche Beziehungen bestimmt.

In den sozialen Situationen des intergruppalen Verhaltens treten die Personen als Mitglieder einer sozialen Gruppen in kommunikative Beziehung. Das Verhalten dieser Personen wird durch ihre Zugehörigkeit zu diesen Gruppen bestimmt.

Brown/Turner (1981, zit. n. Mummendey 1985, S. 193) geben folgendes Beispiel: Typisches interpersonales Verhalten findet in den intimen Gesprächen zwischen zwei Liebenden statt. Beide werden sich wahrscheinlich weniger als Repräsentanten jeweiliger Gruppen behandeln, sondern ihr Gespräch vor dem Hintergrund ihrer individuellen Bedürfnisse führen. Auseinandersetzungen zwischen Streikenden und Polizisten hingegen sind in bedeutendem Maße durch die Zugehörigkeit zu verschiedenen sozialen Kategorien oder Gruppen bestimmt und deshalb eher in der Nähe des intergruppalen Extrems zu platzieren.

Hewstone u.a. (1991) haben in einer Untersuchung deutsche und türkische Jugendliche danach gefragt, welche Ursachen sie annehmen, wenn ein türkischer oder ein deutscher Schüler bei einer Schulaufgabe versagt. Die Ergebnisse zeigen bei den deutschen Jugendlichen ein deutliches Intergruppen-Verhalten: Das Versagen des deutschen Schülers wird auf Pech zurückgeführt; **dem türkischen Schüler wird diese entlastende Erklärung nicht gewährt.**

Auch dies scheint ein Beispiel dafür zu sein, dass unsere individuellen Urteile nicht nur von unseren individuellen Besonderheiten abhängen, sondern auch von der Zugehörigkeit zu sozialen Gruppen und zu bestimmten sozialen Kontexten.

Auch unser kommunikatives Verhalten scheint dementsprechend davon beeinflusst zu sein, ob und inwieweit wir uns selbst in einer kommunikativen Situation als Einzelpersonen oder als Mitglieder einer Gruppe oder Kategorie betrachten. Je nachdem, ob wir als Mitglieder einer sozialen Gruppe oder Kategorie mit Mitgliedern anderer sozialer Gruppen kommunizieren oder als individuelle Personen miteinander reden, wird unser jeweiliges kommunikatives Verhalten sich unterscheiden. Darauf verweisen zum Beispiel neuere Untersuchungen über das kommunikative Verhalten von Ostdeutschen und Westdeutschen (vgl. Piontkowski u.a. 1998).

5.2 Theorie der Sozialen Identität und Theorie der Selbstkategorisierung

Rabbie/Horowitz (1969) untersuchten erstmals die Frage, ob vielleicht schon die Tatsache, dass man zu einer bestimmten Gruppe gehört, dazu führt, all die, die nicht zu dieser Gruppe gehören, auszugrenzen und zu stigmatisieren (vgl. Brown 1996, S. 555).

Rabbie/Horwitz teilten Schulkinder, die sich vorher nicht kannten, zufällig in zwei Gruppen von je vier Personen ein. Die Gruppenmitglieder erhielten zur Identifikation blaue bzw. grüne Abzeichen und wurden zu Beginn auf zwei Seiten einer Trennwand platziert, sodass sie jeweils nur die Mitglieder der Eigengruppe sehen konnten. In der Kontrollbedingung beschränkte sich die Gruppenerfahrung hierauf. In den Experimentalbedingungen jedoch erfuhren die Gruppen ein »gemeinsames Schicksal«, indem man ihnen einige neue Transistorradios gab – oder wegnahm. Im Anschluss daran wurde die Trennwand zwischen den Gruppen in allen Bedingungen entfernt, und jedes Kind wurde aufgefordert, aufzustehen und einige biografische Details über sich selbst vorzulesen, während die anderen Kinder es auf einer Reihe von Skalen beurteilten.

Im Ergebnis konnten Rabbie/Horrowitz (1969) feststellen, dass diese Beurteilung in den Experimentalbedingungen deutlich von der Gruppenzugehörigkeit der Kinder abhängig war: Mitglieder der Eigengruppe wurden konsistent günstiger beurteilt als die der Fremdgruppe. In der Kontrollgruppe wurde dieser Effekt nicht beobachtet. Tajfel u.a. (1971) setzten diese Experimente fort und prägten für das experimentelle Design die Bezeichnung »minimal group paradigm«. Darunter wird heute folgende Untersuchungssituation verstanden:

- Die Vpn haben keine Face-to-face-Interaktionen.
- Es besteht eine Anonymität der Gruppenmitgliedschaft, d.h., die Vpn haben es mit Personen zu tun, über die sie keine Informationen außer deren Gruppenmitgliedschaft haben.
- Es gibt keine instrumentellen oder rationalen Hinweise, aus denen die Vpn ableiten können, warum sie einer Gruppe zugeteilt werden.
- Aus ihrem Verhalten können die Vpn keinen persönlichen Nutzen ziehen.

In ihren Experimenten fanden Tajfel u.a. (1971), dass allein die Zuordnung zu einer sozialen Gruppe oder Kategorie (obwohl diese Kategorie völlig beliebig ist und für den Einzelnen keinen Nutzen bringt) ausreicht, um eine maximale Ingroup-Favorisierung und eine maximale Outgroup-Diskriminierung hervorzurufen. Die Versuchspersonen wurden gebeten, verschiedenen Empfängern fiktive Geldbeträge zuzuweisen. Dabei zeigte sich, dass Personen, die einer beliebigen Gruppe oder Kategorie zugeordnet wurden, die Mitglieder dieser Gruppe (obwohl sie diese nicht kannten und während der Experimente nicht sahen) extrem bevorzugten (Ingroup-Favorisierung) und die Mitglieder der anderen Gruppe extrem benachteiligten (Outgroup-Diskriminierung). Basierend auf diesen Befunden entwickelten Tajfel und seine Mitarbeiter in den folgenden Jahren die *Theorie der sozialen Identität* zur Erklärung für Inter- und Intragruppen-Verhalten.

Die Kernannahmen dieser Theorie lassen sich auf vier Basissätze reduzieren (vgl. auch Mummendey 1985):

- *Annahmen über das soziale Kategorisieren:* Menschen kategorisieren ihre soziale Welt (Personen, Objekte und Ereignisse), um die Komplexität der Wirklichkeit zu reduzieren. Kategorisieren bedeutet, dass die soziale Welt in abgrenzbare Klassen und Strukturen eingeteilt wird. Diese Klassen, Strukturen oder Kategorien (z.b. Türken und Deutsche, Schwarzhaarige und Rothaarige etc.) werden mit Werten verknüpft (z.b. Schwarzhaarige sind klüger als Rothaarige) und steuern die Wahrnehmung und Beurteilung der Welt. Unterschiede zwischen den Kategorien werden überbetont und Unterschiede zwischen den Merkmalen einer Kategorie (z.b. zwischen einzelnen schwarzhaarigen Menschen) werden reduziert wahrgenommen.
- *Annahmen über die soziale Identität:* Das soziale Kategorisieren der Welt hat für den einzelnen Menschen eine wichtige Funktion. Er nimmt sich selbst als Mitglied von sozialen Kategorien wahr (z.B. als Mitglied der Kategorie der Deutschen), identifiziert sich mit diesen Kategorien und definiert seinen sozialen Platz innerhalb der Kategorien. Die Summe dieser sozialen Selbstzuordnungen und Identifikationen ist die *soziale Identität* einer Person. Die soziale Identität sei der »Teil des Selbstkonzepts eines Individuums, der aus dessen Wissen über seine Zugehörigkeit zu einer sozialen Gruppe (oder Gruppen) verbunden mit dem Wert und der emotionalen Bedeutung, die dieser Gruppenmitgliedschaft beigemessen werden, erwächst« (Tajfel 1978, zit. n. Mummendey 1985, S. 199). In Anlehnung an Georg H. Mead nimmt Tajfel an, dass Menschen bestrebt sind, ein positives Selbstbild und eine positive soziale Identität von sich selbst zu haben.
- *Annahmen über den sozialen Vergleich:* Die Vorstellung, dass sich unsere soziale Identität aus unserer Mitgliedschaft in sozialen Gruppen bestimmt, ist nicht neu. Tajfel und seine Mitarbeiter gehen aber noch einen Schritt weiter und verknüpfen ihren Ansatz mit der Theorie der sozialen Vergleichsprozesse von Leon Festinger und behaupten: Wenn wir eine positive soziale Identi-

tät entwickeln wollen, müssen wir eine positive Beziehung zu relevanten Bezugsgruppen aufbauen. Den Wert oder das Prestige unserer Bezugsgruppe schätzen wir ab, indem wir unsere Gruppe mit anderen relevanten Gruppen (Outgroups) vergleichen. Als relevante Vergleichsgruppen kommen Gruppen in Frage, die auf einer oder mehreren Vergleichsdimensionen unserer Bezugsgruppe ähnlich sind bzw. mit denen unsere Bezugsgruppe im kommunikativen Austausch steht. Wenn unsere Gruppe bei diesem Vergleich positiv abschneidet, stützt das Vergleichsergebnis unsere soziale Identität.

- *Annahmen über die positive Distinktheit der eigenen Gruppe:* Falls die Vergleiche mit der eigenen Gruppe und der anderen Gruppe nicht ausreichend positive Ergebnisse erbringen, wird durch unterschiedliche Aktivitäten die eigene Gruppe unrealistisch aufgewertet, und die anderen Gruppen werden abgewertet, um auf diese Weise die eigene soziale Identität zu schützen. Um die eigene soziale Gruppe in diesem Sinne gegenüber relevanten Outgroups aufzuwerten, kann ein Individuum erstens versuchen durch sozialen Vergleich zwischen der eigenen und der fremden Gruppe die positiven Eigenarten (Distinktheiten) der eigenen Gruppe besonders zu betonen und die andere Gruppe bezüglich dieser Merkmale abzuwerten. Damit ist das bereits erwähnte Phänomen der Ingroup-Favorisierung und Outgroup-Diskriminierung angesprochen (z.B. »Deutsche sind fleißiger, disziplinierter und pünktlicher als Türken«). Falls solche Strategien nicht helfen, kann ein Individuum zweitens neue Vergleichsdimensionen kreieren, auf denen die eigene Gruppe besser als die andere abschneidet (z.B. »Deutsche sind besser als Türken, weil Deutsche mehr Sauerkraut essen«). Drittens hat ein Individuum die Möglichkeit, eine relevante Vergleichsdimension (z.B. Fleiß, Pünktlichkeit etc.) umzudeuten, um auf diese Weise negative Vergleichsergebnisse der eigenen Gruppe in positive umzuwandeln (z.B. »Fleiß, Pünktlichkeit und Disziplin sind keine Merkmale für bessere Menschen«). Viertens schließlich kann ein Individuum in der Folge ungünstiger Vergleichsergebnisse auch die Vergleichsgruppen wechseln (z.B. »Deutsche sollten sich eher mit Marsmenschen vergleichen«).

Allerdings lässt die ursprüngliche Theorie der sozialen Identität eine Frage relativ unbeantwortet: Wann urteilen und kommunizieren wir vornehmlich als Mitglieder einer sozialen Gruppe oder Kategorie und wann urteilen und kommunizieren wir als individuelle Personen? Mit anderen Worten: Wann ist es uns wichtig, als Psychologe oder Medienwissenschaftlerin bzw. als Person X oder Y zu kommunizieren?

Auf diese Frage versucht die im Anschluss zur Theorie der sozialen Identität von Turner u.a. entwickelte *Theorie der Selbstkategorisierung* zu antworten (vgl. Turner u.a. 1987). Diese Theorie geht zunächst von der o.g. Unterscheidung zwischen interindividuellem und Intergruppen-Verhalten aus. In Situationen, in denen es um interindividuelles Verhalten geht, wird eine Person versuchen, ihre persönliche Identität zu realisieren. In solchen Situationen urteilt und kommuniziert sie vor dem Hintergrund ihrer je individuellen Erfahrungen und Bedürfnisse. In Situationen, in denen es um Intergruppen-Verhalten geht, wird eine Person versuchen, ihre soziale Identität zu wahren, urteilt und kommuniziert daher als Mitglied sozialer Gruppen. Es kommt zu einer »Depersonalisation« der Person. Sie gibt ihre Individualität zu Gunsten der Anpassung an die Gruppe auf (vgl. auch Wagner/Zick 1990, S. 325).

Welcher Aspekt der sozialen Identität in einer Interaktions- und Kommunikationssituation tatsächlich angesprochen wird, hängt von der sog. Salienz möglicher Kategorien ab. Von der *Salienz* einer sozialen Kategorie wird dann gesprochen, wenn eine soziale Kategorie deutlich von anderen Kategorien abgrenzbar wahrgenommen wird und die eigene Kategorie in den Fokus der Aufmerksamkeit gerät, sodass sich eine Person der Zugehörigkeit zu dieser Kategorie bewusst wird (vgl. Oakes 1987).

5.3 Folgerungen für den kommunikativen Prozess

Soziale Identitäten bestimmen unsere Kommunikation und unseren Sprachstil. Das heißt, dann, wenn uns unsere Zugehörigkeit zu einer sozialen Gruppe oder Kategorie bewusst (salient) wird, richten wir Kommunikation und Sprachstil auch nach den Normen der Gruppenzugehörigkeit. Eine Erklärung dafür liefert die bereits genannte *Kommunikations-Akkomodations-Theorie* (Giles 1982). Die verschiedenen Kommunikations- und linguistischen Strategien (Sprachkonvergenz und Sprachdivergenz), mit denen Gruppen mit unterschiedlicher linguistischer Herkunft die Distanz zwischen sich und anderen Gruppen zu regulieren versuchen, werden dann eingesetzt, wenn den Gruppenmitgliedern die eigene Gruppenzugehörigkeit bewusst (salient) ist.

Wenn Ostdeutsche kurz nach der Wende vom »Polylux« sprachen, um den besagten Lichtprojektor zu bezeichnen, und Westdeutsche auf den »Overhead-Projektor« verwiesen, so war das ein Beispiel für Sprachdivergenz. Bemühten sich Ostdeutsche dagegen zunehmend in Anwesenheit von Westdeutschen den Lichtprojektor »Overhead-Projektor« zu nennen, so zeigte das ihre Versuche, Sprachkonvergenz herzustellen. Nicht selten war dann allerdings zu beobachten, dass Westdeutsche nun ihrerseits den besagten Lichtprojektor »Polylux« nannten, um selbst ihre Bereitschaft zur Sprachkonvergenz zu signalisieren.

Mit Kommunikation und Sprachstil lassen sich Gruppenidentitäten schaffen und Unterschiede zwischen Gruppen hervorheben. Das ist quasi die Umkehrung der soeben genannten These: Gruppenzugehörigkeiten bestimmen nicht nur unsere Kommunikation und unseren Sprachstil. Mit spezifischen Kommunikationstaktiken und -strategien und Sprachstilen können wir auch unsere Gruppenzugehörigkeit betonen, um uns von anderen abzugrenzen.

So pflegen wir unseren Dialekt, um jenen, die diesen nicht sprechen, zu zeigen, dass sie nicht zu unserer Gruppe oder sozialen Kategorie gehören. Wir nutzen spezifische Fachsprachen (z.B. psychologische Termini und Formulierungen, APA-Standards oder Publikationsrituale etc.), um von scientific communities anerkannt zu werden und eine positive soziale Identität als Wissenschaftler zu entwickeln. Wir setzen verschiedene andere kommunikative Merkmale (zum Beispiel: Körperbewegungen, Jargons, Moden oder Symbole etc.) ein, um uns als Gruppe von anderen Gruppen zu unterscheiden.

Wir benutzen bestimmte Kommunikationsmuster nicht nur, um uns unserer sozialen Identität zu versichern, sondern auch, um andere Gruppen zu diskriminieren. Wenn soziale Identitäten salient sind, werden soziolinguistische Stereotype aktiviert, die wiederum bestimmte Kommunikationsmuster anregen. Als Beispiel erwähnen Wiemann/Giles (1996, S. 357) das so genannte *Behavior Confirmation*. Darunter verstehen sie kommunikative Taktiken, Menschen zu ermuntern, auf stereotypkonsistente Art zu handeln, indem man ihnen »unmögliche« Fragen stellt.

Einer unserer afrikanischen Freunde, Terence A., erzählte, wie er als Schwarzer, der fast akzentfreies Deutsch spricht, von der Bäckersfrau gefragt wurde: »Was du wollen?« Die Frau sah sich als Deutsche und den Schwarzen als Mitglied einer fremden Outgroup. Das heißt, sie war sich ihrer sozialen Identität als deutsche Einheimische sicher und wählte eine kommunikative Taktik, um dem Schwarzen zu zeigen, dass er nicht zu ihrer sozialen Kategorie oder Gruppe gehört. Terence, der – wie gesagt – ansonsten akzentfreies Deutsch spricht, antwortete auf die Frage der Bäckersfrau unbewusst in stotterndem Deutsch: »Ich wollen Brot.« Das heißt, er bestätigte durch sein Verhalten in konsistenter Weise den Stereotyp der Bäckersfrau, dass Schwarze eben kein grammatikalisch einwandfreies Deutsch verstehen.

Soziale Gemeinschaften zeichnen sich durch spezifische Muster des Interpretierens und Kommunizierens aus. Durch diese Muster grenzen sich soziale Gemeinschaften von ihren Umwelten ab, schaffen sie eine Grenze zwischen dem Innen und dem Außen ihrer Wirklichkeiten. Durch die Identifikation mit sozialen Gemeinschaften übernehmen einzelne Personen auch deren gruppen- oder gemeinschaftsspezifische Muster des Interpretierens und Kommunizierens. Meist fällt uns das kaum auf. Wir stoßen uns nicht daran, dass wir in bestimmter, gruppenspezifischer Weise mit anderen Menschen kommunizieren, die wir nicht zu unserer Gruppe oder Kategorie zählen. Erst wenn wir von einer sozialen Gemeinschaft in eine andere wechseln, uns aber nach wie vor im Umgang mit dem neuen sozialen Kontext auf unsere bisher erprobten Interpretations- und Kommunikationsmuster stützen, werden wir (in der Regel) der damit verbundenen Kommunikationsprobleme bewusst. Paul Watzlawick hat in seiner »Gebrauchsanweisung für Amerika« auch dies sehr anschaulich beschrieben.

»Dass der Amerikaner mit Messer und Gabel anders als der Europäer hantiert, dürfte bekannt sein und keiner besonderen Erwähnung bedürfen. Beobachten Sie aber trotzdem Ihre eigenen Reaktionen, wenn Sie dieses Ritual des Ergreifens und Wiederhinlegens des Messers und des dauernden Wechsels der Gabel von der linken in die rechte Hand und zurück im großen Stil (und nicht nur bei ein paar komischen Touristen) sehen. Es wird Ihnen sicher lächerlich vorkommen – und damit begehen Sie den typischen Fehler anzunehmen, dass die Regeln der eigenen Gesellschaft ›richtig‹ und die der anderen Gesellschaftsformen und Kulturen ›falsch‹ oder ›dumm‹ sind. In Tat und Wahrheit ist natürlich jede solche Regel so richtig oder falsch wie jede andere; es sind Konventionen und nicht ewige, objektive Wahrheiten.« (Watzlawick 1991, S. 33f.)

6. Romantische Beziehungen und ein Versuch über die Liebe

Eines ist sicher gewiss, wenn wir über Kommunikation sprechen wollen, bleibt uns nicht erspart, auch die intimste Form von Kommunikation im Interaktionsraum zu behandeln – die Liebe.

Psychologen sprechen, wenn sie wissenschaftlich über Liebe reden, gern von einem komplexen, vielschichtigen Phänomen, das in einer Vielzahl unterschiedlicher Beziehungen erlebt wird (Aronson 1994, S. 380). Liebe kann die Beziehungen zwischen Verliebten, Eltern und ihren Kindern, zwischen Freunden, zu einem Nächsten oder dem EWIGEN beschreiben. Auch viele andere Formen von Liebe sind denkbar. Uns soll es in diesem Abschnitt aber nur um eine Form der Liebe gehen, nämlich um jene, die – wiederum aus wissenschaftlicher Sicht – als »romantische Liebe« (Forgas 1994, S. 227), als besondere Form von »close relationships« (Berscheid/Reis 1998, S. 199) oder als das »ganz normale Chaos der Liebe« (Beck/Beck-Gernsheim 1990) bezeichnet wird.

Aber was ist das, was wir in diesem Falle »Liebe« nennen? Berscheid/Reis (1998, S. 199) bringen die Frage auf den Punkt, ohne eine Antwort zu liefern: Viele Theoretiker und Forscher würden einfach voraussetzen, dass jede/r verstehe, was eine »close relationship« ausmache. Attribute wie »Vertrauen«, »Übereinstimmung«, »Sorge«, »Stabilität«, »Bindung«, »Einssein« usw. würden genutzt, um diese besondere Form der intimen Beziehung zu beschreiben. Um dem begrifflichen Wirrwarr zu begegnen, haben sich die Forscher oftmals einfach darauf verlassen, andere Personen zu befragen, was ihrer Meinung nach eine »close relationship« oder eine »romantic love« für sie bedeute. Allerdings – so Berscheid/Reis (1998, S. 199) – würden diese alltagsnahen Definitionen von »Liebe« sehr stark von den Geschlechterrollen und der kulturellen Zugehörigkeit der Befragten abhängig sein.

Berscheid u.a. (1989) haben 250 undergratuated students der Universität von Minnesota befragt, welches ihre »closest relationships« zur Zeit der Befragung waren. 47% der Befragten meinten, es sei eine romantische Liebesbeziehung, 36% verwiesen auf ihre Familie, 14% nannten Beziehungen zu Freunden und 3% erwähnten andere Beziehungen. Dabei gab es keine auffallenden Unterschiede zwischen Männern und Frauen. Die Autoren ließen ihre Befragten auch den Grad der Intimität (»Closeness«) in den jeweiligen Beziehungen einschätzen und fanden da allerdings signifikante Geschlechterunterschiede. Frauen schätzten die Intimität in den jeweiligen Beziehungen höher ein als die Männer. Mit ihrer Befragung wollten die Autoren auch die zeitliche Stabilität der jeweiligen romantischen Liebesbeziehungen und mögliche Gründe für deren Scheitern erfahren. Deshalb wiederholten sie ihre Befragung nach neun Monaten und fanden, dass die meisten romantischen Liebesbeziehungen zu diesem Zeitpunkt zerbrochen waren. Das ist angesichts der studentischen Stichprobe vielleicht nicht so überraschend. Interessant sind eher die Ergebnisse, die Aufschluss über das Weiterbestehen einer romantischen Liebesbeziehung geben könnten. In ihren Befragungen erfassten die Autoren deshalb u.a. auch das subjektive Empfinden der Befragten über die Intimität ihrer Liebesbeziehung und die emotionale Stärke der Beziehungen. Überdies setzten sie das so genannte Relationship Closeness Inventory (RCI) ein, eine Skala, auf der die Befragten auflisten sollten, wie oft sie mit ihrem jeweiligen Beziehungspartner in der vorausgegangenen Woche 38 verschiedene Aktivitäten (z.B. gemeinsam Wäsche gemacht, gegessen, spazieren gegangen, eine Party geplant etc.) gemeinsam unternommen haben. Hier fand sich nun ein durchaus überraschendes Ergebnis: Weder das subjektive Intimitätsempfinden noch die gefühlsmäßige Bindung an den/die Partner/in erwiesen sich als starke Prädiktoren für den Weiterbestand der Beziehung. Einzig die Befunde, die mit dem RCI erhoben wurden, zeigten sich als signifikante Indikatoren für den späteren Zustand einer Liebesbeziehung. Mit anderen Worten: Diejenigen, die öfter gemeinsam etwas tun, bleiben in einer Liebesbeziehung auch länger zusammen. Das ist insofern überraschend – um die Ergebnisse von Berscheid u.a. (1989) etwas überzustrapazieren –, da es dabei offenbar weniger um die Qualität als um die Quantität der Beziehung zu gehen scheint.

Wir könnten auch sagen, so lange zwei sich liebende Personen im Kontakt sind, miteinander kommunizieren, geht die Liebe weiter, und dass sie weitergeht, merken die beiden, dass sie gemeinsam beieinander sind. Das ist sicher nicht viel, manchmal kann es aber für die Liebenden wichtig sein.

Für Rubin (1973, zit. n. Forgas 1994, S. 229f.) müssen allerdings noch mehr Merkmale dazukommen, um eine Beziehung als Liebesbeziehung charakterisieren zu können: a) Fürsorge oder die Sorge um Glück und Wohlergehen des anderen, b) Bindung oder das Bedürfnis, dem anderen nahe zu sein und von ihm umsorgt zu werden, und c) Intimität. Romantisch wird eine Liebesbeziehung aber nicht zuletzt durch die sexuelle Komponente. Sexuelle Erregung verstärke in der Tat die romantischen Gefühle für den/die Partner/in.

Erich H. Witte (1989) beschreibt drei Modelle zur Liebe, die wir uns in diesem Zusammenhang ebenfalls näher ansehen wollen:

Georg Simmels »Fragmente über die Liebe« (1921)

- Liebe verbindet zwei Personen unmittelbar, ohne dass dafür Gründe angebbar sind.
- Liebe ist eine primäre Emotion, die weder durch Willensakte hervorrufbar noch auslöschbar ist. Sie ist also willentlich nicht steuerbar.

- Liebe ist das Gefühl einer Einheit und nicht weiter unterteilbar.
- Liebe führt zu einer Idealisierung des Gegenübers und gleichzeitig zu einer starken Anbindung an den anderen. Liebe erzeugt damit einen gewissen Verlust an Identität.
- Liebe ist sehr eng an das affektive Subsystem gebunden, sodass sich Gefühlsschwankungen auch auf die Liebe auswirken. Daher ist Liebe ein nur wenig beständiges Gefühl.
- Das Gegenteil von Liebe ist Gleichgültigkeit und nicht Hass. Folglich wird bei schwindender Liebe wieder die eigene Identität ins Zentrum gerückt.

Starke emotionale Bindung, aber auch die Gefahr der Unbeständigkeit charakterisieren nach Simmel das, was wir Liebe nennen. Wie dennoch eine gewisse Beständigkeit in der Liebesbeziehung gesichert werden kann, beschreibt das zweite von Witte vorgestellte Modell.

Kelleys Modell »Love and Commitment«

Nach Kelley (1983) seien mit der Liebe verschiedene emotionale Konsequenzen verbunden (auf die ja auch Simmel verweist). In einer Frühphase der Liebe dominiere das Bedürfnis nach Nähe. Die Partner können sich in dieser Phase nicht vorstellen, ohne den anderen zu sein. Erst darauf folge der Wunsch des Umsorgens. Die Partner fühlen sich füreinander verantwortlich. Obwohl der Wunsch nach Nähe nach wie vor da sei, könne durch den Wunsch des Umsorgens eine gewisse Stabilität in der Beziehung dadurch hergestellt werden, indem aus der (vielleicht) einseitigen Abhängigkeit (durch das Bedürfnis nach Nähe) eine wechselseitige Unterstützung werden kann. Am Schluss stünde das Vertrauen, das aber im Vergleich zu einer Freundschaftsbeziehung in der Liebe eine geringere Rolle spiele. Nähe, Sorge und Vertrauen bilden in diesem Ansatz die Basisdimensionen für Liebe. Von sexueller Anziehung wird nicht explizit gesprochen.

Das Modell von Hendrick und Hendrick (1986)

Wie Witte (1989, S. 447) betont, stützt sich dieses Modell auf eine empirische Untersuchung, in der die Autoren die folgenden sechs Faktoren identifizieren konnten, mit denen sich die Basiserwartungen an eine Liebesbeziehung beschreiben lassen:

- *Eros:* Wenn ich eine Liebesbeziehung habe, dann erwarte ich ein intensives und befriedigendes Verhältnis.
- *Ludus:* Wenn ich eine Liebesbeziehung habe, dann versuche ich, meinen Partner über meine Bindung zu ihm im Unsicheren zu lassen, weil ich dann erwarte, dass die Beziehung intensiver bleibt.
- *Storge:* Wenn ich eine Liebesbeziehung habe, die sich aus einer Freundschaft entwickelt hat, dann erwarte ich, dass ich mich besser auf den Partner einstellen kann, damit die Beziehung befriedigender wird.
- *Pragma:* Wenn ich eine Liebesbeziehung habe, dann erwarte ich, dass mein Partner auch meiner Familie gefällt, weil ich mich dann nicht nach außen verteidigen muss, was meiner Beziehung letztlich schadet.
- *Mania:* Wenn ich eine intensive Liebesbeziehung habe, erwarte ich, dass alle meine Handlungen davon beeinflusst werden.
- *Agape:* Wenn ich eine Liebesbeziehung habe, dann erwarte ich von mir, dass ich bei meinen Handlungen das Glück des Partners an die erste Stelle setze.

Männer bevorzugten eher die »Ludus«-Komponente, Frauen dagegen eher »Pragma«. Das heißt, Männer seien zu Beginn einer Liebesbeziehung eher der spielerische Teil, Frauen würden eine Vielzahl von Belohnungen erwarten (z.B. die Anerkennung durch die Eltern, eine starke Hingabe des Partners etc.). Dies würde wohl auch erklären, warum sich Männer schneller als Frauen verlieben und Frauen eine Beziehung eher beenden (s. Witte 1989, S. 447).

Kenneth Gergen (1996, S. 284ff.) scheint von all diesen Liebesmodellen und Theorien wenig zu halten. Das Modell von Simmel dürfte für ihn mit den Metaphern der »wahren Liebe« und »starken

Leidenschaft« verbunden sein. Und diese Metaphern wiederum seien Überbleibsel einer romantischen Periode, die mit dem Aufkommen des Modernismus dubios und ausgehöhlt geworden seien. In dieser modernen Zeit habe man Liebe als messbaren Zustand der Erregung und Erwartung definiert. Computerprogramme z.B. seien entwickelt worden, um die persönlichkeitsspezifischen Erwartungen und Erregungen zu messen und Personen zu finden, die im Hinblick auf diese Erwartungen und Erregungspotenziale zueinander passen würden. All das habe nichts mehr mit den romantischen Idealen von Liebe zu tun. Zu den Varianten der modernistischen Untersuchungen der Liebe zählt Gergen (1996, S. 284ff.) auch die gerade zitierten von Hendrick und Hendrick. In postmodernen Zeiten wie den unsrigen hätten aber auch die modernen Varianten der Liebesdefinition ihre Grenzen erreicht. Stabilität, Ganzheit und Passfähigkeit seien in diesen Zeiten keine Merkmale von Liebesbeziehungen mehr. Vielmehr zeichneten sich diese Beziehungen durch Oberflächlichkeit, Unbeständigkeit und Teilbarkeit aus. Ein Unterkapitel in seinem Buch »Das übersättigte Selbst« (Gergen 1996) heißt dann auch viel sagend »Teilbeziehungen: ›Warum nimmst du kein Achtel von mir?‹«.

Liebe in diesen bewegten Zeiten kann aus der Sicht von Gergen als unendliches Spiel (Gergen 1996, S. 316) betrachtet werden. Während der Zweck eines endlichen Spiels darin besteht zu gewinnen, besteht der Zweck eines unendlichen Spiels in seiner Fortsetzung. Im Gegensatz zu einem endlichen Spiel sind die Regeln in einem unendlichen ständig veränderbar. Ebenso können in einem unendlichen Spiel alle, die es wollen, teilnehmen. In einem endlichen Spiel ist die Anzahl der Spieler begrenzt.

So ganz von der Hand zu weisen ist Gergens Relativismus nicht. Was Liebe ist, entscheiden diejenigen, die sich lieben. Wer an dieser Liebe teilhaben kann, ist ebenso offen wie die Dauer und der Verlauf dieser Liebesbeziehung. Warum sich zwei Menschen lieben (und vielleicht auch noch ein Dritter oder eine Vierte involviert sind), können immer nur die Beteiligten sagen.

Eine solche Auffassung findet sich auch bei Duck/Pond (1989). Sie meinen, lange Zeit habe man, um die Liebe zu beschreiben, die Metapher des Magnetismus, der Anziehung, benutzt. Entscheidend seien aber weniger diese damit beschriebenen interindividuellen Beziehungen der wechselseitigen Anziehung als die Prozesse der Beziehung. Duck/Pond (1989) präferieren einen so genannten Rhetorikansatz, um intime Beziehungen zu beschreiben. Das, was Menschen über ihre intimen Beziehungen berichten, ist nicht nur eine Beschreibung dieser Beziehungen, sondern Teil der Beziehung. Diese Geschichten oder Erzählungen über Liebe werden von den Beziehungspartnern erzählt, um Sinn in ihre Beziehung zu bringen, um ihre Liebe zu verstehen, fortzusetzen oder zu beenden. Kommunikationen über intime Beziehungen seien die Wirklichkeit dieser Beziehungen (Duck/Pond 1989, S. 29).

Kommunikationen über Beziehungen sind Beziehungen und bestimmen auch den Fortgang der Beziehungen, unter Umständen auch den qualvollen Verlauf der Beziehungen.

Die »Bochumer Arbeitsgruppe für Sozialen Konstruktivismus« macht auf einen weiteren Aspekt aufmerksam. Die Autor/innen (1990) gehen von diversen Mythen über gute und schlechte Beziehungen aus: Mythen über den Beziehungsbeginn (z.B. »Tausendmal berührt, tausendmal ist nichts passiert, aber dann hat es gefunkt«, oder »Es traf uns wie ein Blitz«), Mythen über eine gute Beziehung (z.B. geteiltes Leid ist halbes Leid, geteilte Freude ist doppelte Freude), Mythen über Standardverläufe, Mythen über die Aufrechterhaltung einer Beziehung und über Krisen und das Ende. Solche Mythen existieren als sog. kommunale Skripte, als sprachlich oder bildlich verfasste Drehbücher und Rollenspielvorlagen. Kommunale Skripte werden in der sozialen Kommunikation und nicht zuletzt durch die Massenkommunikation erzeugt, konstruiert und weitergegeben. Wir können diese Skripte auch soziale Konstruktionen nennen. In der Weitergabe können kommunale Skripte oder soziale Konstruktionen über Liebe unsere Kommunikation über Liebe und unser Liebesverhalten bestimmen und strukturieren. Das heißt, wir richten uns in dem, was wir unter Liebe verstehen, was wir in der Liebe erwarten und wie wir selbst lieben, auch nach solchen sozialen Konstruktionen. Und je vielfältiger diese Konstruktionen sind, umso vielfältiger sind auch die Formen der Liebe.

Forgas/Dobosz (1980, zit. n. Forgas 1994, S. 236) haben in einer empirischen Untersuchung versucht, verschiedene Beziehungsskripte zu analysieren. Dazu baten sie Studierende alle heterosexuellen Beziehungsformen aufzuzählen, die sie kennen. Die 25 am häufigsten genannten Beziehungsformen wurden anschließend von den gleichen Probanden im Hinblick auf ihre Ähnlichkeit bewertet. Ausgewertet wurden die so erhaltenen Ähnlichkeitsurteile mit Hilfe einer multidimensionalen Skalierung. Herausgekommen sind drei Hauptmerkmale, nach denen sich die Beziehungsformen beschreiben lassen: a) wie sozial erwünscht und balanciert eine Beziehung war, b) wie groß Liebe und gegenseitige Verpflichtung zwischen den Partnern waren und c) ob die Beziehung sexueller Natur war oder nicht. Liebe, so könnten wir daraus schließen, ist jene Paarbeziehung, die von beiden Beteiligten im gleichen Maße erwünscht ist, auf wechselseitiger Zuneigung und Verpflichtung beruht und mit einem hohen Maß an Sexualität verbunden ist.

Die von Forgas/Dobosz (1980, zit. n. Forgas 1994, S. 238) in ihrer Analyse gefundenen wichtigsten Beziehungsskripte illustrieren noch einmal die von uns schon erwähnte mögliche Vielfalt von Liebesbeziehungen. Keinesfalls zeigen sie aber, welche dieser Beziehung die einzig wahre sein kann. Auch über mögliche Dauer und Stabilität dieser Beziehungen lässt sich nichts sagen:

- Verbaler und »körperlicher« Flirt auf einer Party ohne weitere Folgen.
- Freund und Freundin, die sich einige Monate regelmäßig getroffen haben und dann eine Zeit lang zusammenleben.
- Eine De-facto-Beziehung zwischen früher Verheirateten.
- Ein junges Paar, das nach einer ungeplanten Schwangerschaft geheiratet hat.
- Eine dauerhafte, aber nicht sexuelle Beziehung zwischen zwei jungen religiösen Menschen.
- Eine »feste« Beziehung, die hauptsächlich dazu dient, die Peer-Gruppe zu beeindrucken.
- Eine dauerhafte, enge platonische Beziehung.
- Eine feste Beziehung, in der beide Partner auch mit anderen Angehörigen des anderen Geschlechts ausgehen.
- Verwitwete mittleren Alters, die nach einigen Jahren des Alleinlebens wieder geheiratet haben.

- Ein einmaliges sexuelles Beisammensein.
- Ein 25 Jahre verheiratetes Paar.
- Eine in erster Linie sexuelle Beziehung zu einem älteren, erfahreneren Partner.
- Eine Affäre zwischen Lehrer(in) und Schüler(in).
- Eine kurze, flüchtige Beziehung zwischen Mitgliedern einer beständigen sozialen Gruppe.
- Eine junge Ehe nach langer Zeit intensiver Werbung.
- Eine Beziehung, in der nur der eine Partner sehr engagiert ist.
- Eine Affäre mit einem verheirateten Partner.
- Eine kurze, in erster Linie sexuelle Affäre zwischen zwei Studenten.
- Eine gelegentliche Rendezvous-Beziehung ausschließlich zu Vergnügungszwecken zwischen zwei jungen Menschen.
- Die Fortsetzung einer ehemals persönlichen Beziehung durch Briefe und Telefongespräche aus dem Ausland.
- Eine kurze, gefühlsbetonte Urlaubsbeziehung.
- Eine lange, intensive »feste« Beziehung zu Schulzeiten.
- »Liebe auf den ersten Blick«, die nach kurzer, intensiver Beziehung zur Verlobung führt.
- Eine kurze, erste Liebe, die erwidert wird.
- Das Wiederaufflammen einer alten Liebe, die zuvor nicht recht geklappt hatte.

Liebe ist eine soziale Konstruktion, damit wir uns lieben können. Und jeder Mensch, jede soziale Gemeinschaft, jede Epoche schafft sich ihre Konstruktion von Liebe. Mit einer solchen Feststellung haben wir so gut wie nichts gesagt. Aber vielleicht gehört die Liebe auch zu jenen menschlichen Beziehungen, die man nicht beschreiben, sondern nur erleben kann.

> *»Für die Liebe gibt es nur einen Beweis: die Tiefe der Beziehung und die Lebendigkeit und Stärke in jedem der Liebenden. Das allein ist die Frucht, an der die Liebe zu erkennen ist.«* (Fromm 1990, S. 108)

Kapitel 4:
Kommunikation als Bedeutungskonstruktion

1. Was kommunizieren wir: Die Frage nach der Bedeutung des kommunikativen Geschehens

Wir kommunizieren über und mit der Welt und stützen uns dabei auf Bedeutungen, auf interindividuell übereinstimmende Wirklichkeitskonstruktionen, die zum kulturellen Hintergrund unserer Kommunikation gehören. Diesen kulturellen Hintergrund nennen wir den Bedeutungsraum der Wirklichkeitskonstruktion. Unter dem Bedeutungsraum verstehen wir das Ausmaß (oder die Form), in dem soziale Konstruktionen interindividuell übereinstimmen.

Wann lässt sich davon sprechen, dass etwas Bedeutung hat? Kann es nicht hin und wieder so sein, dass wir freudig und überrascht feststellen, es gibt jemanden, der seine Vorstellungen und Konstruktionen von der Wirklichkeit fast ebenso begründet, wie wir es tun, der uns sagt, auch er sehe den Sinn seines oder ihres Lebens so ähnlich wie wir. Sicher haben auch Sie solche Übereinstimmungen mit anderen festgestellt. Für solche Übereinstimmungen, ähnliche oder gleiche Gründe zu haben, die Welt – in Liebe oder Hass – so und nicht anders zu deuten, möchten wir den Bedeutungsbegriff nutzen. Bedeutungen scheinen zunächst einmal Momente des sprachlichen Verkehrs zu sein, sie begleiten uns beim Sprechen und haben die Funktion, den Fluss unseres Gesprächs zu gewährleisten, ohne dass wir uns ihrer immer bewusst sind.

Bedeutungen sind aber nicht nur an bestimmte Situationen gebunden. Es sind keine nur auf je einzelne Situationen bezogene Interpretationen und Kommunikationsweisen oder gar deren Abbilder, sondern interindividuell übereinstimmende und im sozialen Austausch (durch Interaktion und Kommunikation) begründbare Deutungen von Welt.

Das Wort »Apfel« lässt sich innerhalb bestimmter Denk-, Sprach- und Lebensformen nur schwer – wie Wittgenstein (1988, Bd. II, S. 104) schreibt – durch das Wort »Bank« ersetzen. Ein solcher Austausch verletzt die Regeln, Konventionen und Traditionen innerhalb bestimmter sozialer Gemeinschaften. In sozialen Gemeinschaften existieren interindividuell übereinstimmende und stabile Vorstellungen oder (wie wir auch sagen können) Wirklichkeitskonstruktionen über das, was wir Baum, Apfel oder Bank nennen. Die Mitglieder der sozialen Gemeinschaften können ihre Übereinkünfte, etwas Baum zu nennen, meist auch begründen: ein Baum ist ein Baum, weil er … usw. Ähnlich wie der Sinn für einzelne Menschen liefern auch die Bedeutungen für soziale Gemeinschaften die weitgehend interindividuell übereinstimmenden (konventionalisierten) Gründe und Begründungen, die Welt so und nicht anders zu deuten (Ausnahmen bestätigen die Regel).

Bedeutungen sind die in einer sozialen Gemeinschaft interindividuell relativ übereinstimmenden (konventionalisierten) und stabilen (traditierten) *Begründungen*, die Wirklichkeit zu deuten und über sie zu kommunizieren.

Bedeutungen sind – mit anderen Worten – letztlich die Inhalte von Kommunikation, also das, was kommuniziert wird. Akzeptiert man diese Sichtweise, dann scheint die Annahme nahe liegend, in den Bedeutungen die soziale Differenz zu sehen, durch die sich soziale Gemeinschaften voneinander unterscheiden und ihre Mitglieder sich als zu diesen Gemeinschaften zugehörig definieren. Jene, die die Welt nicht nur anders deuten, sondern dies auch noch anders zu begründen versuchen, werden als nicht der sozialen Gemeinschaft zugehörig angesehen. Wir sprechen in diesem Zusammenhang von »Deutegemeinschaften« (s. Kapitel 3, Abschnitt 4; vgl. Frindte 1998).

Deutegemeinschaften sind jene sozialen Gemeinschaften von Menschen, die auf Grund interindividuell übereinstimmender (konventionalisierter, tradierter und kristallisierter) sozialer Konstruktionen die Welt in interindividuell ähnlicher Weise interpretieren und kommunizieren.

In der sozialwissenschaftlichen Literatur findet man eine Reihe von Begriffen, die ähnliche soziale Wirklichkeiten bezeichnen sollen, wie wir es mit dem Begriff der Deutegemeinschaft versuchen. Herbert Bock (1990, S. 127) spricht von »Sprachgemeinschaften«, Zygmunt Bauman (1992, S. 100) gelegentlich von »Sinngemeinschaft«, und Ludwik Fleck von »Denkkollektiven« (1993, S. 54). Mit diesen und ähnlichen Begriffen versuchen ihre Konstrukteure, die Wirklichkeit sozialer Gruppierungen und Gemeinschaften zu beschreiben, deren Mitglieder konventionalisierte und tradierte Formen für den Umgang mit ihrer Wirklichkeit benutzen; z.b. einen übereinstimmenden Sprachgebrauch, übereinstimmende Wissensvorräte oder übereinstimmende Identifikationen mit regionalen und/oder kulturellen Besonderheiten.

Wir wollen in diesem Kapitel einige Phänomene und Theorien behandeln, die sich mit der normativen Kraft der Konstruktion von Bedeutung in verschiedenen Deutegemeinschaften beschäftigen.

2. Werbung und die neuen Mythenmacher

»Kellner, schauen Sie sich die Schweinerei an. Da habe ich doch tatsächlich ein Stück Lumpen aus der Suppe gefischt!« Kellner: »Na und? Eine Suppe für 2,50 Mark – wollen Sie aus der vielleicht Brüssler Spitzen fischen?«

Auch Werbung ist Kommunikation, durch die neue Bedeutungen konstruiert werden können. In den klassischen Definitionen wird Werbung als eine Form der Beeinflussung beschrieben (vgl. Hoffmann 1972, S. 9; Haseloff 1973, S. 125; Tropp 1997, S. 29). Also versucht Werbung mittels Kommunikation zu beeinflussen. Die Frage ist, ob und wie ihr das gelingen kann.

2.1 Drei Beispiele

»Einhundert Jahre Odol« – so hieß eine Ausstellung, die 1994 im Deutschen Hygiene-Museum in Dresden zu sehen war.

Odol – der Coca-Cola-Mythos der Deutschen!? Die »Odol«-Werbung gehört zu den ältesten und wohl auch erfolgreichsten

Werbestrategien der letzten 100 Jahre in Deutschland. Der Erfolg der Odol-Werbung hängt u.E. nicht zuletzt damit zusammen, dass Odol nicht nur als hervorragendes Mundwasser, das »nachweislich zur vollkommenen Mundpflege zu empfehlen« sei, angepriesen wird. Mit der Werbung von Odol wurde überdies immer auch eine symbolische Botschaft vermittelt: Etwa: »Mit Odol fühlst du dich wohl.« Oder: »Wahre Küsse gibt es nur mit Odol.« Das heißt, die gegenständliche Botschaft über das Produkt wurde gleichzeitig an eine symbolische Botschaft (z.B. über angenehme Lebensart, die Mann und Frau mit dem Produkt genießen können) gekoppelt.

Die symbolische Botschaft dient(e) als Mittel und Medium für die gegenständliche Botschaft. Es galt, das Produkt zu verkaufen und dies möglichst publikumswirksam. Eine solche Wirksamkeit ließ und lässt sich am ehesten durch griffige Symbole erzielen.

Betrachten wir noch ein weiteres Beispiel: Die französische Zigarette »Gauloises« warb vor einigen Jahren mit einer besonders pfiffigen Bild- und Plakatserie. Auf einem der Bilder hielt eine gut aussehende junge Frau in ihrer rechten Hand eine Zigarette und in der linken Hand Spielkarten, mit denen sie ihr Gesicht halb verdeckte. Vor ihr auf einem Tisch stand ein Glas Rotwein, neben dem eine Zigarettenschachtel lag. In der Kopfzeile des Bildes stand der Ausspruch, der offensichtlich der Frau zugeschrieben werden musste: »Tut mir Leid, ich habe kein Herz.«

Um unsere Unterscheidung von gegenständlicher und symbolischer Botschaft aufzugreifen, könnte man diese Werbung folgendermaßen dekonstruieren: Die gegenständliche Botschaft über das Produkt ist in diesem Fall nicht mehr die dominierende Botschaft. Zumindest gleich auffällig und wahrnehmbar wird die symbolische Botschaft: Der doppelbödige Geck über das Herz und die Symbole der französischen Lebensart.

Und ein drittes Beispiel: Die Werbung von Benetton. 1994 startete United Colors of Benetton eine Werbe-Kampagne, die nicht nur die Kunden von Benetton, sondern auch die Insider aus der Werbebranche auf die Palme brachte: Benetton verbreitete weltweit ein Foto, auf dem die Hose eines Tarnanzuges und ein blutiges T-Shirt zu sehen waren. Es handelte sich bei diesen Kleidungsstücken um Sachen eines jungen Soldaten, Marinko Gagro aus Jugoslawien, der von Serben getötet wurde. Nur ganz am Rande der Bildzeile konnte man den Namenszug »United Colors of Benetton« lesen. Die Anzeige mit der blutigen Kleidung wurde von Benetton in 110 Ländern lanciert.

Diese Anzeige wurde zum Skandal und löste weltweite Kontroversen aus. In den USA wurde die Anzeige zum Beispiel von Los Angeles Times abgelehnt. Die UNICEF beschimpfte Benetton. In Deutschland leiteten Menschenrechtsorganisationen Untersuchungen gegen Benetton ein. Auch in Frankreich wurde die Kampagne abgelehnt. Was wollte Benetton mit dieser Werbung erreichen? Wir könnten folgende Strategie vermuten:

- Zunächst einmal sollte Aufmerksamkeit geweckt werden.
- Dem sollte sich Nachdenken anschließen, aber nicht über das Produkt, sondern über die symbolische Botschaft.
- Mit dieser symbolischen Botschaft sollten sich die Betrachter der Werbeanzeige identifizieren.
- Bei erneuter Wahrnehmung der symbolischen Botschaft sollte dies das Wiedererkennen erleichtern und Assoziationen zu den Produkten von Benetton herstellen.
- Die Assoziationen wiederum sollten die Kaufbereitschaft der Betrachter erhöhen.

Werbung wirbt nicht nur. Werbung durchdringt unser Leben, unser Lieben und wohl auch bald unser Sterben. Nach dem Slogan: »Sterben Sie nicht allein. Lassen Sie die Welt Anteil nehmen. Das garantiert Ihnen Ihre Media-Bestattung. Das Unternehmen der videogestützten Begräbnishilfe.« Oder halt so ähnlich.

Der Werbechef von Benetton, Oliviero Toscani, meint: »Werbung verkauft keine Produkte, sondern gleichförmige Lebensmodelle.« (1996, S. 166)

Und um einen bestimmten Lebensstil präsentieren zu können, gehören entsprechende Produkte zu den notwendigen Accessoires. Mit diesen Accessoires werden die entsprechenden Lebensstile präsentiert und nachgeahmt. Werbung ist Simulation, Nachahmung im weiteren Sinne. In der Werbung und besonders durch die symbolischen Botschaften der Werbung werden bereits einmal gelebte

Lebensstile, Lebensformen nachgeahmt: das schöne Landleben, die intakte Familie, der schöne Körper, der starke Macher oder, wie im Falle von Benetton, der Tod und das Sterben in einer kriegerischen Zeit.

2.2 Werbetrends

Provokant wie Oliviero Toscani nun einmal ist, meint er, die größte Werbekampagne der Menschheitsgeschichte sei von Jesus Christus lanciert. Sie lief unter dem universellen Slogan »Liebe deinen Nächsten« und habe ein bemerkenswertes Logo: das Kreuz (Toscani 1996, S. 131).

Das erste in der Geschichte der Menschheit eingesetzte Werbemedium war zweifellos die menschliche Stimme. Der Marktschreier und Ausrufer setzte seine Stimme, deren Tonhöhe, Tonfolge und Modulation ein, um seine Botschaften an den Mann und die Frau zu bringen.

Durch die Erfindung der beweglichen Buchdrucklettern durch Johannes Gutenberg im Jahre 1455 eröffneten sich erstmals ungeahnte Möglichkeiten auch für die verschriftete und vervielfältigte Werbung. Texte konnten nun in großer Auflage hergestellt und verbreitet werden. In dieser Zeit erschienen zum Beispiel die so genannten »Fugger-Zeitungen« aus Augsburg, in denen regelmäßig Informationen über Preise und Waren an den wichtigsten Handelsplätzen der damaligen Zeit veröffentlicht wurden (vgl. Merten 1994, S. 151). Zu Beginn des 17. Jahrhunderts wurden in Frankreich erstmals so genannte Anzeigenblätter mit persönlichen werblichen Botschaften veröffentlicht und verbreitet.

Die eigentliche Entwicklung der modernen Werbung setzte mit der industriellen Revolution Anfang des 19. Jahrhunderts ein. Für die massenhaft produzierten Güter mussten Kunden und Käufer gewonnen werden. Für das drastisch gestiegene Angebot an Waren musste Nachfrage geschaffen werden. Die Werbung hatte ihr Ziel gefunden und entwickelte sich zur Werbewirtschaft.

Das ausgehende 20. Jahrhundert und besonders die 80er-Jahre wurden dann zu den goldenen Jahren der Werbung (vgl. Schmidt

1995, S. 44). Der Motor und das Hauptmedium dieser Entwicklung war (und ist) die Fernsehwerbung. Ende der 80er-Jahre des vergangenen Jahrhunderts wurden in Europa jährlich ca. 1.300.000 Werbespots ausgestrahlt (Schmidt 1995, S. 44). Im neuen Staatsvertrag für die Regelung des Rundfunks im vereinten Deutschland (RfStV 91) ist zum Beispiel festgelegt, dass der Anteil der Spotwerbung im Fernsehen pro 60 Minuten Sendezeit 20% (12 Minuten) nicht überschreiten darf (vgl. auch Keusen 1995, S. 173). Der durchschnittliche Deutsche nimmt heute pro Tag ca. 1.200 Werbespots wahr. Bis zum 20. Lebensjahr hat ein deutscher Jugendlicher etwa 200.000 Fernsehspots zu sehen bekommen (vgl. Schmidt 1995, S. 48).

Auf diese neuen Entwicklungen stellten sich die Werbeagenturen ein. Während die Fernsehspots in den 70er- und frühen 80er-Jahren meist trocken und lehrhaft waren, entwickelte sich seit Mitte der 80er-Jahre das so genannte Advotainment, »in dem nicht mehr der dozierende Kaffeeröster und die plakative Kaufaufforderung den TV-Werbespot prägten, sondern die perfekt inszenierte Ministory um eine Produktpersönlichkeit, deren komplexe audiovisuelle Aura emotional und sinnlich fasziniert, den Rezipienten Anmutungsqualitäten offeriert, auf die sie lustvoll eingehen können und doch zugleich noch nachvollziehen, wie clever der Spot gemacht ist« (Schmidt 1995, S. 45).

Ästhetische Faszination sollte erreicht werden, um den cleveren, individualistischen und medienerprobten Zuschauer bei der Werbestange zu halten und zu verhindern, dass er nicht mit Beginn der Werbepause das Fernsehprogramm wechselte. Wie Schmidt (1995, S. 45) feststellt, bezahlten die Werbewirtschaft und die Fernsehmacher dafür aber auch einen hohen Preis: Ästhetisierung der Werbung steigerte zwar die Aufmerksamkeit und Einprägsamkeit von Werbung. Erinnert wurde aber später weniger das Produkt als vielmehr die Story, in die die Produktwerbung eingebunden war. Das heißt, nicht die gegenständliche Produktbotschaft, sondern die symbolische Botschaft erhielt durch die Ästhetisierung (durch Witz, Ironie, Schönheit etc.) Prägnanz und Wiedererkennungskraft.

Allerdings – so Schmidt (1995, S. 47ff.) scheint der Trend zu kippen. Fernsehforscher verweisen darauf, dass ca. 80% der Fernsehzuschauer Werbeunterbrechungen als störend empfinden und sich der Fernsehwerbung zu entziehen versuchen. Toscani spricht von Werbepausen als Pinkelpausen (Toscani 1996, S. 99). Werden die Fernsehzuschauer erwachsen und souverän?

2.3 Klassische Werberezepte

Jörg Tropp (1979) schreibt am Ende seines Buches über die Verfremdung der Werbung: »Solange die Werbung erfolgreich für sich wirbt, kommuniziert sie effektiv: Werbung wirkt.« (S. 226)

Die Werbung ist ein Interface der (post-)modernen Gesellschaft. Werbung konstruiert und rekonstruiert die Gesellschaft. Werbung ist nicht nur ein Indikator für gesellschaftliche Phänomene, Werbung vermittelt auch die vielfältigen sozialen Prozesse. Indem Werbung soziale Prozesse simuliert, schafft Werbung auch eine Verbindung zwischen unterschiedlichen sozialen Prozessen, die eigentlich zunächst nicht zueinander passen. Denken Sie an die Werbekampagnen Benettons: Kleidung, Lebensstil und Lebensanschauung, aber auch Aids und Tod.

Mit welchen Werkzeugen arbeiten Werbemacher, um diese Verbindungen zu konstruieren und mit welchen Absichten tun sie das?

Wir werden zunächst einige klassische Werbekonzepte vorstellen, die den Aufbau und die Technik der Werbung charakterisieren. Dabei wird uns auffallen, dass diese Konzepte auf jeden Fall etwas mit Psychologie zu tun haben.

Die AIDAFormel

Zu einem der bekanntesten Werberezepte gehört die AIDAFormel. Die Buchstaben stehen für die Schritte, die mittels einer Werbebotschaft beim Rezipienten ausgelöst werden sollen:

- Attention/Aufmerksamkeit erregen;
- Interest/Interesse wecken;
- Desire/den Wunsch wecken, etwas haben zu wollen;
- Action/eine Handlung auslösen (Produkt kaufen).

Um das Ziel, nämlich den Rezipienten zu veranlassen, das Produkt zu kaufen oder sich entsprechend der Werbebotschaft zu verhalten, ist es nötig, dass alle vier Schritte auch in der entsprechenden Reihenfolge realisiert werden.

Das PPPP-Prinzip

Dieses Werberezept spezifiziert einen Weg, um beim Rezipienten Aufmerksamkeit zu erreichen, nämlich durch bildliche Darstellung:

- picture/bildliche Darstellung;
- promise/Versprechen;
- prove/Beweise für die Behauptung;
- push/Anstoß zum Handeln.

Erlebniswert und Zusatznutzen

Mit Zusatznutzen ist gemeint, dass bei einem Produkt nicht der eigentliche Gebrauchswert (also die gegenständliche Botschaft) in den Mittelpunkt der Werbung stehen dürfe, sondern ein Nutzen, der nicht zentral ist, aber durch das Produkt erworben werden könne. Auf diesen zusätzlichen Nutzen oder Anreiz müsse die eigentliche Werbebotschaft gerichtet sein. Zum Zusatznutzen gehören u.a. das Prestige, das mit dem Kauf und der Präsentation eines Produkts verbunden sein kann, oder der schon erwähnte Lebensstil, der sich mit dem Gebrauch eines Produkts verbindet. Letztlich geht es also um die symbolische Botschaft, die im Mittelpunkt der Werbung stehen sollte (z.B. »Autos zum Leben«).

Da sich viele Produkte kaum in ihrem Gebrauchswert unterscheiden, muss der Unterschied durch die symbolische Botschaft, durch die Botschaft über den zusätzlichen Nutzen deutlich werden.

»Verschiedene Arten des Zusatznutzens weisen auf verschiedene Zielgruppen hin. Was sich als Zusatznutzen eignet, hängt daher sehr stark von der angestrebten Zielgruppe ab. Gerade am Beispiel

einer Kaffeesorte lässt sich leicht die Vorstellung nachvollziehen, es sei in einer Packung ›Swing‹ und in einer Packung ›Krönung‹ exakt dieselbe Sorte Kaffeepulver enthalten – und trotzdem wären die beiden Sorten verschieden. Die gleiche Situation stellt sich ein, wenn man versucht, verschiedene Zigarettenmarken zu unterscheiden: Es wird bei gleichen Schadstoffwerten bei den meisten Marken nicht gelingen, einen geschmacklichen Unterschied festzustellen. Raucher können diesen Test leicht selbst durchführen. Fragen Sie sich selbst: Was bringt Raucher dazu, eher die eine als die andere Marke zu wählen? Glauben Sie, sie hätten die verschiedenen Marken probiert? Wohl kaum. Was hier gewählt wird, ist ein Zusatznutzen, ein Image, ein Erlebniswert.« (Felscr 1997, S. 16f.)

Die USP-Formel

»USP« heißt »Unique Selling Proposition«. Danach geht es in der Werbung darum, nicht alle Vorzüge eines Produkts zu bewerben, sondern nur ein einziges, zentrales Merkmal des Produkts in der Werbebotschaft zu behandeln. Zum Beispiel: »Nokia – connecting people; »Toyota Yaris Verso – das clevere Raumwunder«; »Yello Strom – gelb.gut.günstig«. Mit der Betonung des einzigen Merkmals soll die Einzigartigkeit des Produkts betont werden. In diesem und vor allem in diesem Merkmal unterscheide sich das Produkt von den vielen anderen auf dem Markt.

Kontextierungsmodelle

Wenn Werbung überhaupt wirkt, dann nicht zuletzt durch den Kontext, in den die Werbebotschaften eingekleidet sind. Felser (1997, S. 18) beschreibt am Beispiel der Fernsehwerbung neun Grundtechniken, wie ein solches Einbetten erfolgen kann:

- *Slice of life (ein Stück aus dem Leben):* Bei dieser Technik sieht man Menschen in ihrem Alltag, die das Produkt verwenden, zum Beispiel die Rama-Familie beim Frühstück.

- *Lifestyle:* Es wird betont, dass ein Produkt besonders gut zu einem bestimmten Lebensstil passt. Darunter fallen zum Beispiel die Werbung für Jever Bier *(keine Kompromisse)*, für Autos von Renault *(Auto zum Leben)*, viele Light-Produkte, z.B. *Krönung light* oder *Yogurette.*
- *Traumwelt:* Eine im Grunde irreale Szenerie wird um das Produkt aufgebaut, zum Beispiel die *Punica-Oase,* in die der Zuschauer entführt werden kann.
- *Stimmungs- oder Gefühlsbilder:* Es werden sehr stimmungsvolle Bilder gezeigt, ohne dass irgendeine Aussage zum Produkt getroffen wird. Das bekannteste Beispiel hierzu ist der *Marlboro-Cowboy.*
- *Musical:* In vielen Spots dominiert die Musik mit oder ohne Gesang. Meistens wird dabei gesungen, allerdings nicht immer (z.b. im Fall von *Licher*-Bier, wo eine Melodie aus »Peer Gynt« ohne den Gesang gespielt wird).
- *Persönlichkeit als Symbolfigur:* Das Produkt wird von einer Person vorgestellt, die im Laufe der Zeit zur Symbolfigur für dieses Produkt geworden ist (z.B. der *Melitta-Mann* oder *Klementine*).
- *Technische Kompetenz:* Betont wird dabei, dass das Produkt im Vergleich zu anderen im Hinblick auf die technischen Qualitäten konkurrenzlos sei (z.B. der *Käfer von VW – und er rollt und rollt; Audi – Vorsprung durch Technik*).
- *Wissenschaftlicher Nachweis:* In der Werbebotschaft wird auf wissenschaftliche Erkenntnisse hingewiesen, die die Vorzüge des Produkts beweisen sollen. Nicht selten geschieht das, indem eine Person, die sich durch ihr Äußeres als Experte präsentiert, auf die wissenschaftlich nachgewiesene Qualität des Produkts hinweist (z.B. die *Zahnarztfrau*).
- *Testimonial-Werbung:* Eine glaubwürdige Person spricht sich für das Produkt aus. Dabei kann es sich um eine bekannte Persönlichkeit handeln, zum Beispiel um Boris Becker, der Nutella anpreist, oder Manfred Krug, der Werbung für die Deutsche Telekom macht. Es kann aber auch einfach eine Person wie du und ich sein, die besonders gut zur Identifikation taugt (der *Cappucino-Mann*).

2.4 Psychologische Aspekte der Werbung
(eine Auswahl in Anlehnung an Felser 1997)

Aufmerksamkeit

Werberezepte gehen meist davon aus, zunächst einmal die Aufmerksamkeit der Rezipienten zu wecken (s. das AIDA-Modell). Wenn sich ein Angebot gegen ein anderes durchsetzen soll, dann muss es zunächst in den Bereich der Aufmerksamkeit des potenziellen Kunden gelangen.

> »*Im Prinzip gilt: Je größer die Aufmerksamkeit, desto besser. Allerdings nur im Prinzip. Es gibt aber Einschränkungen. So zeigt sich zum Beispiel, dass es gar nicht so günstig ist, wenn ich bei einem Beeinflussungsversuch die volle Aufmerksamkeit meines Publikums bekomme. Ein mittleres Aufmerksamkeitsniveau scheint für die Einstellungsänderung am besten, da auf diese Weise Gegenargumente nicht so leicht aktualisiert werden.*« (Felser 1997, S. 82).

Solange der Umworbene die Beeinflussungsversuche durch die Werbung als solche erkennt, hat er auch die Chance, sich ihnen bewusst zu widersetzen. Es scheint also gar nicht so ungünstig, wenn die Werbung nicht mit voller Aufmerksamkeit rezipiert wird. Tavassoli u.a. (1995, zit. n. Felser 1997, S. 83) stellten fest, dass Werbung, die mit einem mittleren Involvement rezipiert wurde, effektiver war, als solche, bei der das Involvement hoch war.

Wie Felser (1997, S. 83) zu Recht meint, sorge die Werbung selbst ausgiebig dafür, dass ihre Botschaften nicht ohne gewisse ablenkende Reize dargeboten werden. Durch Erotik, Musik, eine Geschichte, in die die Werbung eingebettet ist, schöne Bilder oder irrelevante Zusatzinformationen (durch symbolische Botschaften) wird einerseits Aufmerksamkeit erregt und andererseits vom vielleicht belanglosen Inhalt der Werbebotschaft (der gegenständlichen Botschaft) abgelenkt. Eine beeinflussende Kommunikation profitiere von Ablenkung besonders dann, wenn sie nur schwache Argumente aufzuweisen hat.

Man könnte das auch so formulieren: Werbebotschaften, in denen die symbolischen Botschaften dominieren, wollen von den eigentlichen (schwachen) Inhalten der gegenständlichen Botschaft ablenken.

Zu den formalen Wegen, um Aufmerksamkeit zu steuern, gehören *Farbe und Farbkombinationen (*das entscheidende Merkmal ist aber nicht die Buntheit, sondern der Kontrasteffekt), *Mehrdeutigkeit und Neuartigkeit (*durch Neuartigkeit werden Orientierungsreaktionen und Aufmerksamkeitsfokussierungen hervorgerufen), *Intensität und Menge (*laute, grelle, schrille Botschaften scheinen ebenfalls unsere Aufmerksamkeit zu wecken), *Größe* (in der Regel scheinen große Gegenstände mehr Aufmerksamkeit auszulösen als kleiner Darstellungen, allerdings besteht keine 1:1-Beziehung zwischen Größe und Aufmerksamkeitssteigerung), *Positionierung* (man kann zum Beispiel die Verkaufschancen eines Produktes vergrößern, wenn man es so platziert, dass es mühelos wahrgenommen und gegriffen werden kann).

Unterschwellige Wahrnehmung

Die Idee, dass Werbung durch das Phänomen der unterschwelligen Wahrnehmung profitieren könnte, geht auf eine Untersuchung des Marktforschers Vicary aus dem Jahr 1957 zurück.

Es heißt, Vicary habe in Absprache mit einem Kinobesitzer in New Jersey einen speziellen zweiten Projektor im Kino installiert. Während der Vorführung des Films Picnic (1955) habe der zweite Projektor alle 5 Sekunden die Worte »eat popcorns« und »drink *cocacola« (oder* etwas Ähnliches) auf die Leinwand projiziert. Die jeweilige Dauer der Projektion soll zwischen 1/300 und 1/6000 Sekunden gelegen haben. Die Widersprüchlichkeiten in der angegebenen Darbietungsdauer gehen darauf zurück, dass Vicary selbst sich mit den Informationen zu seinem Vorgehen sehr zurückgehalten hat und dass man auf einander widersprechende zusätzliche Quellen angewiesen ist. Das Experiment sei über einen Zeitraum von sechs Wochen fortgeführt worden. In dieser Zeit sei der Popcorn-Verbrauch um 18% und der Coca-Cola-Verbrauch um 57% gestiegen. Leider sei Vicary nicht dazu bereit gewesen, wichtige Einzelheiten zu seinem Vorgehen zu veröffentlichen. Stattdessen habe er nichts Eiligeres zu tun gehabt, als sein Vorgehen patentieren zu lassen (Felser 1997, S. 151).

In den alltäglichen Vorstellungen und Diskussionen scheint die Möglichkeit einer unterschwelligen Beeinflussung trotz der unklaren wissenschaftlichen Befunde nichts an Faszination eingebüßt zu haben. Felser (1997, S. 151) belegt anhand verschiedener Untersuchungen, dass eine unterschwellige Botschaft mit dem Inhalt »Trink Coca-Cola« oder »Iss Popcorn« nach allem, was an Daten über derartige Effekte vorliege, keine Aussicht auf Erfolg haben dürfte. Hingegen sei es durchaus möglich, so genannte subliminale Effekte zu erzielen. Was er damit meint, illustriert er an folgendem Beispiel:

»Nehmen wir beispielsweise an, Sie wären zufällig Zeuge der hier folgenden Unterhaltung: ›Hast du eigentlich Jochen noch einmal gesehen?‹ ›Ja, er hat jetzt eine neue Stelle.‹ ›Arbeitet er nicht mehr in Saarbrücken.‹ ›Nein, es war ihm zu lästig, immer mit dem Zug dahin zu fahren.‹ ›Wenn du ihn siehst, dann sag ihm doch bitte, ich würde ihn gerne auf eine Cola einladen und mich mal wieder mit ihm unterhalten.‹ ›Mach ich gerne, im Augenblick ist er allerdings in Urlaub.‹

Ein völlig alltägliches Gespräch, wie Sie zugeben werden, und trotzdem glaube ich, dass es Sie ganz leicht beeinflusst hat. Gehen wir davon aus, eine ganze Gruppe hätte das Gespräch gehört. Wenn jetzt jemand die Personen der Gruppe bitten würde, das erste nichtalkoholische Getränk aufzuschreiben, das ihnen einfalle, dann würden sicher mehr Personen Coca-Cola oder Pepsi nennen, als wenn im Gespräch das Wort ›Cola‹ nicht vorgekommen wäre. Zugegeben sicher nicht alle, aber einen Einfluss würde es haben. Und was wäre jetzt, wenn Sie Durst hätten und sich etwas zu trinken bestellen könnten?« (Felser 1997, S. 156f.)

Eine Erklärung für die entsprechenden Wirkungen könnte das so genannte *Priming-Phänomen* liefern. Priming (»vorbereiten«) bedeutet die Wirkung von bestimmten Informationen auf spätere Informationsverarbeitung. Durch das Gespräch sind wir sozusagen auf weitere Kommunikationsinhalte vorbereitet worden. Wir werden uns möglicherweise an einige der im Gespräch erwähnten Worte in späteren Kommunikationen erinnern; vielleicht auch an das beiläufig gefallene Wort »Cola«. Ob wir aber in nachfolgenden Situationen bevorzugt Cola trinken werden, ist höchst zweifelhaft. Zumindest belegen zahlreiche Untersuchungen, dass unterschwellig dargebotene Aufforderungen nur schwache Auswirkungen auf unser anschließendes Verhalten haben (vgl. auch Smith/Rogers 1994).

Das Lernen am sozialen Modelllernen

Eine der wirkungsvollsten Gestaltungsformen von Fernsehspots ist die, in der typische Verwender oder Imageträger eines Produktes gezeigt werden. Wir können durch andere Personen so beeinflusst werden, dass wir ihre Verhaltensweisen übernehmen, ohne sie jemals selbst vorher ausprobiert zu haben. Eine Erklärung dafür bietet die Theorie des sozialen Lernens am Modell von Walter Bandura (1977). Die Theorie des sozialen Lernens geht davon aus, dass Menschen nicht alle Handlungserfolge am eigenen Leibe erfahren müssen. Vielmehr genüge es oft schon zu beobachten, wie andere mit einem bestimmten Verhalten Erfolg haben (s. auch Abschnitt 4.1. dieses Kapitels).

Das lässt sich leicht auf die Werbung übertragen: Ein Verhalten, von dem man wünscht, dass es häufiger gezeigt wird, wird von Modellpersonen beispielhaft ausgeübt, und die Modelle werden in ihrem Verhalten bestärkt. Modellpersonen in der Werbung sollten der Zielgruppe möglichst ähnlich sein. Modellpersonen sollten möglichst sympathische und attraktive Personen sein. Prominente Personen eignen sich besonders gut als Modelle in der Werbung. Das Verhalten der Modellpersonen sollte belohnt werden.

Durch eine solche Darstellung in den Werbespots soll einerseits die Identifikation mit der Modellperson erleichtert werden. Andererseits soll gezeigt werden, dass es den Rezipienten ebenso gut wie der Modellperson gehen könne, wenn sie das jeweils beworbene Produkt erwerben.

Eines der Merkmale, die eine Person haben muss, um als Modellperson in der Werbung oder im alltäglichen Leben fungieren zu können, ist Sympathie. Felser (1997, S. 181) hebt vor allem folgende Einflussfaktoren hervor, von denen es abhängen könne, wie attraktiv andere für uns sind: Ähnlichkeit, Nähe, sozialer Austausch, Sympathie uns gegenüber, Assoziation mit angenehmen Dingen und physische Attraktivität.

Dissonanz- und Konsistenzeffekte in der Werbung

Konsumenten bringen offenbar eine deutliche Tendenz mit, bei den Entscheidungen zu bleiben, die sie einmal getroffen haben (Felser 1997, S. 213). Wir haben diese Tendenz bereits bei der Darstellung der Theorie der kognitiven Dissonanz von Leon Festinger ausführlich behandelt. Konsumenten verarbeiten offenbar bevorzugt solche Werbeinformationen, die mit ihrem bisherigen Verhalten in Einklang zu bringen sind.

Überdies dürfte der Zeitpunkt, wann ein Produkt relativ zur Konkurrenz auf den Markt kommt, von Bedeutung sein. Falls sich ein Konsument bereits in eine bestimmte Richtung entschieden hat, könne man mit Werbung nur noch wenig daran ändern.

Die Dissonanz- und Konsistenztheorien erlauben aber – so Felser (1997, S. 213) – mehr Ableitungen als nur eine Erklärung für die Stabilität von Gewohnheiten. Gerade wenn man die direkte Käufer-Kunde-Interaktion betrachtet, ergeben sich einige tiefer gehende Mechanismen, die für das Konsumentenverhalten bedeutsam sind:

Dissonanz nach Entscheidungen

Konsumenten vermeiden nach einer Kaufentscheidung meist solche Informationen, die der getroffenen Entscheidung widersprechen könnte. Und sie suchen vorrangig nach solchen Informationen, die die Entscheidung stützt. Die mögliche kognitive Dissonanz, die entstehen könnte, doch eine falsche Entscheidung getroffen zu haben, kann von Verkäufern dadurch aufgefangen werden, indem sie die Kaufentscheidung gut heißen und unterstützen. In diesen Zusammenhang passe auch die so genannte Nachkaufwerbung, bei der ein Kunde nach seinem Kauf immer noch mit Werbung für das bereits gekaufte Produkt bedacht werde (Felser 1997, S. 214).

Die Fuß-in-der-Tür-Technik

Diese Technik beschreibt das Phänomen, dass Personen nach einer anfänglichen kleinen Bitte einer anderen Person, eine anschließende größere Bitte derselben Person eher erfüllen, als wenn die anfängliche kleinere Bitte nicht vorausgegangen ist.

> *»Das Gewicht der Fuß-in-der-Tür-Technik zeigt eindrucksvoll eine Studie von Freedman und Fraser (1966): Sie befragten Anwohner einer Vorstadt-Wohngegend in Kalifornien, ob sie bereit seien, ein kleines Schild vor ihrem Haus aufzustellen, mit dem die vorbeifahrenden Fahrzeuge an eine vorsichtige Fahrweise erinnert werden sollten. Die Bitte war im Grunde klein, das Schild störte kaum. Die meisten der Befragten willigten also ein. Wenig später allerdings kam eine erneute Anfrage, diesmal mit dem Anliegen, ein wirklich großes Schild aufstellen zu dürfen. Dieses Schild hatte das Haus in seinen enormen Schatten gestellt, und es war überdies auch noch sehr plump geschrieben. Wenn die Bitte wegen des kleinen Schildes nicht vorausgegangen war, dann waren nur 17% der Befragten bereit, sich das Haus durch ein riesiges Schild verdunkeln zu lassen. Von denjenigen Befragten, die in das Aufstellen des kleinen Schildes eingewilligt hatten, willigten 76% nun auch hier ein. Das Entgegenkommen, das die Befrager bezüglich des kleinen Schildes erwirkt hatten, genügte schon, um den Anwohnern das Gefühl zu geben, in die Kampagne so stark involviert zu sein, dass ihnen weitere, größere Gefälligkeiten folgerichtig und passend vorkamen. Eine Verweigerung wäre als inkonsistentes Verhalten empfunden worden.«* (Felser 1979, S. 216)

Low-balling-Effekt

Mit diesem Effekt wird eine so genannte »Tiefschlag-Technik« beschrieben, die ebenfalls durch die Theorie der kognitiven Dissonanz erklärt werden kann.

> *»Ein Auto wird zu einem Spottpreis angeboten, sodass willige Käufer in diesem billigen Preis einen überzeugenden Anreiz zum Kauf des Autos sehen. Der Verkäufer indessen hat keineswegs die*

Absicht, zu diesem Preis wirklich zu verkaufen. Er will nur die Aufmerksamkeit des Käufers und sein Engagement. Im Zuge der Verhandlungen werden verschiedene Mechanismen eingesetzt, die die Bindung des Kunden erhöhen, etwa eine Probefahrt mit dem neuen Wagen für einen ganzen Tag, was übrigens mit dem Unterzeichnen von Dokumenten verbunden ist. Üblicherweise stellen sich bei solchen Probeunternehmungen beim Käufer ganz von selbst Gründe ein, die aus seiner Sicht für das Auto sprechen. Der Kunde entschließt sich also zum Kauf. Und nun kommt's: Der ursprüngliche Vorteil verschwindet. Der Verkäufer kann ihm das Auto nicht zu dem billigen Preis lassen. Ein unverzeihlicher Fehler der Bank oder der Druck des Herstellers oder was auch immer, etwas, was der brave Verkäufer eigentlich nicht zu verantworten hat. Na ja, aber eins steht doch fest: Das war doch das Auto, das der Kunde haben wollte, oder etwa nicht? Es kommt also darauf an, dass der Kunde in der Zwischenzeit eine ganze Reihe von Argumenten kennen gelernt hat, die für das Auto sprechen. Das eine Argument, der Preis, trägt die Entscheidung für das Auto nicht mehr allein. Neue Gesichtspunkte sind zwischenzeitlich dazugekommen. Der Entscheidung zum Kauf sind in der Zwischenzeit sozusagen neue Beine gewachsen, sodass sie auf das eine ursprüngliche Standbein nicht mehr angewiesen ist.« (Felser 1997, S. 218)

2.6 Werbung konstruiert neue Mythen

Mythen sind nichts anderes als soziale Konstruktionen, um die gesellschaftlichen Möglichkeiten auszudeuten und zu interpretieren. Mythen befinden sich im Trend postmoderner Diskurse (vgl. z.B. Kemper 1989; Jamme 1991 u.a.). Das scheint auch zum jetzigen Zeitpunkt nicht anders zu sein: Man denke an den Mythos der Dietrich, den Porsche-Mythos, den Marlboro-Mann als Mythos, an Billy Graham und den Mythos vom »Maschinengewehr Gottes«, an den Mythos »DDR« und Coca-Cola und natürlich immer wieder an die Mythen über das Politische, an den »völkischen« Mythos, an die Mythen des Antifaschismus, den Mythos der Nation, den Mythos von der jüdischen Weltverschwörung usw. usf.

Unsere postmodernen Zeiten scheinen offenbar auch solche zu sein, in denen wir Menschen uns bewusst werden, dass unser Leben nicht nur auf der Basis rationalen Wissens zu organisieren ist, sondern eben im hohen Maße auch vor dem Hintergrund vielgestaltiger Mythen, Märchen und Geschichten abläuft. Aber – und dies ist eine der Kehrseiten unserer Alltagsmythen – mit der postmodernen Zunahme pluralistischer Sprach-, Lebens- und Kulturformen wird der Erzählwert so mancher Alltagsmythen auch wieder demontiert. Bei näherem Hinschauen auf die unser Alltagsleben beeinflussenden Mythen fällt deren zunehmende Vieldeutigkeit auf, z.B.:

- Der *Mythos vom Wissenschaftler* als dem Experten wird nicht nur in diversen Wissenschaftlergemeinschaften bezweifelt. Der Zusammenbruch des Sozialismus als Gesellschaftssystem offenbart viel nachdrücklicher als diverse wissenschaftliche Diskurse, dass nahezu alle gesellschaftswissenschaftlichen Aussagen, die im Realsozialismus gesagt und geschrieben wurden, zur Makulatur verkommen sind und zumindest die Gesellschaftswissenschaftler nicht die Experten für Gesellschaftsentwicklung waren. Ebenso fragwürdig ist der wissenschaftliche Experte (z.B. *Dr. Best*) als Träger von Werbebotschaften geworden.
- *Zukunftsmythen* verlieren ihren prognostischen Wert. Lange Zeit erschien vielen Menschen in den westlichen Industrieländern die Zukunft als grenzenlos machbarer Raum, in dem es den Menschen immer besser gehen werde. Besieht man sich hingegen die Entwicklungen der Nuklearkraft, die Umweltvernichtung, das globale Bevölkerungswachstum, die Verarmung in den Entwicklungsländern und die vielen anderen globalen Probleme und Risiken, kann man sich des Eindrucks über die Grenzen des menschlichen Wachstums kaum verschließen. Der Mythos von einer unbegrenzten und somit »guten« Zukunft scheint am Ende zu sein. Werbung setzt demgemäß auf kurzfristigen Genuss.
- *Mythen über menschliche Zweierbeziehungen* werden zu kommerziellen Zwecken instrumentalisiert und auf diese Weise demontiert. Bekanntlich erzählen uns Beziehungsmythen meist etwas über den Anfang, den Verlauf und das Ende intimen Zusammenlebens. Auf diese Weise funktionieren sie in der Regel

als kaum noch hinterfragbare Normen für intime Beziehungen. Diese Funktion verlieren sie dann, wenn sie z.B. benutzt werden, um eine möglichst gute »commercial message« über den süffigen Aperitif, das einzigartige Parfüm, den schnellen Wagen oder das umwerfende Aftershave zu transportieren.
- *Politische Mythen*, z.B. jene über die deutsche Nation, das deutsche Volk oder die deutsche Identität scheitern offensichtlich mehr und mehr an der Faktizität der deutschen Wirklichkeiten. Im Herbst 1989 skandierten die ostdeutschen Bürgerinnen und Bürger »Wir sind das Volk«, um spätestens Ende November 1989 bei gleich bleibendem Versmaß darauf aufmerksam zu machen, dass sie/wir ein (deutsches) Volk seien. Nachdem der honey moon der deutsch-deutschen Vereinigung vorüber war, kreierten Ost- und Westdeutsche die als Witze erzählten Mythen vom »Ossi« und »Wessi«. Zum Beispiel: Der West-Hahn rollt ein riesiges Straußenei in den Ost-Hühnerstall und baut sich vor den Hennen auf: »Meine Damen, ich will ja nicht meckern, aber ich wollte Ihnen mal zeigen, wie bei uns gearbeitet wird!« Angesichts der wirtschaftlichen und politischen Probleme, vor denen das neue Deutschland nach seiner Vereinigung steht, scheint vielen Bürgerinnen und Bürgern das Lachen vergangen zu sein. Politische Werbung, sofern sie sich auf Programmatisches einer Partei bezieht, scheint immer wirkungsloser zu werden. Dagegen dürfte der Auftritt eines Politikers im Fernsehen, seine persönliche Image- und Werbekampagne wirkungsvoller als das Programm sein, das er vertritt.

An der Konstruktion und Dekonstruktion modernen und postmoderner Mythen ist die Werbung unmittelbar beteiligt. Mythen besitzen – ähnlich wie Werbebotschaften – eine doppelte Konstruktion: Zum einen bestehen sie aus Aussagen über Geschehnisse (es gab einmal eine Marlene Dietrich – gegenständliche Botschaft) und zum anderen stellen sie Interpretationen und Ausgestaltungen dieser Geschehnisse zur Verfügung (symbolische Botschaft). Werbebotschaften und Mythen haben eine ähnliche semantische Struktur (doppelte Konstruktion oder doppelte Codierung). Werbebotschaften können Mythen erzeugen, wenn es den Werbeleuten gelingt, die gegenständlichen und die symbolischen Botschaften in folgender Weise zu verknüpfen:

Die gegenständliche Botschaft muss als Begründung für die symbolische Botschaft akzeptiert werden (z.B. wenn du Jever-Bier trinkst, bist du ein Mann, der keine Kompromisse macht; wenn du Calgon für deine Waschmaschine nutzt, klappt es auch mit der Nachbarin). Eine solche Akzeptanz hängt u.a. von der Lebensdauer der Werbebotschaft ab (Coca-Cola, Marlboro-Mann).

Die symbolische Botschaft muss (zum Zeitpunkt, an dem die Werbebotschaft eingeführt wird) eine bisher nicht verbreitete Sicht auf die Wirklichkeit anzubieten vermögen. Die symbolische Botschaft muss also einen Trend nachahmen, einen Trend, der bisher nur von Minoritäten gelebt wird, der aber künftige Entwicklungen vorausnimmt (Beispiel: Mythos VW-Käfer: a. Lebensdauer des Käfers und der darauf bezogenen Werbung, »... und er läuft und läuft ...«; b. Vorwegnahme des kompakten Kleinwagens der 70er-, 80er- und 90er-Jahre).

Mit anderen Worten: Werbung ist an der Konstruktion und Dekonstruktion von Alltagsmythen und somit an der kommunikativen Konstruktion von Bedeutung beteiligt. Das macht Werbung so interessant. Nicht immer, aber immer öfter.

3. Fremde Bedeutungsräume: Umgang mit Fremdheit

3.1 Vom schwierigen Einstieg in das Problemfeld »Umgang mit Fremdheit«

Vor Gericht: »Sie heißen?« »Abraham Levy.« »Wo geboren?« »In Inowrazlaw.« »Beruf?« »Altwarenhändler.« »Religion?« »Ich hab Ihnen doch gesagt, ich heiße Abraham Levy, bin aus Inowrazlaw und handele mit Altwaren – werd ich sein ein Hussit?!«

Interkulturelle Kommunikation ist ein vielfältiges Geschehen (vgl. Maletzke 1996). Ein Geschehen, das sich in politischen Sphären abspielt. Denken Sie an die Probleme politischer Verhandlungen, an länderübergreifende Propaganda oder einfach an Probleme der

Übersetzungen von Fremdsprachen. Ein Geschehen, das sich in akademischen Bereichen abspielt. Ein Geschehen, das sich in Kunst und Kultur vollzieht, in der Wirtschaft oder im Tourismus. Immer geht es in der interkulturellen Kommunikation auch um den Umgang mit Fremden und Fremdheit. Wir werden uns im folgenden Abschnitt auf diesen Aspekt des Umgangs mit Fremdheit beschränken. Auch dieser Abschnitt soll nur Anregungen zur Weiterbeschäftigung liefern und keinesfalls das weite Gebiet der interkulturellen Kommunikation erschöpfend behandeln.

Jeder und jede kann als fremd erlebt werden – aber vor allem diejenigen, die anders sind als derjenige bzw. diejenige, die etwas als fremd definieren. Die sozialen und individuellen Definitionen und Konstruktionen von Fremden und Fremdheit markieren zunächst einmal die Grenze zwischen dem eigenen Lebensraum und dem bedeutungslosen anderen«.

Es gibt keine objektiven Kriterien für Fremdsein. Dem Prozess, in dem etwas oder jemand als »fremd« bezeichnet wird, liegt immer eine individuelle oder soziale Konstruktion oder Kategorisierung zu Grunde. Es sind einzelne Menschen oder menschliche Gemeinschaften, die bestimmen, was ihnen fremd ist oder fremd erscheint.

Zygmunt Bauman (1997, S. 213ff.) hebt zwei Perspektiven hervor, aus denen man das Fremde und den/die Fremden beobachten und bezeichnen kann: Zum einen ist da die Perspektive des Flaneurs, des Spaziergängers und des Touristen. Der Flaneur spaziert durch fremde Reviere, erlebt die anderen ebenso fremd wie sich selbst in dieser Region und zieht aus dem Spaziergang Lustgewinn.

»... Lustgewinn wird genau aus der gegenseitigen Fremdheit gezogen, das heißt, aus dem Fehlen von Verantwortung und aus der Gewissheit, dass, was immer zwischen Fremden geschehen mag, es ihnen keine dauerhafte Verpflichtung auferlegt und in seinem Gefolge keine ... Konsequenzen hinterlässt ...« (Bauman 1997, S. 214f.)

Mit anderen Worten: Der Flaneur und der Tourist sind im fremden Land ebenso fremd wie sie die dortigen Einheimischen als fremd erleben. Die Kontakte zwischen fremden Fremden und einheimischen Fremden sind aber flüchtig. Diese Kontakte sind deshalb flüchtig, weil dann, wenn der fremde Fremde wieder in seiner einheimischen Region, in deutschen Landen angekommen ist, er nicht nur wieder zu Hause ist, sondern in seinem Zuhause auch eine andere Perspektive auf die Fremde und Fremden einnimmt und einnehmen muss. Jetzt nämlich muss er Einheimischer sein, kann es sich – im Interesse seiner eigenen Existenz – gar nicht leisten, als Flaneur durch seine primäre Arbeits- und Lebenswelt zu wandeln.

Die Fremden, die man als Tourist erlebt hat, existieren für ihn auf den Fotos und in den Urlaubserinnerungen. Gegenüber den Fremden ist unser Einheimischer nun ein Beobachter. Diese Perspektive ändert sich dann, wenn der Fremde sich genauso mobil verhält wie unserer Einheimischer. Hier kommt Baumans zweite Unterscheidung ins Spiel: »Der Fremde ante portas«. Jetzt – im Umbruch der Moderne – rücken die Fremden und das Fremde den Einheimischen so nahe auf den »Pelz«, dass kein Entkommen möglich scheint. Die Fremden stehen nunmehr ante portas.

3.2 Akkulturation, Bikulturalität und Bilingualismus (von Thomas Köhler)

Akkulturation nennt Berry (1992) den allmählichen Anpassungsprozess eines Individuums an eine neue Kultur, nachdem das Individuum bereits eine Sozialisation in der Herkunftskultur (Enkulturation) durchlaufen hat:

> »Wer in eine fremde Kultur hineinkommt, ist vom ersten Augenblick an neuen Eindrücken ausgesetzt, die nicht mit dem übereinstimmen, was sich der Besucher bis dahin an Erfahrungen, Denkweisen, Einstellungen und Verhaltensnormen in kulturspezifischer Art und Weise angeeignet hatte. In der neuen physischen und sozialen Umwelt greifen die alten Deutungsmuster nicht mehr; was auch immer man tut, es erscheint falsch und unangebracht; die Menschen des Gastlandes verhalten sich merkwürdig und nicht selten unverständlich. So entsteht beim Besucher eine große Unsi-

cherheit, den Boden unter den Füßen zu verlieren ...« (Maletzke 1996, S. 159)

Akkulturation ist ein Prozess der kommunikativen Auseinandersetzung mit einer »neuen« Kultur vor dem Erfahrungshintergrund einer »alten« Kultur. Interkulturelle Anpassung ist somit zu verstehen als ein Lernprozess und eine Neuorientierung zur Bewältigung von Situationen, die sich aus der Begegnung mit einer fremden Kultur ergeben.

Graves (1967) unterscheidet zwischen Akkulturation auf Gruppenebene und auf individueller Ebene. Er führt den Begriff der psychologischen Akkulturation ein und meint damit die individuellen Erfahrungen als Resultat des Kontaktes mit einer anderen Kultur (und auch als Resultat der Teilnahme am Prozess der Akkulturation seiner kulturellen oder ethnischen Gruppe, die untergeht.) Die Unterscheidung zwischen der Gruppenebene und der individuellen Ebene ist durchaus sinnvoll. Wenn sich eine soziale Gruppe oder Gemeinschaft an eine neue Kultur anpassen muss, dann führt dies zu Veränderungen in den sozialen Strukturen, der ökonomischen Basis, der politischen Organisation usw. Währenddessen vollziehen sich auf der individuellen Ebene Veränderungen, die die soziale Identität eines einzelnen Menschen, seine Werte, Einstellungen, Verhaltensweisen und Eigenschaften betreffen können (nach Berry 1992, S. 272).

Die Immigration in ein neues Land kann verschiedene Erfahrungen und psychologische Herausforderungen mit sich bringen: Klimaunterschiede, eine neue Sprache, neue Arbeitsgewohnheiten, vielleicht eine neue Religion und andere Kleidungsnormen sind Beispiele für Herausforderungen, auf die Immigranten reagieren müssen. Man kann die kulturellen Unterschiede akzeptieren, interpretieren oder ablehnen. Der Einzelne muss entscheiden, wie er mit diesen Möglichkeiten umgeht.

Die Akkulturationsforschung beschäftigt sich damit, welche Personen, unter welchen Bedingungen, welche psychischen und sozialen Prozesse zeigen, was für den Akkulturationsprozess förderlich bzw. hinderlich sei. Maletzke (1996) unterteilt den Prozess der Akkulturation in vier Phasen (Tabelle 2):

Tabelle 2: **Akkulturationsphasen** (n. Maletzke 1996)	
»honey moon«:	Am Beginn des Auslandsaufenthaltes erlebt der Besucher das Neue als höchst positiv (Enthusiasmus).
»Abstand«:	Dann distanziert sich der Besucher von der Gastkultur bis hin zu feindlichen Gefühlen, oft verbunden mit einer verstärkten Zuwendung zu Landsleuten, die im Gastland leben (Frustration, Ernüchterung; Erkenntnis, dass altgewohnte Muster nicht mehr ausreichen, um die neuen Probleme zu lösen).
»Verbesserung«:	Beziehungen zum Gastland verbessern sich; man beginnt, sich in der Fremde zurechtzufinden, oft im Zusammenhang mit zunehmenden Sprachkenntnissen.
»Anpassung«:	Die Anpassung ist weithin gelungen, die Ängste sind überwunden; die Gastkultur wird akzeptiert; der Aufenthalt wird als subjektive Bereicherung, als Erweiterung des Gesichtskreises erlebt.

Man unterscheidet *interne* und *externe* Faktoren, die den Prozess der Akkulturation beeinflussen (Fthenakis 1985; Berry 1992). *Interne Faktoren* sind die Prädisposition des Individuums für Veränderung, seine Sozialgeschichte, seine sozialen Erfahrungen, Ziele, Motive, Werte, Fähigkeiten, Fertigkeiten Gewohnheiten und Erfahrungen, das Niveau der Schulbildung, die Beschäftigungsart, die Bevorzugung bestimmter Massenmedien, die Teilnahme am politischen Geschehen, die eigene Sprache und die generelle Sprachkompetenz. Zu den *externen Faktoren* gehören die juristischen und sozialen Möglichkeiten des Aufnahmelandes, kulturelle Unterschiede anzuerkennen, die Art der (politischen und wirtschaftlichen) Struktur des Aufnahmelandes, Differenzen zwischen den Kulturen, Handlungs- und Leistungszwänge, Normen der sozialen Umwelt, Rollenzuschreibung durch die Gastkultur, Klimaunterschiede, die Landessprache, Arbeitsgewohnheiten, Religion, Kleidungsnormen etc.

Mit diesen Faktoren lässt sich u.U. die Distanz zwischen der gewohnten Kultur im Herkunftsland und der Kultur des Gastlandes und die Differenz zwischen der bereits im Sozialisationsprozess erworbenen eigenkulturellen Verhaltens- und Denkgewohnheiten und den geforderten fremdkulturellen Anpassungsleistungen beschreiben.

In Abhängigkeit von diesen internen und externen Faktoren können sich nach Berry (1980) verschiedene Formen der Akkulturation entfalten (Tabelle 3):

Tabelle 3: **Vier Arten der Akkulturation** (n. Berry 1980)

		Ist es von großem Wert, die eigene kulturelle Identität aufrechtzuerhalten?	
		Ja	Nein
Ist es von Wert, Elemente der Aufenthaltsgesellschaft zu übernehmen?	Ja	Integration	Assimilation
	Nein	Separation	Marginalisation

Bei der Integration sind Beziehungen zur neuen Gruppe gewünscht, die eigene kulturelle Identität wird dabei aber gewahrt. Bei der Assimilation werden Beziehungen mit der anderen Gruppe gepflegt, die Bewahrung der eigenen Identität wird vernachlässigt. Die Separation zeichnet sich dadurch aus, dass keine Beziehungen mit der anderen Kultur gewünscht sind, sondern ausschließlich die eigene kulturelle Identität gepflegt wird. Bei der Marginalisation werden weder zur neuen Kultur Beziehungen aufgenommen, noch wird die eigene kulturelle Identität gepflegt.

Akkulturationsprozesse sind meist mit einer Reihe weiterer Veränderungen verknüpft: Veränderungen physischer Art (Wohnen, Bevölkerungsdichte, Umweltverschmutzung etc.), biologische Veränderungen (Ernährung, Krankheiten), kulturelle Veränderungen (politische, ökonomische, technische, linguistische, religiöse und soziale Institutionen) sowie der sozialen Beziehungen (neue in-group-outgroup-Unterschiede) und Veränderungen, die sich auf die psychologischen Beschaffenheiten der Personen beziehen, die sich akkulturieren (z.B. Veränderungen ihres Verhaltens im neuen kulturellen Kontext, Anpassungen an die neuen Werte und Normen).

Man spricht von gelungener Akkulturation, wenn der Handelnde im Gastland im Rahmen des dort vorhandenen kulturspezifischen Bedeutungssystems seine gesetzten Ziele in einer Weise erreicht, dass die Gesamtbilanz von Aufwand und Erfolg für ihn befriedigend ausfällt (nach Thomas 1989, S. 175). Hinzu kommt, dass sich mit der Steigerung des Kontaktes zur Gastkultur der Akkulturationserfolg steigern kann (Berry 1988). Das hängt natürlich von den oben erläuterten externen und internen Faktoren ab, die ein Individuum im Akkulturationsprozess mitbringt und/oder vorfindet.

Die häufigsten Probleme der Akkulturation betreffen den Sprach- und Milieuwechsel. Häufig hemmen aber der provisorische Charakter der Lebenssituation (Rückkehrorientierung), die psychische Überforderung durch das »Leben in zwei Welten« und unterschiedliche kulturspezifische Traditionen eine erfolgreiche Anpassung.

Gelingt die kulturelle Anpassung, so bedeutet das nicht selten auch, ein Gefühl zu haben, zwei Kulturen anzugehören.

Bikulturalität ist die Synthese von zwei Sprachen und Kulturen. Bikulturelle sind in der Lage, in zwei Kulturen mittels zweier Sprachen kommunizieren zu können. Der Einzelne erfährt sich in diesem Kommunikationsprozess nicht mehr aus der Sicht der Mitglieder der eigenen Gruppe, sondern auch aus der Sicht der »Fremden«, der anderen ethnischen Gruppe. Das heißt, Bikulturalität setzt Akkulturation in der neuen, der Gastkultur voraus, schließt aber auch die nach wie vor vorhandene kulturelle Bindung an die ursprüngliche Heimatkultur ein. Notwendige, aber eben nicht hinreichende Bedingung für Bikulturalität ist die Bilingualität.

Aleemi (1991) unterscheidet grundsätzlich kollektiven Bilingualismus, d.h. Bilingualismus bezogen auf eine Bevölkerungsgruppe (z.B. in Luxemburg, Kanada), und individuellen Bilingualismus, d.h. Bilingualismus einer Einzelperson (unterschieden nach Grad der Beherrschung, nach Häufigkeit und Anlass des Gebrauchs). Differenzierter ist der Ansatz von Skutnabb-Kangas (1992) (Tabelle 4).

Auch zwischen gemischtem und koordiniertem Bilingualismus lässt sich unterscheiden. Gemischter Bilingualismus ist der Erwerb der zweiten Sprachen in der frühen Kindheit ohne formellen Unterricht.

Tabelle 4:	**Definition Bilingualismus** (n. Skutnabb-Kangas 1992)
Kriterium	**Definition: Bilingual ist, wer ...**
Herkunft	zwei Sprachen von MuttersprachlerInnen in der Familie von Anfang an gelernt hat. zwei Sprachen von Anfang an parallel als Kommunikationsmittel verwendet hat.
Kompetenz	vollständig zwei Sprachen beherrscht. über zwei Sprachen wie ein/eine MuttersprachlerIn verfügt. in gleicher Weise zwei Sprachen beherrscht. vollständige, sinnvolle Äußerungen in der anderen Sprache produzieren kann. die grammatische Struktur der anderen Sprache wenigstens einigermaßen kennt. in Kontakt mit einer anderen Sprache gekommen ist.
Funktion	zwei Sprachen (in den meisten Situationen) benutzt oder benutzen kann (im Einklang mit den eigenen Wünschen und den Anforderungen der Gesellschaft/Gemeinschaft).
Identifikation	Intern: sich als bilingual/mit zwei Sprachen und/oder zwei Kulturen (oder Teilen von ihnen) identifiziert. Extern: von anderen als bilingual/SprecherIn zweier Sprachen identifiziert wird.

Koordinierter Bilingualismus meint Lernen der zweiten Sprache mittels formeller Unterweisung. Das heißt, man unterscheidet nach den verschiedenen Lernkontexten. Je nach Alter des Erlernens der zweiten Sprache kann überdies in frühen und späten Bilingualismus unterschieden werden (wobei die Altersgrenzen differieren).

Bilingualität wirke günstig auf die Entfaltung der Intelligenz und erweitere den kulturellen Horizont (nach Porsché 1975, S. 152). Zimmermann (1992) meint, dass Bilinguale flexibler und innovativer seien, die Muttersprache jeweils mehr Ausdruckskraft besitze und besser für den Ausdruck von Emotionen geeignet sei. Bilinguale würden häufig zwischen den beiden Sprache je nach Situation, Thema und Partner wechseln. Nicht zuletzt können Bilinguale ihre Zweisprachigkeit einsetzen, um mittels Sprachkonvergenz und Sprachdivergenz interaktive Kommunikationssituationen zu managen (vgl. Kapitel 3, Abschnitt 3).

Was passiert aber, wenn die Mitglieder der Gemeinschaft, deren Sprache unser Mensch gerade gelernt hat, ihn nicht als ihresgleichen akzeptieren, ihn auch weiterhin als Fremden betrachten und ihm u.U. mit Feindschaft begegnen?

3.3 Konstruktionen über Fremde: Das empirische Beispiel »Rechtsextremismus« (unter Mitarbeit von Jörg Neumann)

Begriffliches

»Rechtsextremistische Orientierungsmuster« besitzen aus unserer Sicht – in Anlehnung an Heitmeyer u.a. (1992, S. 13) zwei Grundelemente, die wiederum verschiedene Facetten aufweisen können. Das eine Grundelement ist die »Ideologie der Ungleichheit« (oder Ungleichwertigkeit; ausgedrückt z.B. durch Ausländerfeindlichkeit); das andere ist die »Gewaltakzeptanz/Gewaltbereitschaft«: Von rechtsextremen Orientierungen sprechen wir, wenn sich diejenigen, die solche Orientierungen äußern, a) gegenüber anderen sozialen Gruppen und Gemeinschaften abgrenzend und abwertend äußern, b) bereit sind, die kognitiv und emotional vollzogenen Abgrenzungen auch mit Gewalt zu realisieren. Ausländer- oder Fremdenfeindlichkeit ist aus dieser Sicht nur ein und keinesfalls das hinreichende Merkmal, um jemanden als rechtsextrem zu bezeichnen. Abbildung 4 illustriert die von uns präferierte Auffassung.

Um dieses Modell zu testen, befragten wir 1997/1998 etwa 2.500 deutsche Jugendliche (im Alter von 15 bis 19 Jahren) aus den Bundesländern Brandenburg, Schleswig-Holstein, Bayern und Thüringen (Frindte 1999). In die Analysen gingen 2.130 auswertbare Fragebögen ein; die Stichprobe ist in ihrer Zusammensetzung hinsichtlich Geschlecht, Schulart und Alter weitgehend repräsentativ.

Zunächst haben wir in der Gesamtstichprobe den Versuch einer empirischen Replikation der beiden Grundelemente unseres Rechtsextremismus-Modells mit Hilfe einer exploratorischen Faktorenanalyse vorgenommen. Als Datenbasis nutzten wir die aggregierten Daten von folgenden Skalen:

- Ausländerfeindlichkeit (Reliabilität: Cronbach's Alpha = .87);
- Antisemitismus (Reliabilität: Cronbach's Alpha = .87);

Kommunikation als Bedeutungskonstruktion

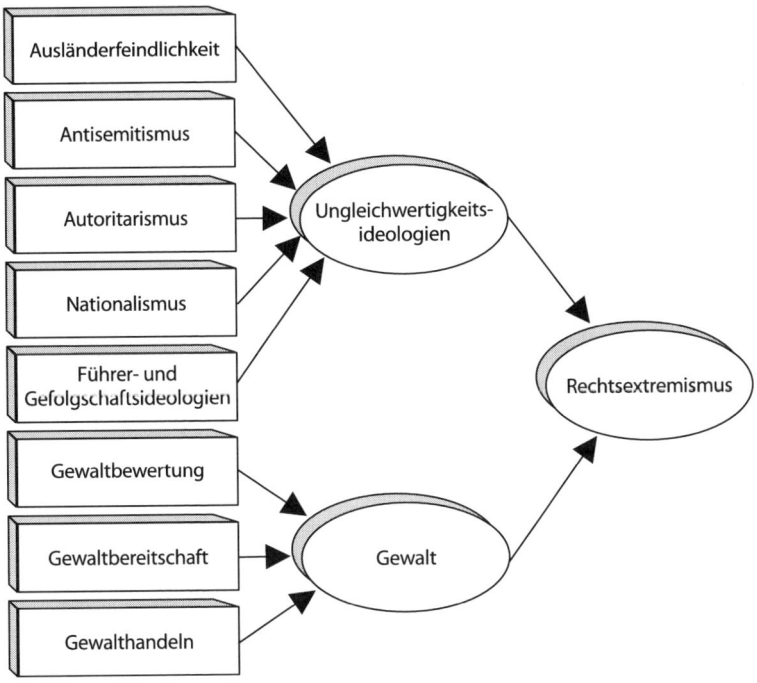

Abbildung 4: Dimensionen rechtsextremer Orientierungen

- Autoritarismus (Reliabilität: Cronbach's Alpha = .72);
- Nationalistische Orientierungen (Reliabilität: Cronbach's Alpha = .75);
- Führer- und Gefolgschaftsideologien (Reliabilität: Cronbach's Alpha = .59);
- Gewaltakzeptanz (Reliabilität: Cronbach's Alpha = .74);
- Gewaltbereitschaft (Reliabilität: Cronbach's Alpha = .78);
- Gewalthandeln (Reliabilität: Cronbach's Alpha = .72).

Die Hauptkomponentenanalyse mit Varimax-Rotation extrahiert entsprechend dem Kaiser-Kriterium >1 einen Faktor (Faktor 1), der 60,8% Varianz aufklärt. Der zweite Faktor hat einen Eigenwert von 1.02 und klärt weitere 14,6% Varianz.

Bei einer anschließenden schiefwinkligen (nonorthogonalen) Rotation (Oblimin-Rotation), bei der die Annahme der statistischen Unabhängigkeit der Komponenten aufgegeben wird, erhielten wir eine Korrelation beider Faktoren von .398, was auf einen Zusammenhang der Komponenten verweist. Auch dieses Ergebnis widerspricht dem theoretischen Konzept nach Heitmeyer nicht. Die »Ideologie der Ungleichwertigkeit« und die »Gewaltdimensionen« werden in diesem Konzept als zusammenhängende »Elemente« eines »rechtsextremistischen Orientierungsmusters« bezeichnet.

Die Gemeinsamkeit der Skalen, die auf dem ersten Faktor laden, lässt sich – erwartungskonform – als »ideologische Dimension« rechtsextremer Konstruktionen beschreiben (Ausländerfeindlichkeit, Antisemitismus, Autoritarismus, Nationalismus, Führer-Gefolgschafts-Ideologien). Die Gemeinsamkeit der Skalen, die auf dem zweiten Faktor laden, entspricht der »Gewaltdimension« rechtsextremer Konstruktionen (Gewaltakzeptanz, Gewaltbereitschaft und Gewalthandeln).

Einen ungefähren Überblick über die Ausprägung rechtsextremer Orientierungen und einigen Subdimensionen in der Gesamtstichprobe gibt die folgende Abbildung.

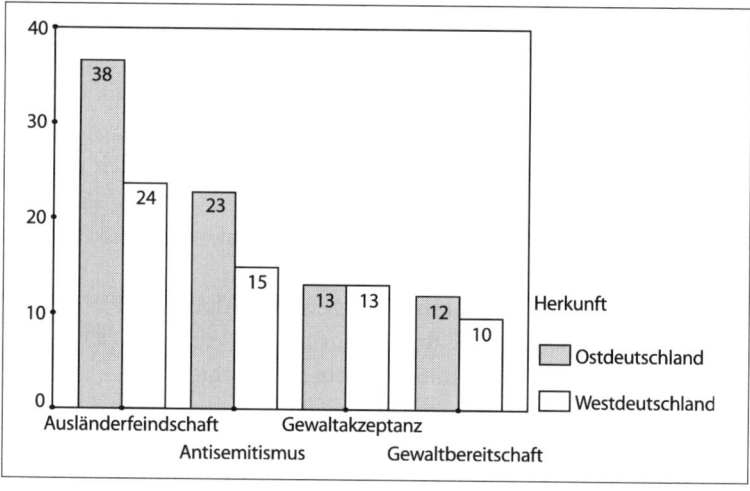

Abbildung 5: Ausmaß ausländerfeindlicher, antisemitischer und gewaltaffiner Orientierungen (Angaben in %)

Die dabei abgetragenen Werte geben die prozentualen Zustimmungen (auf einer 5-stufigen Skala; 1 = Ablehnung ... 4 = Zustimmung; 5 = voll und ganz Zustimmung) zu einzelnen Ideologiefacetten (zur Ausländerfeindlichkeit und zum Antisemitismus) und zu den Gewaltfacetten (Akzeptanz und Bereitschaft) wieder.

Wie die Abbildung zeigt, stimmten 38% der von uns befragten Jugendlichen aus den zwei ostdeutschen Bundesländern (Brandenburg und Thüringen) und 24% der Jugendlichen aus Bayern und Schleswig-Holstein ausländerfeindlichen Aussagen weitgehend bzw. voll und ganz zu. Antisemitischen Äußerungen stimmten fast 23% der ostdeutschen und 15% der westdeutschen Befragten zu.

Zwei Thüringer Regionen im Jahre 1999: Auf der Suche nach Ursachen – eine Regionalstudie

Was sind mögliche Ursachen für Ausländerfeindlichkeit und rechtsextreme Orientierungen? Um Antworten auf diese Fragen zu finden führten wir 1998/1999 gemeinsam mit dem Institut für Sozialpädagogik und Sozialarbeit Frankfurt/Main e.V., dem Landeskriminalamt Thüringen und dem Landesjugendamt Thüringen in zwei Thüringer Regionen (Stadt Altenburg und Landkreis Sömmerda) eine vertiefende Regionalanalyse durch.

Die Befragung erfolgte in 15 Schulen (je Region 4 Regelschulen, 2 Gymnasien, 1 bzw. 2 Berufsschulen) ab Klassenstufe 8. Insgesamt gingen in die Analyse 1.033 verwertbare Fragebögen ein.

In einem ersten Untersuchungsschritt zeigte sich, dass sich beide Regionen im Hinblick auf das generelle Ausmaß rechtsextremer Einstellungen nicht wesentlich unterscheiden.

Sieht man sich dagegen die einzelnen Dimensionen des Rechtsextremismus (nämlich die Ideologie der Ungleichwertigkeit und die Gewaltbereitschaft) an, dann ergibt sich ein statistisch signifikant höherer Ideologiewert in Region Altenburg sowie ein erhöhter Gewaltwert für Region Sömmmerda. Mit anderen Worten: Die befragten Jugendlichen in Altenburg neigen eher zu Ablehnungen anderer und zu stärkerer Ausländerfeindlichkeit als die Jugendlichen in Sömmerda.

Das besondere Kennzeichen Jugendlicher in Altenburg, das aus den Befragungsdaten rekonstruierbar ist, ist eine starke Polarisierung. Das betrifft sowohl Links-Rechts-Zuordnungen, Zugehörigkeiten und Einstellung zu subkulturellen Jugendszenen, die auch politische Orientierungen transportieren, als auch potenzielle Wahlpräferenzen. Zudem sind Jugendliche aus Altenburg allgemein unzufriedener, insbesondere aber mit der gesellschaftlichen Entwicklung in Deutschland sowie der wirtschaftlichen Entwicklung in der Region, was vermittelt über eine geringere Zustimmung zur Demokratie mit rechtsextremen Orientierungen im Zusammenhang steht.

Die rechtsextremen Orientierungen Jugendlicher aus Sömmerda speisen sich in stärkerem Maße aus ihrem familiären Kontext und an einer Orientierung an der politischen Mitte. So sind diese Jugendlichen stärker mit einer Erziehung konfrontiert, die Gehorsamkeit und Unterordnung verlangt und weniger Raum für Mitbestimmung lässt. Dies ist assoziiert mit häufigeren Zugehörigkeiten zu traditionellen sozialen Gruppierungen (wie zu Sport- bzw. Fanklubs), mit einem höheren normativen Druck zur Präsentation männlicher Stärke sowie einem konservativeren Wahlverhalten und bildet über diesen Weg den Boden, auf dem rechtsextreme Orientierungen Fuß fassen können.

Mit rechtsextremen Orientierungen einher gehen in beiden Regionen (mehr oder weniger) eine positive Bewertung der deutschen NS-Vergangenheit, größeres Vertrauen in die Bundeswehr, Ablehnung von Demokratie, Unzufriedenheit mit der gesellschaftlichen Entwicklung in Deutschland, die Wahl rechtsextremer Parteien, die Zugehörigkeit zu Fanklubs und Heimatvereinen, eine bessere finanzielle Situation der Familien (!), die Zugehörigkeit zu »rechten« Jugendkulturen und eine autoritäre Erziehung.

Auch bei den Wahlabsichten bestätigt sich der Trend, dass in Altenburg die Extreme stärker besetzt sind als in Sömmerda. Dies äußert sich durch die signifikant häufigere Wahl von PDS als linkem Rand und DVU/REP als rechtem Rand. Für die rechten Parteien DVU und Republikaner würden in Altenburg immerhin 20% der Jugendlichen ihre Stimme geben, in Sömmerda sind es signifikant weniger, aber auch noch 14%.

Mit anderen Worten: Das generelle Ausmaß rechtsextremer und fremdenfeindlicher Einstellungen unterscheidet sich in beiden Regionen nicht. Unterschiede gibt es aber in den Erscheinungen und auch in den Ursachen.

Wir haben den Jugendlichen in unserer o.g. Regionalstudie auch eine Liste mit Einrichtungen und Organisationen aus Politik, Staat, Gesellschaft vorgelegt, die sie bewerten konnten. Die besten Werte erhalten nichtstaatliche (Greenpeace, Bürgerinitiativen) und staatliche (Bundeswehr, Polizei) Organisationen sowie unabhängige Instanzen der Demokratie (Bundesverfassungsgericht, Gerichte) und interessanterweise die Schülervertretung in der jeweiligen Schule. Ganz am Ende rangieren die Bundesregierung, die Kirchen, die Presse und die Parteien.

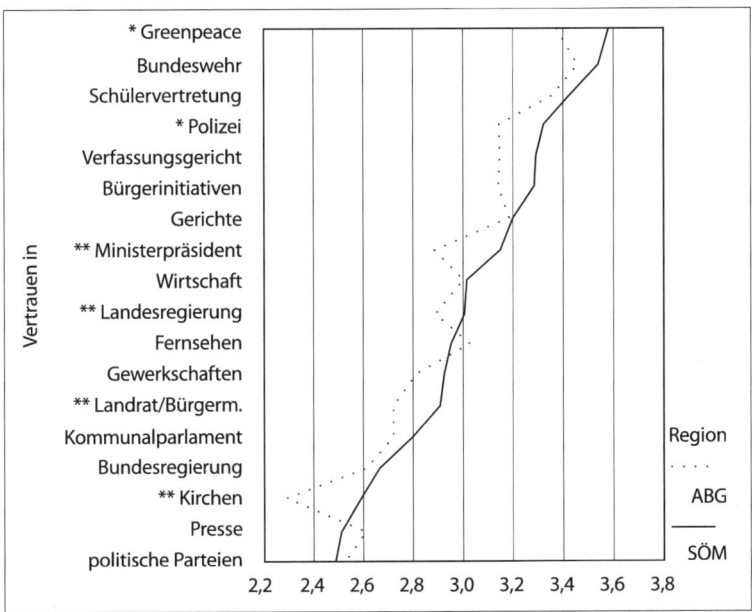

Abbildung 6: Bewertung gesellschaftlicher Institutionen

Durchschnittlich äußern die Altenburger weniger Vertrauen gegenüber den angegebenen Institutionen als die Sömmerdaer. Eine Ausnahme bilden Fernsehen und Presse.

Signifikant größeres Vertrauen haben die Sömmerdaer im Vergleich mit den Altenburgern in Greenpeace, in die Polizei, in die Landesregierung, den Ministerpräsidenten, den Landrat bzw. Bürgermeister und den Kirchen gegenüber. Aber auch dieses Vertrauen ist nicht sonderlich ausgeprägt.

Eine Ursache für dieses geringe Vertrauen, das ostdeutsche Jugendliche (und wohl auch Erwachsene) gegenüber der offiziellen Politik und der politischen Klasse äußern, hängt u.E. mit den kaum ausgeprägten bürgerlich-demokratischen Traditionen in Ostdeutschland zusammen.

Und die Folge dieser nicht existierenden politischen Traditionen sind dann entweder Orientierungen an ländlich-konservativen Lebenswerten wie im Landkreis Sömmerda oder politisch extreme Polarisierungen auf einem einfachen Links-Rechts-Kontinuum wie in Altenburg.

Fragt man die Jugendlichen danach, ob sie sich eher »links« oder eher »rechts« einordnen, so ergeben sich interessante Zusammenhänge zu den demokratischen Einstellungen der Befragten. Sowohl Linke wie auch Rechte finden die Demokratie grundsätzlich weniger gut als die Jugendlichen, die sich der Mitte zuordnen, wobei die Differenz zu den Rechten deutlicher ausfällt.

Noch prägnanter sind die Ergebnisse, wenn der Zustand der aktuellen deutschen Demokratie zu bewerten ist. Rechte und Linke bewerten die deutsche Demokratie in trauter Übereinstimmung erheblich negativer als die anderen.

Während sich die Zustimmung zum politischen Engagement zwischen den politischen Kategorien nicht unterscheidet, finden wir wieder signifikante Differenzen, wenn wir nach dem Politikinteresse fragen. Und wieder haben Rechte und Linke die gleichen Werte, diesmal allerdings signifikant *höhere* als die Mitte.

Das heißt, bezüglich ihrer Demokratieorientierungen und ihres Politikinteresses unterscheiden sich die Jugendlichen, die sich rechts eingruppieren, und die, die sich links eingruppieren, deutlich von anderen Jugendlichen, aber kaum voneinander: Sie bewerten beide die Demokratie, dabei insbesondere die aktuelle deutsche Demokratie negativer als die anderen, zeigen aber ein höheres Interesse an Politik.

Jugendliche verbringen einen großen Teil ihrer Zeit in der Schule bzw. einem schulischen Kontext. Insofern kann ohne weiteres angenommen werden, dass auch Einflüsse von schulischen Vorgängen auf die Einstellungen Jugendlicher bestehen.

Rechtsextremismus definiert sich als Gegenpol zum demokratischen Verfassungsstaat und baut dabei insbesondere auf ein Führerprinzip und die Unterordnung des Einzelnen unter die Ziele der »Gemeinschaft«. Dieses Prinzip schließt demokratische Verfahrensweisen aus.

Umgekehrt könnte man annehmen, dass, wenn SchülerInnen mit demokratischen Verfahrensweisen vertraut sind und diese positiv bewerten, dies einen gewissen Schutz vor rechtsextremen Ideologien darstellen könne. Genau deshalb interessierten wir uns im Zusammenhang mit Schule dafür, inwieweit Einstellungen zur Partizipation an schulischen Prozessen und an der innerschulischen Demokratie ausgeprägt sind und welchen Einfluss auf Rechtsextremismus wir konstatieren können.

Von allen erhobenen Variablen zur schulischen Mitbestimmung bzw. zum Schulklima hat nur die Einstellung zur Partizipation an schulischen Prozessen einen direkten Einfluss auf rechtsextreme Orientierungen. Je positiver Partizipation an der innerschulischen Demokratie bewertet wird, umso niedriger sind die Werte auf der Rechtsextremismusskala und auch allen Unterdimensionen. Da uns dieser Bereich der schulischen Partizipation, auch vor dem Hintergrund möglicher Prävention, am meisten interessierte, haben wir dazu ein Modell gerechnet.

Die Labels in der Abbildung bedeuten dabei Folgendes: *Möglichkeiten:* wahrgenommene Partizipationsmöglichkeiten; *Fähigkeiten:* selbst eingeschätzte eigene Fähigkeiten zur Partizipation; *Klima:* Schüler-Schüler-Verhältnis in der Klasse; *frühere Funktionen:* frühere Partizipation; *Partizipation:* Einstellung zur Partizipation.

Auf die Einstellung zur Partizipation hat die wahrgenommene Möglichkeit dafür den größten Einfluss. Das heißt je mehr Partizipationsmöglichkeiten von den SchülerInnen wahrgenommen werden, umso besser wird Partizipation bewertet, umso geringer sind rechtsextreme Orientierungen ausgeprägt. In der Abbildung sind auch die Werte der anderen Variablen vermerkt.

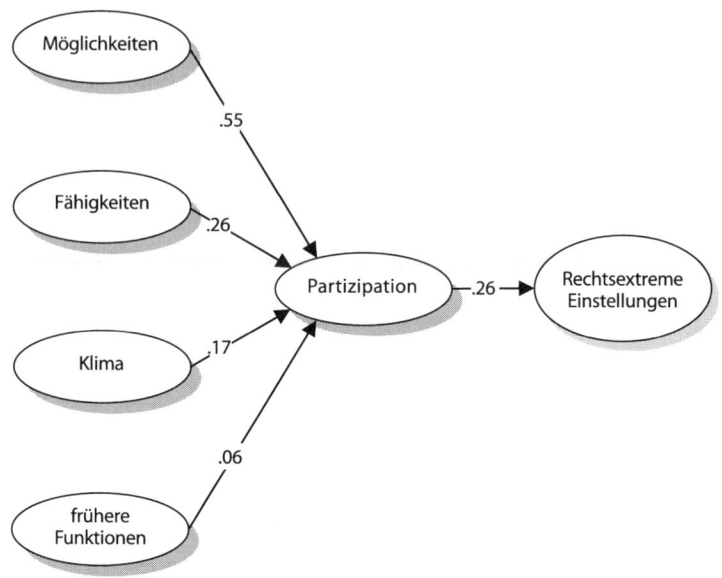

Abbildung 7: Pfadmodell: Partizipation

Je höher ein Koeffizient an den geraden Pfeilen zwischen den Konstrukten ist, desto größer ist sein Einfluss. Demnach ist der zweitwichtigste Prädiktor für die Einstellung die selbst eingeschätzten Fähigkeiten zur Mitbestimmung. Das Verhältnis zu den Mitschüler/innen und bereits früher ausgeübte »Ämter« haben nur einen geringen Einfluss.

Interessanterweise ergeben sich diese Beziehungen nahezu unabhängig vom Geschlecht und der besuchten Schulart. Dies gilt für Regelschulen ebenso wie für Gymnasien und Berufsschulen.

Auf ein Ergebnis soll noch hingewiesen werden. Es gibt einen auffällig hohen Zusammenhang zwischen eigener Fähigkeit und früherer Partizipation ($r = .68$). Das könnte darauf verweisen, dass Schüler, die bereits in der Vergangenheit in Mitbestimmungs-Funktionen aktiv waren, ihre Fähigkeiten besser einschätzen. Anders gesagt: die Partizipationsfähigkeiten steigern sich durch ausgeübte Partizipation. In diesem Zusammenhang bildet sich also ein pädagogischer Effekt ab.

Biografische Hintergründe und Motivationen fremdenfeindlicher Gewalttäter in Deutschland

Auch die Biografien und Motivationen fremdenfeindlicher Gewalttäter, also jener Personen, die bereits zur rechtsextremen Szene gehören, zeigen die Potenzen schulischer Sozialisations- und Kommunikationsinstanzen. Sie zeigen überdies, wie sich über alltägliche Gewalterfahrung in und durch die eigene Familie das Risiko erhöht, in rechtsextremen Gruppierungen »Schutz« und »Halt« zu suchen und gewalttätig gegen Fremde und Ausländer zu handeln.

In einem von der Volkswagenstiftung geförderten Projekt beschäftigten wir uns mit rechtsextremen Gewalttätern. In einem interdisziplinären Forscherteam (Kooperation mit dem Deutschen Jugendinstitut München) sollten die situativen und biografischen Bedingungen für fremdenfeindliches Gewalthandeln junger Menschen untersucht werden, um Vorschläge für potenzielle Prävention und Intervention ableiten zu können. Als Datenbasis liegen knapp 100 vier- bis sechsstündige Interviews mit Inhaftierten vor, die wegen fremdenfeindlicher Gewalttaten verurteilt wurden.

Die individuellen Sozialisationen der Interviewten bis zur eigentlichen Tat verlaufen in der Regel mehrphasig:

- In der *familialen Sozialisation* wird Gewalt als Hauptmittel zur Regulation alltäglicher Situationen erlebt und bereits im frühen Alter eingesetzt.
So gaben immerhin 56% der interviewten fremdenfeindlichen Gewalttäter an, in ihrer Kindheit »eine richtige Tracht Prügel« bekommen zu haben. Darüber hinaus waren die Biografien geprägt von unsteten und negativen Beziehungen zu den Eltern sowie frühen Auffälligkeiten. Knapp 40% der Gewalttäter verbrachten zumindest einen gewissen Zeitraum ihrer Kindheit in einem Kinder- oder Jugendheim. Die Beziehungsqualität zu ihren Eltern bewerten die inhaftierten Gewalttäter im Vergleich zur Durchschnittspopulation der Thüringer Jugendlichen erheblich negativer. 61% der befragten Gewalttäter gaben an, dass ihre Eltern wenig Interesse für sie gehabt hätten. Bei anderen familienbezogenen Aussagen finden wir ähnliche Ergebnisse: ne-

gatives Familienklima (35%), inkonsistenter Erziehungsstil (42%), geringe kommunikative Offenheit der Eltern (43%), Forderung nach unbedingtem Gehorsam (32% zu 23%).
- Diese Negativ-Entwicklung setzt sich in der zweiten Phase, der *schulischen Sozialisation*, fort, stabilisiert bzw. verhärtet sich: 40% verfügten nach Abschluss ihrer Schulzeit über keinen anerkannten Schulabschluss, 14% holten später (zumeist während eines Haftaufenthaltes) einen Haupt- oder Realschulabschluss nach. Nur 2% verfügen über einen gymnasialen Abschluss.
- Die dritte Phase wird eingeläutet durch den Anschluss an eine rechte Clique oder Szene. Und erst während dieser *Cliquensozialisation* erfolgt der Kontakt mit rechtsextremen Ideologien, dem sich in relativ kurzer Zeit (im Durchschnitt innerhalb von 2 Jahren) die erste fremdenfeindliche Gewalttat anschließt.

Beide Entwicklungslinien (Gewalt und Ideologie) kumulieren nachfolgend und führen zum völligen Abbruch des Bildungsverlaufs und zu gehäufter Inhaftierung sowohl auf Grund fremdenfeindlicher Gewalttaten als auch allgemeiner (Gewalt-)Kriminalität.

So haben 78% keinen Berufsabschluss, 21% nie eine Ausbildung angefangen und 57% eine oder mehrere Ausbildungen abgebrochen. Die hohe Rate von Ausbildungsabbrüchen ist dabei zum Teil auch auf Inhaftierungen zurückzuführen, die in die Zeit einer Ausbildung fielen. Nur 17% können eine abgeschlossene Lehrausbildung nachweisen. Die Abbildung 8 zeigt die beschriebene Reihung der untersuchten Ereignisse.

Beispielhaft für eine zunehmende Ideologisierung durch die Clique seien die Darstellungen von Arno (IP 06) zitiert:

»Ich habe eigentlich mit 13 angefangen mit der Meinung ... ich bin in die Gruppe gegangen. Und da habe ich dann angefangen Glatze zu tragen. Und dann langsam so meine rechte Meinung zu bilden. Aber nach der Zeit ist es jetzt direkt geworden, dass ich das auch von mir drin habe, dass es von meinem Inneren stärker geworden ist, dass es von mir aus kommt, nicht durch die anderen Leute. Es hat durch die anderen Leute angefangen, aber es hat sich alles bei mir gefestigt.«

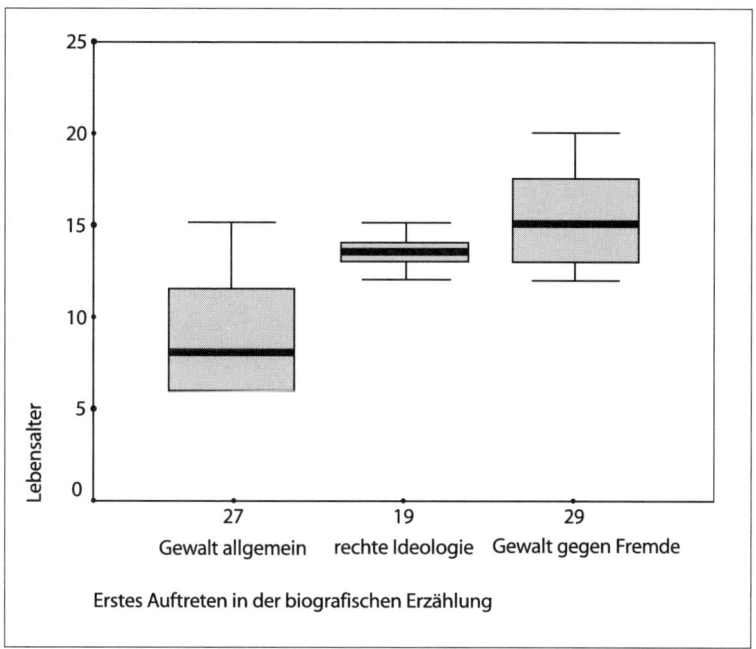

Abbildung 8: Lebensalter des ersten Auftretens von allgemeiner und fremdenfeindlicher Gewalt sowie rechter Ideologie in der biografischen Erzählung fremdenfeindlicher Gewalttäter. (Anmerkungen: a. »vor der Einschulung« wurde einheitlich als 6 Jahre kodiert, da hier das Alter nur ungenau erinnert werden konnte; b. Der Abbildung können folgende Kennwerte entnommen werden: das mittlere Alter pro Ereignis als dicke schwarze Striche, die Altersvarianz als graue Kästen sowie das höchste und niedrigste Alter als schmale mit dem Kasten verbundene Striche.)

Die Interviewpartner berichten in der Retrospektive, dass sie im Durchschnitt im Alter von 8 Jahren erstmalig Gewalt gegen andere Personen ausgeübt haben. Erst nachgeordnet folgt der Beginn der rechtsextremen Ideologisierung im durchschnittlichen Alter von 14 Jahren. In nahezu allen Fällen vollzieht sich dies zeitgleich mit dem Eintritt in die rechte Szene bzw. eine rechte Clique. Für das Alter von 16 Jahren terminieren die befragten Häftlinge im Durchschnitt ihre erste fremdenfeindliche Gewalttat.

Folgt man den Darstellungen der Interviewpartner, kann man herausstellen, dass wir es bei den biografischen Verläufen der inhaftierten fremdenfeindlichen Gewalttäter in der Mehrzahl mit einem frühzeitigen allgemeinen aggressiven Verhalten zu tun haben, welches sich erst später durch die Ideologisierung in rechten Szenen und Cliquen zu einer spezifisch fremdenfeindlichen Aggression entwickelt.

Fazit und Handlungsempfehlungen

Vor allem für die rechtsextremen Gewalttäter zeigt sich ganz offensichtlich die nachhaltige negative Wirkung gewaltbesetzter familialer Erziehung. Sicher sind die staatlichen Möglichkeiten begrenzt, den sich im familiären Kontext vollziehenden frühen Gewaltsozialisationen entgegenzusteuern. Dennoch: Formen aufsuchender Familienhilfe bieten die Potenz, auch mit Familien zu arbeiten, die durch Beratungsstellen nicht erreichbar sind. Entsprechende Konzepte haben sich für die Delinquenz- und Kriminalitätsprävention bewährt. Angebote von Beratungsstellen sollten darüber hinaus niedrigschwelliger organisiert sein. Überdies: Kinder und Jugendliche, die sich längere Zeit in Maßnahmen der Kinder- und Jugendhilfe befinden, müssten durch die verantwortlichen Sozialpädagogen auch in ihrer politischen Sozialisation begleitet und durch entsprechende Bildungs- und Erziehungsarbeit gefordert und gefördert werden.

Einen nicht zu unterschätzenden Schritt zur Verhinderung von Gewalterfahrungen während der kindlichen Biografie stellt aus unserer Sicht die gesetzliche Verankerung des »Züchtigungsverbots« in der Familie dar. Es wird damit nicht nur symbolisiert, dass diese Gesellschaft willens ist, Kindern ein gewaltfreies Aufwachsen zu gewährleisten, es bietet der Jugendhilfe auch eine bessere Handhabe, Kinder zu schützen, die trotzdem Gewalt in ihrer Familie erleiden müssen.

Wie wir zeigen konnten, zeichnet sich die *schulische Sozialisation* der rechtsextremen Gewalttäter durch zunehmendes Leistungsversagen, Schulabbruch und delinquentes Verhalten aus. Das verweist einerseits auf das Potenzial schulischer Einflussnahmen, zeigt andererseits aber auch, dass Schule – zumindest im Falle der von uns interviewten Personen – nicht in der Lage war, die Gewaltaffinität der Jugendlichen rechtzeitig zu erkennen und präventiv zu reduzieren. Insgesamt sollte in den Schulen ein Erziehungsgedanke (wieder) Einzug halten bzw. akzentuiert werden, der Normverletzungen nicht übersieht, konkrete negative Handlungen sanktioniert, aber auch Möglichkeiten schafft, damit Jugendliche lernen, ihre konkreten Lebensräume demokratisch gestalten zu können. Dazu gehört auch die stärkere Verbindung von Schule und Jugendarbeit in Form von Schulsozialarbeit, die auf die Förderung von Eigenverantwortlichkeit und Teamfähigkeit gerichtet sein sollte.

Eine *Gruppensozialisation in rechten Jugendcliquen* beginnt im durchschnittlichen Alter von 14 Jahren, in manchen Fällen bereits davor. Zeitgleich mit der Integration in jugendliche Cliquen beginnen die Jugendlichen, sich mit rechtsextremen Ideologien zu identifizieren. Das heißt, die Gruppen- oder Cliquensozialisation ist gekoppelt mit einer zunehmenden rechtsextremen Ideologie-Sozialisation. Flächendeckende Jugendfreizeitzentren mit einem verbindlichen Programmangebot zur Förderung sozialer Kompetenzen sowie einem niedrigschwelligen Beratungsangebot könnten mögliche Gegensteuerungen in diesen Fällen sein. Forderungen, die Jugend von der Straße zu holen, greifen meist zu kurz. Jugendarbeit muss als eine sinnvolle Mischung von akzeptierender und normvermittelnder Arbeit organisiert und angeboten werden. Ähnlichen Anforderungen muss sich die Straßensozialarbeit stellen, wenn sie mit Gruppen rechter Jugendlicher konfrontiert ist. Ebenso sind die Angebote zur sozialen Gruppenarbeit, sowohl speziell für Gewaltbereite als auch für Jugendliche, die nicht oder weniger gewaltbereit sind, auszubauen.

Schlussendlich muss auch über konkrete Aussteigerprogramme für Personen aus der rechtsextremen Szene nachgedacht werden. Wenn schon der Einstieg nicht verhindert werden konnte, sollte wenigstens der Ausstieg lukrativ oder zumindest möglich gemacht werden.

4. Massenmedien und Medienwirkungen – Mediale Gewaltdarstellungen und aggressives Verhalten der Zuschauer (von Friedrich Funke)

Bereits seit Jahrzehnten stellen sich Wissenschaftler, Pädagogen, Eltern und sicher auch Journalisten die besorgte Frage, was Gewaltdarstellungen in den Medien bei deren »Konsumenten« anrichten. Gerade in gesellschaftlichen Krisensituationen erlangt die Frage nach dem Verhältnis medialer und realer Gewalt an Aktualität. Die verständliche Emotionalität in der Debatte behindert aber allzu oft eine vorurteilsarme wissenschaftliche Analyse. Kunczik (1987) sprach schon vor fast 15 Jahren von 5.000 Studien zur Wirkung von Gewalt in den Medien und unterscheidet 10 verschiedene theoretische Zugänge.

4.1 Theoretische Zugänge

Zu den prominenten klassischen Theoretikern auf diesem Gebiet zählt zweifelsohne Albert Bandura, der in den 60er-Jahren mit seinen Experimenten die empirische Grundlage seiner Theorie des sozialen Lernens am Modell schuf bzw. seine theoretischen Ansätze im Labor zu bestätigen suchte. In diesen Versuchen konnte gezeigt werden, dass Kinder die aggressiven Verhaltensweisen von Erwachsenen unter bestimmten Bedingungen nachahmen. Die Erwachsenen schlugen mit einem Gummihammer auf eine Clownpuppe (»Bobo-doll«) ein, beschimpften diese und traten sie mit den Füßen (Bandura 1977). Nachahmungseffekte konnten bei den Kindern selbst dann nachgewiesen werden, wenn das »Vorbild« lediglich eine Comicfigur war, die für ihr aggressives Verhalten belohnt wurde. Zweifel hinsichtlich der externen Validität und Übertragbarkeit von Laborexperimenten bleiben natürlich bestehen.

Die experimentellen Befunde aus Hunderten von Untersuchungen waren in der Folgezeit derart widersprüchlich, dass lange Jahre die Frage unentschieden war, welche »Wirkungen« von Gewaltdarstellungen im Fernsehen ausgehen. In einer Metaanalyse konnte Comstock (1991) zeigen, dass die Ratlosigkeit in diesem Maße nicht gerechtfertigt ist. Bei fast allen sauber kontrollierten Untersuchungen ließ sich ein kurzfristiger Effekt nachweisen, demzufolge vor allem sehr junge Kinder in der ersten Zeit nach dem Ansehen antisozialer Vorbilder aggressiveres Verhalten zeigen.

Die alltagspsychologischen Grundannahmen zur Frage nach der Beziehung zwischen realer und medialer Aggressivität lassen drei mögliche Antworten zu: mediale Gewaltdarstellungen fördern die eigene Gewaltbereitschaft (a), hemmen sie (b) oder sind irrelevant für das eigene Gewaltverhalten (c). Jede der möglichen Antworten soll im Folgenden anhand prominenter Theorien und empirischer Evidenz beispielhaft diskutiert werden.

Die Stimulationsthese

Folgt man dieser recht plausiblen These, dann wird antisoziales Verhalten im Fernsehen durch die Zuschauer imitiert, was zu einem kurzfristigen Anstieg aggressiver Handlungsweisen führt. Dies gilt besonders dann, wenn die Rezipienten emotional erregt sind. Diese Schlussfolgerung ergibt sich zumindest aus den Experimenten von Leonard Berkowitz und Russell G. Geen (1966). Um die Versuchsbedingung der emotionalen Erregung zu kontrollieren, wurde die Versuchsgruppe vom Versuchsleiter geärgert und die Kontrollgruppe nicht. Nach dem Ansehen gewalthaltiger Szenen hatten die Versuchspersonen die Möglichkeit, sich an den Versuchsleitern zu rächen – die »Geärgerten« nutzten diese Chance ausgiebiger.

Langfristig werden aggressive Kategorien in das eigene Wahrnehmungs- und Verhaltensrepertoire übernommen. Dieser negative Effekt gilt vor allem für kleine Kinder, die entwicklungspsychologisch bedingt noch nicht zu einer Differenzierung zwischen Realität und Fiktion in der Lage sind und sich häufig mit Trickfilmhelden identifizieren.

Die Habitualisierungsthese

In ähnlicher Richtung beantwortet die Habitualisierungsthese die Frage nach dem Zusammenhang medialer und realer Gewalt. Gemäß dieser Gewöhnungsannahme sei ständige Gewaltdarstellung im Fernsehen für eine Desensibilisierung, ein Abstumpfen verantwortlich. Die »Schmerzschwelle« würde allmählich immer höher gehoben, sodass in der Konsequenz aggressives Verhalten als normal angesehen wird (vgl. hierzu Kunczik 1985).

Die empirischen Ergebnisse sind jedoch auch hinsichtlich dieser These widersprüchlich. Eine »Gewöhnung« an Gewaltdarstellungen kann sehr wohl zur Gleichgültigkeit führen. Bei anderen Menschen oder in anderen Situationen ist aber auch denkbar, dass die Umwelt als gefährlich und gewaltüberfrachtet erscheint – mithin ist also auch der gegenteilige Effekt empirisch belegt.

Die Inhibitionsthese

Die Annahme einer Hemmungsverstärkung durch Aggressionsangst beantwortet unsere Frage in genau entgegengesetzter Richtung. Berkowitz (1963) ging davon aus, dass aggressive Akte im Fernsehen und vor allem deren negative Konsequenzen beim Betrachter Ängste hervorrufen. Diese Ängste blockieren – der These folgend – die Aggressionen des Zuschauers.

In Experimenten konnte gezeigt werden, dass Personen weniger aggressiv reagieren, wenn sie zuvor in der medialen Darstellung die sehr drastischen Folgen der Gewalt für das Opfer gesehen haben. In der Kontrollbedingung wurde lediglich die Gewalthandlung gezeigt, die massiven Konsequenzen jedoch nicht. Da der Effekt sich aber nur dann stabil nachweisen lässt, wenn beispielsweise eine hohe Stimulusähnlichkeit zwischen medialem Vorbild und realer Situation besteht, gibt es hier bedenkliche Theoriedefizite.

Auch die Inhibitionsthese lässt sich in die Theorie sozialen Lernens am Modell einbetten. Die Darstellung der negativen bzw. positiven Folgen des Modellverhaltens wirken in dieser Lesart als verstärkende Faktoren, die eine Übernahme des Modellverhaltens in das eigene Handlungsrepertoire entscheidend beeinflussen.

Die Inhibitionsthese ließe sich noch dahingehend erweitern, dass es nicht allein die Angst ist, die den Betrachter der Fernsehgewalt von eigener Gewaltausübung abhält. So ist z.B. denkbar, dass das verinnerlichte Wissen um die negative Sanktionierung von Gewalt durch die sozial konstruierten Konventionen eigene Aggressivität mindern hilft. Daraus lässt sich erkennen, wie wichtig die glaubwürdige gesellschaftliche Ablehnung von Gewalt ist. Auch in der heutigen politischen Situation unter einer rot-grünen Regierung bleiben gewisse Bedenken in dieser Hinsicht angezeigt.

Dagegen ist es eher plausibel, dass die Empathie mit den (medialen) Opfern der Fernsehgewalt derart verinnerlicht ist, dass die Wahrscheinlichkeit der Nachahmung der antisozialen Handlungen in konkreten sozialen Situation eher sinken mag.

Die Katharsisthese

Die Vorstellung kathartischer Effekte lässt sich bis in die aristotelische Poetik zurückverfolgen und spielt vor allem in triebtheoretischen psychologischen Schulen eine Rolle. Grundlage dieser These ist die Annahme, Aggressionen wären internal bedingt und bedürften von Zeit zu Zeit der »Entladung«. Bei Konrad Lorenz (1963) findet sich die Vorstellung, die man metaphorisch mit einem Dampfkessel vergleichen könnte. Damit es nicht zur Explosion des Kessels käme, sollten Möglichkeiten angeboten werden, in sozial akzeptabler Form »Dampf abzulassen«. Anhänger der Katharsisthese sehen im Fernsehen ein solches Ventil, das eine Reaktionssubstitution ermöglicht. Wer Gewalt im Fernsehen sieht, der kann sich durch Identifikation mit dem Gewalttätigen symbolisch abreagieren und baut damit aggressive Triebenergie ab, die dann mit geringerer Wahrscheinlichkeit zum unkontrollierten Ausbruch kommt.

Die Decke empirischer Evidenz ist auch bei dieser These denkbar dünn. Jo Groebel (1988) konnte auch in einem 7-Länder-Vergleich keine Hinweise darauf finden, dass Aggressionen von Kindern durch Mediengewalt abgenommen hätten.[1]

Das kurzfristige Ausbleiben aggressiver Verhaltensweisen könnte auch damit erklärt werden, dass die Individuen lediglich *in der gegebenen Situation* dieses Verhalten als unangemessen ansehen. Die Gewaltmuster werden dennoch aufgenommen, gelernt und stehen später in Konfliktsituation zur Verfügung.

---

1 Niederlande, Australien, Israel, Finnland, Polen, USA und Deutschland.

Die Wirkungslosigkeitsthese

Die Heterogenität der empirischen Untersuchungsergebnisse verlangt geradezu danach, auch das Zutreffen der Nullhypothese in Erwägung zu ziehen. Derzufolge bestünde keinerlei statistisch signifikanter Zusammenhang zwischen medialer und realer Gewalt.

Wie auch immer man diese Frage beantworten mag: mit dem gegenwärtigen Wissensstand ist es in jedem Falle angebracht, von einem gewissen Wirkungsrisiko von Gewaltdarstellungen auszugehen. Darüber besteht unter Medienforschern weitgehende Einigkeit.

Auf der anderen Seite ist es jedoch dringend geboten, den Mythos der Medien als der allmächtigen geheimen Verführer zu den Akten zu legen. Wie in anderen Forschungsgebieten gilt auch hier, dass im öffentlichen Diskurs keineswegs der neueste Stand der Wissenschaft zur Argumentation genutzt wird. Im Gegenteil, solche Mythen werden immer populärer, je emotionaler die Debatte geführt wird.

4.2 »Play it again, Sam!« oder: macht Vielsehen böse?

Lange Zeit ist man hinsichtlich des »Vielsehens« davon ausgegangen, dass die quantitative Zunahme des Medienkonsums die Wahrscheinlichkeit erhöhe, mit Gewaltdarstellungen konfrontiert zu werden. Aus dieser Argumentation heraus leitete man die Gefährlichkeit des Vielsehens ab. Trotz der Trivialität des Gedankens wurde einer Idee nur sehr spärlich nachgegangen: Könnte es nicht sein, dass Vielsehen an sich einen autonomen psychologischen Wirkfaktor darstellt? Fast ist der Gedanke zu simpel: Durch exzessiven Fernsehkonsum fehlt schlicht die Zeit, adäquate Formen der Kommunikation und Interaktion zu entwickeln. Der Mangel an echten reflexiven Beziehungen zu anderen hindert die Vielseher daran, soziale Kompetenz zu erlangen. Durch die Einbahnstraßenkommunikation des Fernsehens werden lediglich Kontrollillusionen geschürt, da man mit der Fernsteuerung scheinbar alles im Griff hat – hingegen gelingt es schwerer, tatsächlich Einfluss auf Veränderungen der sozialen Umwelt auszuüben oder diese Veränderungen wenigstens nachvollziehen zu können.

Es bestehen signifikante Zusammenhänge zwischen der Dauer des Fernsehkonsums und kindlicher Aggression. Darüber hinaus haben Vielseher andere Fernsehgewohnheiten hinsichtlich ihrer Lieblingssendungen. Sie bevorzugen eher Grusel-, Horror-, Sex- und Sciencefiction-Filme. Dagegen zeigten Wenigseher Interesse für Tierfilme, Musik- und Dokumentarfilme (Backes/Bente 1994).

Die Wenigseher der Studie zeigten in stärkerem Maße sozial erwünschtes Verhalten. Die Autoren gehen jedoch nicht darauf ein, ob es sich hier möglicherweise um einen methodischen Artefakt, gewissermaßen einen Kunstfehler handeln könnte. Es wäre denkbar anzunehmen, dass eine Konfundierung aufgetreten ist, da die Wenigseher vor allem Gymnasiasten waren, während der Großteil der Vielseher die Hauptschule besuchte. Man könnte also unterstellen, dass nicht die Wenigseher sozial erwünschtes Verhalten zeigen, sondern dass umgekehrt diejenigen, die häufig sich sozial erwünscht verhalten, dies auch in der Fragesituation tun. Die Gymnasiasten wissen, dass Vielsehen und vor allem undifferenziertes »Glotzen« verpönt ist – sie werden sich demnach hüten, dies zuzugeben, wenn sie es denn selbst täten. Der vermittelnde Einfluss des Bildungsniveaus ist dabei die offensichtlichere Fehlerquelle.

In der genannten Studie konnten signifikante Unterschiede im nonverbalen Verhalten der Kinder gezeigt werden. Vielseher wiesen deutliche Defizite in ihrem Vermögen auf, sich mit dem Gesprächspartner wechselseitig über die Sprecher- bzw. Hörerrolle zu verständigen. Die viel sehenden Kinder waren bei diesem sog. »turn-taking« deutlich unsensibler und brauchten beispielsweise doppelt so lange, bis sie nach dem Sprechende ihren Partner anblickten.

Die genannten Beispiele sollten illustrieren, dass bestimmte Eigenschaften des Fernsehens bereits unabhängig von den dargestellten Inhalten negative Konsequenzen mit sich bringen können. Besonders gefährlich scheint die Kopplung dieser formalen Faktoren des Fernsehens (z.B. Erregungsniveau) mit den transportierten Inhalten.

4.3 Der Mythos der De-Realisierung oder des Wirklichkeitsverlusts

Wie groß die Gefahr einer Übernahme medial »erlebter« Gewalt in das eigene Verhaltensrepertoire ist, hängt von zahlreichen Bedingungen ab, die jedoch bei weitem nicht alle direkt mit den Medien verbunden sind: Zum Beispiel wäre denkbar, dass aggressive Verhaltensmuster aus dem Fernsehen v.a. dann von den jungen Zuschauern übernommen werden, wenn sie sich in eigene tatsächliche Gewalterfahrungen einpassen. Dabei geht es um Schlägereien auf dem Schulhof, handgreifliche Auseinandersetzungen mit Geschwistern und leider auch um Misshandlungen durch die Eltern. Wenn die Eltern zu wenig um ein Familienklima bemüht sind, das den Kindern genügend soziale Wärme, Regeln, Rituale sowie Freiräume und Grenzen bietet, überlassen sie den Medien das Feld.

Neben diesen wichtigen sozialen Faktoren, die das Übernehmen aggressiver Verhaltensmuster in das eigene Handlungsrepertoire begünstigen und dabei aber nicht direkt mit den Medien zusammenhängen, gibt es weitere Bedingungen, die in den Medieninhalten selbst zu suchen sind. Hier ist von zentraler Bedeutung, in welchem Maße die Kinder »Realität« und Fiktion auseinander halten und sich folglich mit den gewalttätigen Fernsehvorbildern identifizieren können.

Weniger umstritten ist die These, dass die Übernahme aggressiver Verhaltensmuster aus medialen Darstellungen in die eigene Verhaltenspalette davon beeinflusst wird, wie sehr sich die Kinder mit den Fernsehvorbildern identifizieren. Die Unterscheidung zwischen Realität und Fiktion ist dabei von erstaunlich geringer Relevanz. Die Identifikation mit Tom und Jerry oder Pumuckl funktioniert ebenso gut wie mit Steffi Graf oder den Abziehbilderjungs einer Boy-Group. Entscheidend ist immer, was die Kinder mit den Vorbildern anfangen können.

In einer sozialen Umgebung, der strukturelle und offene Gewalt nicht fremd sind, haben gewalttätige Fernsehhelden größere Chancen, als Vorbilder zu wirken. »Schuld« hieran sind in diesem Falle aber nicht »die Medien«. Allzu schnell wird ihnen die Verantwortung zugeschoben – teils aus Unwissenheit, teils auch wider besseres Wissen mit klarem Vorsatz: Diese Delegation der Verantwortung bietet eine willkommene Möglichkeit, von den tatsächlichen sozialen systemimmanenten Ursachen von Gewalt abzulenken.

Jo Groebel und Uli Gleich (1993) haben in einer Analyse der Angebote privater und öffentlich-rechtlicher Sender ein »Gewaltprofil« des deutschen Fernsehprogramms erstellt. Die aufwändige Methodik erlaubte ihnen Rückschlüsse auf die Charakteristika verschiedener Mediengenres beispielsweise hinsichtlich der Schwere des Schadens für die Aggressionsopfer, der Konsequenzen für die Täter oder der Motive für die aggressiven Akte. Die Zahlen in den folgenden Ausführungen beziehen sich auf Ergebnisse dieser Studie.

Trickfilme und Spielfilme

Die Besonderheit der Trickfilme besteht wohl v.a. darin, dass der entstandene Schaden nach den Aggressionen vergleichsweise gering ist. Nur in 5,2% der Fälle ist das Opfer zu Tode gekommen. Meist stehen sie auch nach den schlimmsten Angriffen wieder auf.

Diese geringe Zahl steht in keinem Verhältnis zur geradezu horrorfilmartigen Brutalität, mit der Tom den kleinen Jerry mit der Dampfwalze überfährt oder die Maus im Gegenzug den Kater durch den Fleischwolf dreht. Langfristige Wirkungen im Sinne einer Übernahme solch unfeiner Praktiken in das kindliche Verhaltensrepertoire sind wohl eher unwahrscheinlich. Das gilt dagegen – besonders bei recht jungen Kindern – nicht für kurzfristige Imitationswirkungen hinsichtlich der motorischen Abläufe, die äußerst gern nachgeahmt werden. Des Weiteren müssen von diesen Comics mit vermenschlichten Tieren als Hauptdarstellern die Action-Comics wie Power Rangers oder auch Batman geschieden werden.

Der Schaden für die Aggressionsopfer ist bei Spielfilmen weit größer als bei den Trickfilmen. Mit 26,2% steht der Tode an erster Stelle der Folgen. Die Motivlage ist häufig reaktiver oder instrumenteller Art. Meist wird zwar die Botschaft mittransportiert, dass Verbrechen sich nicht lohnte. Die Konsequenzen treten für den Täter aber meist erst sehr viel später ein.

Pornofilme

In einer neueren Fragebogenuntersuchung fand Angela Bohrer (1994), dass 86% der Befragten Neugier als Anreizmotiv für den Erstkontakt mit Pornovideos angaben. Jeder Zweite nannte den Reiz des Verbotenen. Das Selbstbild hängt signifikant mit der Pornokonsumhäufigkeit zusammen ($r = .32$). Als Maß für das Selbstbild wurde in diesem konkreten Falle die Zahl geäußerter Änderungswünsche verwandt.

Negative Auswirkungen auf die Entwicklung des Sexualverhaltens konnten in der Untersuchung jedoch nicht nachgewiesen werden. Dies gilt zumindest für die unterstellte Gefahr, dass sexuell befriedigende Praktiken mit Ekelemotionen verbunden werden könnten. Freilich mögen manche es ebenfalls als negative Folge bezeichnen, dass die Versuchspersonen mit zunehmender Bandbreite an gesehenen Pornofilmen ihre Abneigung gegenüber Fellatio verloren ($r = .25$). Wenn die Jugendlichen aber etwas »dazulernen«, was sie bereichert und ihnen letztlich mehr »fun« bringt, die Gesellschaft dies aber als nicht wünschenswert ansieht, dann liegt das Problem schlicht bei der Gesellschaft und nicht den jungen Menschen!

Horrorvisionen über Horrorvideos

Die Frage der Gefährlichkeit von Horrorvideos scheint am leichtesten zu beantworten zu sein. Gewaltdarstellungen sind hier nicht nur Beiwerk sondern der einzige Gegenstand der Filme. Gerade in Splatter- und Slasher-Videos (»Spritzen« und »Aufschlitzen«) hat die Darstellung von Folter- und Zerstückelungsszenen solche drastisch überzeichneten Formen angenommen, dass man nicht auf die Idee kommt, an der Gefährlichkeit dieser Filme zu zweifeln. Entsprechend laut schallt der Ruf nach dem Zensor. Solange dieses Feld aber nicht wirklich untersucht wird, bleibt vieles im Dunkel des Mythischen.

Zunächst sei vorausgeschickt, dass die Erkenntnisse der Fernsehwirkungsforschung nicht im Analogieschluss auf den Videokonsum übertragen werden können. Videorezeption ist – im Gegensatz zum Fernsehen – viel mehr eine soziale Tätigkeit, ja eine soziale Veranstaltung jugendlicher Cliquen. Erst durch die Berücksichtigung der konkreten situativen Bedingungen des »Videoguckens« wird einem die Chance geboten, es zu verstehen. Videosessions bilden ein eigenes soziales »Setting«, das wiederum spezifische Regeln, Rituale und Verhaltensmuster vorgibt.

Am Anfang steht – ganz im Gegensatz zum Fernsehen – der aktive Prozess der Beschaffung. Schon hierin kann bei indizierten oder gar beschlagnahmten[1] Filmen der erste »Kick« bestehen. Ist diese erste Mutprobe überstanden, setzt man sich mit seinen gleichaltrigen Kumpels aus der Clique zusammen, stellt Kartoffelchips und Bier zurecht und stürzt sich hinein ins schaurig-schöne Vergnügen. Der Mythos vom vereinsamten Video-Single ist wohl eine Mär, im Mittelpunkt steht häufig das Gruppenerlebnis.

Diese Einsicht eröffnet auch den Blick, der nötig ist, die funktionelle Bedeutung der Horrorvideos für die Jugendlichen zu begreifen. Es geht weniger um den Genuss am Schlachten. Die Lust ist wie bei der Achterbahn auf das Standhalten, das Überstehen, das Geschaffthaben konzentriert. Das Ansehen von Splattervideos, in denen Menschen bestialisch ermordet und diese Gemetzel *en détail* »ausgemalt« werden, birgt – so paradox das klingen mag – einen Widerstand gegen die gebrochenen Tabus in sich.

Die Gruppe spielt daher zweierlei Rollen: Sie bietet den Jugendlichen gleichzeitig Rückhalt (da sie den Film nicht allein ertragen müssen) und die Bühne für ihre Selbstdarstellung. Einige Interviewpassagen aus der Dissertation von Vogelgesang (1991) mögen dies illustrieren:

> »*Wenn zum Beispiel im Film einer zerlegt wird, gibt's halt oft so Sprüche wie ›Der sieht ganz schön alt aus‹ oder ›Der zuckt ja noch‹. ›Ist halt 'ne gute Truppe, macht mächtig was los‹.*« (Vogelgesang 1991, S. 216f.)

---

1 Beschlagnahmt wird, falls ein entsprechender Beschluss vorliegt, durch die Bundesprüfstelle für jugendgefährdende Schriften (BPjS). Der entsprechende Straftatbestand ist durch die §§131, 184 StGB geregelt (generelles Verbreitungsverbot).

Gerade für Jungen scheint das Ansehen und Aushalten von Splattervideos eine Form der Selbstvergewisserung sich selbst und des »impression managements« anderen gegenüber zu sein.

»Besonders bei so harten Szenen kommen immer so lustige Bemerkungen wie ›Mensch hat der 'nen Appetit‹ oder so; einige machen auch 'ne richtige Show. (...) Ich glaub, viele überspielen so ihre Angst.« (Vogelgesang 1991, S. 217)

4.4 Berichten die Medien über Gewaltereignisse, oder »ereignet« sich Gewalt, weil über sie berichtet wird?

Gabriel Tarde beschrieb 1912 Verbrechensepidemien mit den Worten, dass sie sich entlang der Telegrafenleitungen ausbreiteten. Der Mörder von Rudi Dutschke fühlte sich nach eigenen Aussagen vom Mord an Martin Luther King inspiriert, der eine Woche vorher die Weltöffentlichkeit beschäftigte. Ereignisse passieren auch – wenn auch nicht ausschließlich – deshalb, weil über sie berichtet wird.

Nachahmung von Gewalt gegen sich selbst – der Werther-Effekt

Im Zusammenhang mit eventuellen Nachahmungseffekten nach Darstellung von Suiziden in den Massenmedien wird in der Literatur häufig auf des frühen Goethes »Leiden des jungen Werther« Bezug genommen. Seinerzeit (1774) wurde der Roman in mehreren Städten verboten, weil zu viele Nachahmungstäter sich mit einer Pistole eine Kugel durch den Kopf gejagt hatten – in der Tasche des Wertherrockes den Roman.

David P. Phillips (1974) untersuchte in den Vereinigten Staaten diesen als Werther-Effekt bekannten Zusammenhang zwischen Selbstmordrate und Zeitungsberichten über prominente Selbstmörder. Als Beispiele seien hier genannt: Marilyn Monroe, der amerikanische Verteidigungsminister Forrestal oder der Ku-Klux-Klan-Anführer Daniel Burros, der sich am 1. November 1965 das Leben nahm, nachdem seine jüdische Abstammung bekannt geworden war.

Phillips konnte signifikante Nachahmungseffekte zeigen, die auch später repliziert werden konnten. So stieg beispielsweise nach der Berichterstattung über Selbstmorde auch die Zahl der tödlichen Autounfälle, an denen lediglich der Fahrer beteiligt war, um 10–30%. Da die anderen tödlichen Unfälle nicht zugenommen haben, wird davon ausgegangen, dass es sich hier um verdeckte Suizide handelt. Am dritten Tag nach der Berichterstattung war der verzeichnete Anstieg mit 30% am höchsten – dieser recht stabile Effekt ging als *third-day-peak* in die Literatur ein.

Nachahmung von Gewalt gegen andere

Es ist nahe liegend, dass im Analogieschluss auch die Nachahmung von Gewalt gegen andere in den Blickpunkt des Interesses geriet. So wurde beispielsweise der Zusammenhang zwischen Titelboxkämpfen im Fernsehen und der Mordrate in den Vereinigten Staaten untersucht (Phillips/Henshley 1984). Die Schwergewichtsboxkämpfe wurden deshalb ausgewählt, weil diese Art der Gewaltausübung (angenehm) aufregend und relativ realitätsnah ist und für den Täter ohne negative Folgen bleibt. Die Mordrate stieg wiederum am dritten Tag nach dem Kampf um fast 8% an.

Dass die antizipierten Konsequenzen der Tat ein starker Faktor für die Wahrscheinlichkeit der Nachahmung darstellen, lässt sich auch aus den Ergebnissen von Stack (1987) entnehmen, der die Mordrate nach der medialen Darstellung von Hinrichtungen untersuchte. Da es sich bei Exekutionen eindeutig um negative Konsequenzen von Straftaten handelt, ist es erwartungsgemäß, dass die Mordrate nach der Berichterstattung zurückgeht und ein gewisser Abschreckungseffekt zu verzeichnen ist.

Die Ergebnisse der Selbstmordforschung lassen sich aus mehreren Gründen nicht 1:1 auf die Nachahmung von Morden übertragen. So ergibt sich aus der Theorie des sozialen Lernens, dass eine motivationale Disposition beim Nachahmer vorhanden sein muss. Die Motivation zum Mord ist aber meist weniger stabil als die zum Selbstmord.

Nachahmung von fremdenfeindlich motivierter Gewalt

In einer neueren Zeitreihenstudie untersuchten Brosius/Esser (1995) eventuelle Eskalationseffekte fremdenfeindlicher Gewalt, die durch massenmediale Berichterstattung begünstigt oder gar hervorgerufen wurden. Ihr Untersuchungszeitraum umfasste u.a. die Schlüsselereignisse Hoyerswerda und Rostock-Lichtenhagen sowie Mölln und Solingen. In die Untersuchung gingen zwei »Qualitätszeitungen« (Frankfurter Allgemeine und Süddeutsche Zeitung), die BILD-Zeitung, das Nachrichtenmagazin »Spiegel« und der Basisdienst der dpa ein. Darüber hinaus wurden die Fernsehnachrichten von ARD und ZDF sowie RTL und SAT1 analysiert. Als hypothetische »abhängige Variablen« gingen Daten des Bundesamts für die Anerkennung ausländischer Flüchtlinge und der Kriminalstatistik in die Untersuchung ein.

Bei oberflächlicher Betrachtung der Entwicklung von fremdenfeindlichen Straftaten und der entsprechenden Berichterstattung sticht eine auffallende Parallelität der Trends ins Auge. Auch eine erwartungskonforme (Kreuz-)Korrelation der Zeitreihen lässt sich nachweisen: Die Ereignisse gehen in der Regel der Berichterstattung voraus.

Interessanter sind vereinzelte Ausnahmen von dieser Regel: So führt beispielsweise die Berichterstattung über Angriffe auf Personen eine Woche später zu einer Zunahme ebensolcher Straftaten! ($r = .212$). Ebenso ließ sich zeigen, dass Berichte über Gewalt im Osten ein Ansteigen der Gewalttaten im Westen mit sich bringen – nicht jedoch andersherum ($r = .299$). Die Einzelbefunde allein rechtfertigen jedoch noch nicht die Annahme der Hypothese eines generellen Ansteckungseffektes der Massenmedien.

Eindeutiger werden die Daten, wenn man den Untersuchungszeitraum in mehrere Etappen einteilt und damit auch dem unterschiedlichen Charakter von Rostock-Lichtenhagen und Hoyerswerda auf der einen und Mölln sowie Solingen auf der anderen Seite Rechnung trägt. Während die Mörder in den beiden westdeutschen Städten im Dunkeln blieben und bleiben wollten, ließen sich bei den ostdeutschen Mediengroßereignissen gar Anwohner von der Dynamik mitreißen. Für die potenzielle Nachahmung ist von großer Bedeutung, ob die antizipierten negativen Konsequenzen gering und die Erfolgschancen groß sind. Ebendies war in den ostdeutschen Städten der Fall. Es fehlte (Gott sei Dank!) die abschreckende Konsequenz, dass jemand umgekommen wäre – »wir wollten sie doch nur etwas erschrecken und hier weg haben« –, und die Straftaten hatten den angestrebten »Erfolg«: Die Asylbewerber wurden verlegt.

Die kreuzkorrelative Auswertung des ersten Untersuchungszeitraumes bis zum 28.09.1992, also ein Monat nach Rostock, ergab nun einen deutlichen Gipfel des Zusammenhangs von Artikeln über Straftaten und der Gesamtzahl von Straftaten bei einer Versetzung von einer Woche (–1). Derartige Berichte führten also in der jeweiligen Folgewoche (!) zu einem Anstieg der Verbrechen (r = .63). Dieser Effekt wird noch deutlicher, wenn nach Brandanschlägen, Angriffen auf Personen usw. differenziert wird. Erst nach zwei Wochen zeigt sich eine gegenläufige Tendenz.

Zur Interpretation dieser Ergebnisse ist es notwendig, den unterschiedlichen Charakter von Primär- und Sekundärberichterstattung zu berücksichtigen. Bei Ersterer steht eindeutig der Ereignischarakter im Mittelpunkt. Negative Konsequenzen für die Täter sind aus der Art der Berichterstattung nicht zu entnehmen. Die ereignisbezogene Berichterstattung hatte vielmehr eine auslösende Wirkung, da die motivationale Disposition durch die offene (und medial dargestellte!) Sympathie der Anwohner noch gestärkt wurde. Die Täter hatten die Chance, ihr verbrecherisches Handeln durch die Mehrheit der Bevölkerung legitimiert zu sehen. Gleichzeitig ermutigte die unfähige Koordination der polizeilichen Maßnahmen zur Nachahmung.

Kapitel 5:
Neue Medien – neue Möglichkeiten[1]

1. Neue Medien – neue Wirklichkeiten

Das erste Computernetz wurde 1969 installiert und hieß ARPANET. Es geht auf Initiative einer Projektgruppe des amerikanischen Verteidigungsministeriums namens Advanced Research Projects Agency (ARPA) zurück. Diese Projektgruppe hatte nach dem Sputnikschock (im Jahre 1957 startete der erste sowjetische künstliche, unbemannte Satellit) die Aufgabe bekommen, im Dienste der Landesverteidigung den technologischen Vorsprung der USA durch die Förderung geeigneter Projekte zu sichern. Gemeinsam mit universitären und industriellen Partnern wurde in diesem Rahmen u.a. ein paketvermitteltes Rechnernetz entwickelt (das ARPANET), das resistent gegenüber Störungen (z.B. Sabotage) sein und eine gemeinsame Nutzung der Computerressourcen im militärischen und wissenschaftlichen Bereich ermöglichen sollte (vgl. auch Musch 1997; Döring 1999, S. 15ff.).

Die Grundidee des ARPANET war die spinnwebförmige Vernetzung vieler Rechner und der Wegfall eines Zentralrechners, der den Datenaustausch zwischen den einzelnen Rechnern steuert. Auf diese Weise war es möglich, die Daten über mehrere Wege des Netzes zwischen einem Start- und einem Zielrechner zu verschicken. Falls ein Weg im Netz ausfallen sollte, konnten immer noch verschiedene andere genutzt werden. Überdies wurde die Idee entwickelt und umgesetzt, eine Nachricht in verschiedene einzelne Pakete aufzusplitten und diese getrennt über das Datennetz zu verschicken.

---

[1] Unsere folgenden Darstellungen stützen sich weitgehend auf das von uns herausgegebene Buch »Kommunikation im Internet« (Frindte/Köhler 1999).

Erst auf dem Zielrechner wurden die eingehenden einzelnen Pakete wieder zu einer vollständigen Nachricht zusammengesetzt. Die verschickten Datenpakete waren in der Lage, beliebig binär kodierte Inhalte aufzunehmen – Computerprogramme, digitalisierte Stimmen, Töne, Texte, Grafiken und Bilder (Musch 1997, S. 30f.).

Mit dieser Grundidee wurde ARPANET in den Folgejahren auch für andere inzwischen entstandene Computernetze (z.B. für verschiedene Universitätsnetze) interessant, sodass sie sich dem ARPANET anschlossen, das auf diese Weise zunehmend seine ausschließlich militärische Bestimmung verlor. Für den Austausch der Daten zwischen den verschiedenen Netzwerken wurde 1973 eine Protokollsprache entwickelt: die TCP/IP-Protokolle. Döring (1999, S. 17) schildert, wie auf diesem Wege aus dem ARPANET der Name ARPA Internet entstand. Schließlich verzichtete man auf den Vorspann »ARPA« und nannte das Netz der Netze nun »Internet«, das sich in den 70er- und 80er-Jahren vor allem im akademischen Bereich und seit Beginn der 90er-Jahre auch im kommerziellen Bereich rund um den Erdball ausdehnte. Das Internet ist heute das umfangreichste Computer-Netzwerk der Welt. Der Name kommt von »Interconnected Networks« (verbundene Netze) und bezeichnet den Zusammenschluss von vielen lokalen, nationalen und internationalen Computernetzen. Von diesem Zusammenschluss soll im Folgenden die Rede sein.

»Etwa 260 Millionen Menschen nutzten Ende des Jahres 1999 das Internet. Die überwiegende Mehrzahl der Internetnutzer stellen die Vereinigten Staaten mit ca. 110 Millionen. Deutschland liegt mit etwa zwölf Millionen Internet-Surfern auf Rang fünf. Nach den Schätzungen von Computer Industry Almanac wird die Zahl der Internetnutzer weltweit auf über 490 Millionen zum Jahresende 2002 und mehr als 765 Millionen im Jahr 2005 anwachsen. Dann hätten ca. zwölf Prozent der Weltbevölkerung Zugang zum Internet.« (Quelle: Computer Industry Almanac Inc., www.c-i-a.com/199911iu.htm)

Und was hätten diese 12% der Weltbevölkerung gewonnen? Könnte der Zugang zum Internet ihr Leben erleichtern? Würden sich ihre

Chancen für eine offene, vertrauensvolle Kommunikation verbessern? Die Auffassungen dazu sind ebenso divers, wie die vielfältigen Worte zur Beschreibung der neuen Medien.

Beispiele:
- *Kontroverse 1:* »Durch das Internet lassen sich Informationen ganz schnell, weltweit und billig austauschen« versus »Der Cyberspace ist leer«. Die informative Schnelle der neuen Medien bzw. die Leere des Cyberspace spiegeln sich vor allem in den kontroversen Diskussionen um den praktischen Nutzen von Computern und deren Vernetzung wider; etwa wenn Postman (1992), Weizenbaum (1977) und andere darüber streiten, ob und wie mit Hilfe von Computern die wichtigen Menschheitsprobleme gelöst werden könnten. Nicht besonders philosophisch tiefgründig, für unser Anliegen aber nicht uninteressant, meint Postman beispielsweise: »Auch wenn meine Schüler es nicht glauben wollen – es ist wirklich möglich, ohne Computer gut zu schreiben und mit Computer schlecht.« (1991, S. 131)
- *Kontroverse 2:* »Das Netz bringt ein Comeback von Schreib- und Lesekultur« versus »Wir stehen vor dem Ende der Gutenberg-Galaxis«. Zum einen verweisen Befunde darauf, dass bei der Verwendung von E-Mail fast doppelt so viel geschrieben werde wie in herkömmlicher handschriftlicher Korrespondenz; zudem seien die Sätze wesentlich länger. Zum anderen wird das Ende des »Gutenberg-Menschen« beschworen. Die »dreitausend Jahre lang laufende Zeile« der linearen abendländischen Schriftkultur wird verabschiedet (Flusser 1992, S. 120). Die buchsozialisierten Generationen würden abgelöst durch die bildfixierten Generationen. Die Wanderung durch die netzartige Welt der Hypertexte und des Cyberspace gleiche dem Zappen durch die Vielfalt der Fernsehangebote.
- *Kontroverse 3:* »Im Netz ist das Weltwissen zu finden« versus »Im Netz findet sich nur Schrott« (Weizenbaum). Den Schrott finden Sie beispielsweise unter »Thüringerheimatschutz.de«. Clifford Stoll, von dem das berühmte Buch »Die Wüste Internet« stammt, meint in diesem Zusammenhang, das Internet sei nur eine Datenwüste isolierter Fakten. Am Rande der Netze be-

ginne der Ausverkauf der Grundschulen und Gymnasien. Um der fixen Idee von der weltweiten Internet-Bibliothek die Ehre zu erweisen, würden Schulbehörden viel zu viel Geld für das Anschaffen von Computern ausgeben. Die kommunalen Bildungshaushalte würden aber noch nicht einmal für die Gehälter der Lehrer, für Bücher und Papier ausreichen.

- *Kontroverse 4:* »Das Netz ist eine Gemeinschaft und böte die Chancen zur Reaktivierung der Demokratie« versus »Die mit der weltweiten Vernetzung verbundene Globalisierung der Informations- und Kommunikationsmöglichkeiten führe zu neuen Formen der Zentralisierung und des Imperialismus«. Luciana Castellina von der EU in Brüssel meint: »Die Kommunikation ist ›one way‹, geht nicht von Papua nach London, sondern von London nach Papua. Es sind ja die westlichen Multis, die das Eigentum und die Kontrolle über die highways haben ... Der reale Effekt der Informationsgesellschaft ist bis jetzt nur die Modernisierung und Globalisierung des Finanzkapitals.« (Castellina 1997, S. 19ff.)
- *Kontroverse 5:* »Das Internet fördere die Kreativität seiner Benutzer/innen« versus »Die weltweite Vernetzung führe nur zur oberflächlichen Übersättigung«. Winfried Marotzki verweist u.a. auf Don Tapscott (1998), der in seiner Analyse zu dem Resultat kommt, dass die Nutzung des Internets durch Jugendliche und Kinder zeige, dass es nicht darum gehe, den Strukturen des Netzes zu folgen – das auch –, hauptsächlich gehe es ihnen aber darum, neue Strukturen zu erschaffen, z.B. durch die Konstruktion einer eigenen Homepage. Jean Baudrillard sieht in den neuen Kommunikationsformen bloße oberflächliche Nachahmungen wirklich gelebten Lebens. Er nennt das die »Promiskuität der Netze«: Die Promiskuität, die die Kommunikationsnetze beherrsche, zeichne sich durch oberflächliche Übersättigung und unablässige Reizung aus.
- *Kontroverse 6:* »Internet-basiertes Lehren und Lernen führen zur stärkeren Kooperation der Beteiligten« versus »Vereinsamung und Individualisierung sind die Charakteristika der Internet-Kommunikation«: So haben einerseits zahlreiche Studien zeigen können, dass Internet-basierte Kommunikation Freundlichkeit

und Hilfsbereitschaft fördere (vgl. Resnick/Brugman 1994; Simms/Simms 1994). Das Kooperationsverhalten im Netz beim Recherchieren von Information für die Bearbeitung eines Themas sei bei Schülern im Netz stärker ausgeprägt als in realen Bibliotheken (Masinter/Ostram 1993). Andererseits wird argumentiert, die neuen medialen Kontexte führten zu einer Unverbindlichkeit sozialer Beziehungen zwischen den Internetnutzern. Gleichzeitig komme es zu einem erschwerten Aufbau sozioemotionaler Bindungen (Bülow 1990) und zur zunehmenden Vereinsamung.

Computervermittelte Kommunikationen (CVK) sind Kommunikationen über alltägliche Wirklichkeiten in noch nicht alltäglichen Wirklichkeiten. Vielleicht fallen uns deshalb die besagten Inkompatibilitäten so besonders auf.

2. Sozialwissenschaftliche Theorien zur computervermittelten Kommunikation (von Thomas Köhler)

In diesem Abschnitt wollen wir uns kurz mit einigen jener Ansätze auseinander setzen, die auf die psychologischen und sozialen Potenzen und Grenzen des Netzes verweisen. Für eine ausführlichere Beschäftigung mit diesen Ansätzen verweisen wir auf die hervorragende Darstellung von Nicola Döring (1999, S. 209) und auf Frindte/Köhler (1999).

Herausfiltern sozialer Hinweisreize – die Social Context Cues Theory

Kernannahme dieses Ansatzes, der von Sara Kiesler und Mitarbeitern (z.B. Kiesler u.a. 1984; Kiesler/Sproull 1992) entwickelt wurde, ist, dass die computervermittelte Kommunikation eine Reihe psychologischer Zustände und Prozesse in Gang setze, die sich von denen, die durch Face-to-face-Kommunikationen ausgelöst würden, unterscheiden. Die feld- und laborexperimentellen Arbeiten der Arbeitsgruppe belegen, dass die Mitglieder in computervermittelten Gruppen im Vergleich zu experimentellen Face-to-face-Gruppen bei Gruppenentscheidungen offenbar zu extremeren, unkonventionelleren und risikovolleren Entscheidungen neigen (z.B. Kiesler/Sproull 1992). Aber auch die gleichberechtigte, ehrliche und freundliche Zusammenarbeit scheint in den CMC-Gruppen (CMC = computervermittelte Kommunikation) ausgeprägter als in den experimentellen Face-to-face-Gruppen zu sein (Kiesler/Sproull 1992).

Kiesler und ihre Kollegen erklären diese Befunde mit der *Social Context Cues Theory* (SCC), nach der jede zwischenmenschliche Kommunikation durch den sozialen Kontext, in dem sie stattfindet, moderiert werde. Zu den relevanten sozialen Kontexteinflüssen (social context cues) gehören beispielsweise die jeweilige soziale Umwelt, der soziale Status, das Geschlecht der miteinander kommunizierenden Personen und die sozialen Funktionen der stattfindenden Kommunikation. Ein Mangel solcher Kontexteinflüsse (cues) könne zur ungehemmten Kommunikation, zum sog. flaming, zu Deindividuationserscheinungen, aber auch zu Kommunikationshemmungen führen. Das Medium Computer zeichne sich durch ein solches Herausfiltern von sozialen Kontext- oder Hinweisreizen aus und führe zu sozial unvollständigen Kommunikationen und zu größerer Anonymität zwischen den mittels Computer kommunizierenden Personen.

Soziale Informationsverarbeitung

Walther (1994a, 1994b, 1995a, 1995b) geht davon aus, dass computervermittelte Kommunikation im relativen Gegensatz zu den Annahmen der Social Context Cues Theory zu neuen kommunikativen Fähigkeiten führen könne, die sich letztlich in neuen Formen des kommunikativen Austauschs ausdrücken würden.

So würden die Nutzer beispielsweise durch die Gestaltung und Ausschmückung der textuellen Botschaften (z.B. durch den Einsatz von Emoticons wie der zwinkernde Smiley, durch den Einsatz von Aktionswörtern wie *würg*, *kicher* oder *knuddel*; vgl. Döring 1999, S. 284) über die Zeit und mit zunehmender Erfahrung im

Umgang mit dem Computermedium in die Lage versetzt, sich ein »Bild« über die CMC-Partner zu machen und selbst Informationen über sich in selektiver Weise zu präsentieren. Auf diese Weise könne computervermittelte Kommunikation zu einem kommunikativen Interaktionsraum werden, in dem die Menschen in kreativer Weise Gefühle ausdrücken können, intensive Beziehungen pflegen und neue soziale Fertigkeiten lernen. Überdies optimiere der Sender seine Selbstdarstellung.

Walther spricht in diesem Zusammenhang von einer selektiven Selbstrepräsentation. Das heißt, im Gegensatz zur Social Context Cues Theory wird nun angenommen, den Mangel sozialer Kontext-Cues glichen die Kommunikationspartner dadurch aus, indem sie neue kommunikative Fähigkeiten zur Entschlüsselung und Übermittlung »versteckter« Botschaften entwickelten. Dem komme nach Meinung Walthers die reduzierte Zahl der Communication Cues und die in der Regel asynchrone Kommunikation entgegen. Die Auswahl und die Übertragung bevorzugter Cues erfolge gezielter als in Face-to-face-Kommunikationen.

Das Modell des sozialen Einflusses

Aussagen von Rational Choice Modellen wie der Social Presence Theory (vgl. Short u.a. 1976) sowie der Information Richness Theory (vgl. Daft/Lengel 1984) bilden den Ausgangspunkt der Untersuchung von Schmitz/Fulk (1991). Im Gegensatz zu Rational Choice Ansätzen, die die unabhängige Wirkung objektiver Faktoren postulieren, meinen die Autoren, die Entscheidungsfindung bei der Mediennutzung sei viel eher ein Produkt der individuellen Erfahrung im Umgang mit neuen Medien und des sozialen Vergleichs mit anderen Personen, die diese neuen Medien ebenfalls benutzen.

So konnten Schmitz/Fulk (1991) unter anderem zeigen, dass Personen mit mehr Medienerfahrungen (z.B. E-Mail-Erfahrung, Computerkenntnisse) E-Mails als lebendiger und reichhaltiger bewerten und auch häufiger benutzen als Personen mit geringeren Erfahrungen. Überdies hänge die individuelle Medienbewertung und -nutzung im Kontext einer betrieblichen Organisation auch davon ab, wie andere Mitglieder der Organisation (Kollegen und Vorgesetzte) die entsprechenden Medien bewerten und nutzen (vgl. auch Döring 1997b, S. 281).

Im Wesentlichen sind es fünf Ausgangsvariablen, die nach Schmitz/Fulk die Mediennutzung beeinflussen:

- die jeweiligen Medieneigenschaften (z.B. die so genannten Kanaleigenschaften),
- die individuellen Medienerfahrungen und Fähigkeiten im Umgang mit den Medien (z.B. technische Fähigkeiten wie gutes und schnelles Tippen),
- soziale Einflüsse und Vergleiche mit anderen Mediennutzern (aber auch soziale Normen, betriebliche Regeln und Festlegungen für den Umgang mit den neuen Medien),
- Aufgabenerfahrungen und Fertigkeiten (gemeint sind die Erfahrungen und Fähigkeiten, eine beliebige Arbeitsaufgabe, z.B. das Erstellen und Publizieren von Tabellen, bearbeiten und dafür mediale Hilfsmittel nutzen zu können),
- die Aufgabenmerkmale (von denen es abhängt, ob eine Aufgabe computergestützt bearbeitbar ist).

Moderiert werden diese fünf Variablen durch die jeweilige individuelle (aber auch soziale) Bewertung der eingesetzten bzw. zur Verfügung stehenden Medien. Hier spielen wiederum übergreifende soziale Normen und soziale Konstruktionen eine wichtige Rolle, etwa der Einfluss der öffentlichen Meinung für oder gegen einen umfassenden Einsatz elektronischer Medien oder durch die öffentlichen Medien verbreitete diverse Szenarien der Computernutzung.

Neben diesen Moderatoreinflüssen verweisen Schmitz/Fulk noch auf situative Faktoren, die sich auf die letztendliche Mediennutzung fördernd oder hemmend auswirken könnten (z.B. interindividuelle Unterschiede in den Medienerfahrungen; die tatsächliche Verfügbarkeit über die neuen Medien etc.).

So komplex das von Schmitz/Fulk vorgelegte Modell ist, so vielfältig sind auch die daraus ableitbaren praktischen Konsequenzen. Erfolgreiche computervermittelte Kommunikation (CMC) setzt eben nicht nur besondere individuelle Fähigkeiten und Erfahrungen im Umgang mit CMC voraus, sondern auch einen sozialen Kontext, der die technischen Voraussetzungen für CMC bereitstellt und in dem CMC befürwortet und unterstützt wird.

Virtual personae und virtuelle Identitäten

In ihrer viel beachteten Monografie setzt sich Sherry Turkle (1995) vor soziologisch-psychoanalytischem Hintergrund mit der Konstruktion des Selbst im Internet auseinander. Anhand von MUDs (Multi-User-Domains/Dimensions/Dungeons) versucht sie die computervermittelte Kommunikation als »culture of simulation in virtual workshops of online life« (Turkle 1995, S. 177) zu erkunden. Das Internet sei ein bedeutsames soziales Labor geworden, in dem die Nutzer und Nutzerinnen mit ihren Identitäten experimentieren könnten.

Turkle bezieht sich dabei auf Gergens (1991, deutsch: 1996) Ansatz der Multiplikation des Selbst in Form verschiedener Masken. Nach Gergen (1991) würden die Menschen in postmodernen Zeiten ihre Identität und ihr Selbst nicht mehr als stabile Entität erleben, sondern als ständig neu zu definierendes Ergebnis ihrer vielfältigen sozialen Beziehungen (Gergen 1996, S. 241). Um mit der Vielfalt dieser Beziehungen im Interesse der Selbstkonstruktion umgehen zu können, bedürfe es – so wieder Turkle (1995, S. 177ff.) – eines sozialen Raumes, in dem dieser Umgang geübt werden könne. Das Internet und speziell für jüngere Menschen vor allem die MUDs seien mittlerweile solche Räume geworden. MUDs selbst unterteilt sie in zwei Typen: einerseits die spielorientierten Abenteuer-MUDs und andererseits die diskussionsorientierten sozialen MUDs. Während bei den Abenteuer-MUDs eine aktionsorientierte dynamische Auseinandersetzung mit anderen auf Grund bestimmter Regeln überwiegt, werden die sozialen MUDs i.d.R. für persönliche Diskussionen über oftmals sehr private Themen genutzt. In beiden Typen könne (computervermittelte) interpersonale Kommunikation unter anonymisierten Bedingungen stattfinden, und die Teilnehmer/innen könnten ihre Selbstpräsentationen, mit denen sie sich in den jeweiligen Kommunikationen vorstellen, frei wählen oder selbst konstruieren. In diesem Zusammenhang spricht Turkle von »persona«, um diese Selbstdarstellungen zu benennen.

Mit Hilfe dieser selbst konstruierten Personae könnten die Teilnehmer/innen von MUDs die jeweiligen Kommunikationen im Sinne eines Rollenspiels nutzen, um sich zu erproben, die Reaktionen auf andere zu testen und so mit verschiedenen Facetten ihrer möglichen sozialen Identitäten spielen. Derartige Identitätsspiele (die auch das Spiel mit Geschlechterrollen einschließen) seien keinesfalls Ausdruck pathologischer Bedürfnisse. Vielmehr dienten derartige Identitätsspiele mittels verschiedener Online-Personae der Erprobung aller möglichen Facetten des Selbst und der Identität unter den geschützten (eben den anonymen computervermittelten) Bedingungen.

Social Identity Deindividuation Theory

Basierend auf Kiesler und Sproulls Social Context Cues Theory publizierten Lea/Spears (1991) eine neue Erklärung der Effekte von computervermittelter Kommunikation, das Social Identity Deindividuation Modell (SIDE). Da die Nutzer von computervermittelter Kommunikation in der Regel allein am Computer sitzen, sei zunächst von der physischen Isolation der Nutzer auszugehen. Diese Isolation führe zu visueller Anonymität und gesteigerter privater Selbstaufmerksamkeit. Unter diesen postulierten Umständen ließen sich die Annahmen aus der Self Categorisation Theory (vgl. Turner u.a. 1987) zu weiteren Erklärungen nutzen, wonach sich der (Computer-)Nutzer auf einem Kontinuum zwischen sozialer Identität und persönlicher Identität entweder als Mitglied einer sozialen Kategorie (oder Gruppe) oder als eigenständiges Individuum definiere. Abhängig von Situation und Kontext werde entweder die persönliche oder die soziale Identität salient und damit verhaltensbestimmend (s. Kapitel 3, Abschnitt 5). Dann, wenn eine Person unter so genannten deindividuierten Bedingungen (soziale Isolation, Anonymität etc.) handeln müsse, würde sie ihre Selbstdefinition nach den jeweils salienten Situations- und Kontextbedingungen richten. Das heißt, unter diesen Bedingungen würden auch die Effekte der jeweils salienten Pole (sozial versus personal) verstärkt. Im Falle salienter sozialer Identität steige die Bedeutung der Gruppe, mit der gerade computervermittelt kommuniziert werde. Damit gewinnen die miteinander geteilten Gruppennormen und Standards besondere Kraft und werden für die betreffende Person verhaltens- bzw. entscheidungsbestimmend. Mit anderen Worten: In diesem Falle würde sich die via Computer kommunizierende Person stärker nach den vermuteten und/oder erschlossenen prototypischen Erwartungen der mit kommunizierenden anderen Personen richten.

Werde hingegen die persönliche Identität salient, so reduziere sich auch am Computer der Gruppeneinfluss, und persönliche Normen und Standards prägten die Meinung und Kommunikationsweisen des Computernutzers (Spears u.a. 1990).

Wie aber werden andere Kommunikationspartner unter den Bedingungen computervermittelter Kommunikation (CMC) identifiziert bzw. als zur selben Kategorie oder Gruppe zugehörig empfunden? Welche Hinweisreize nutzen die Kommunikationspartner, um sich selbst einer sozialen Kategorie zuzuordnen und auf diese Weise ihre soziale Identität zu definieren? Auf interpersonaler Ebene sind soziale Hinweise abhängig vom Informationsreichtum des Mediums. In der CMC sind derartige Informationen aber stark reduziert. Das bedeutet jedoch nicht, dass solche sozialen Hinweise generell fehlen. Derartige Hinweise lassen sich beispielsweise aus den Briefköpfen von E-Mails (Name als Hinweis auf Geschlecht, eventuell auch auf ethnische Zugehörigkeit; Verteilungsliste als Merkmal der Organisationszugehörigkeit etc.) erschließen und anschließend mit den Merkmalen der eigenen sozialen Kategorie vergleichen. Empirische Belege für das SIDE-Modell lieferten Reicher u.a. (1995) und Postmes (1997).

Neue Kulturen in virtuellen Räumen

Dem Konzept von Turkle (s.o.) vergleichbar sind die Überlegungen von Reid (1995). Auch die *Internet Relay Chats*, also die zeitlich synchronen, multilateralen Kommunikationsmöglichkeiten im Internet, seien im Wesentlichen kommunikative Spielplätze. Hier könnten die Menschen frei von traditionellen Normen der Kommunikation und der Selbstdarstellung kommunikativ miteinander experimentieren und neue Kommunikationsnormen oder Formen der Selbstdarstellung konstruieren. Auf diese Weise würden neue Kommunikationsregeln, -rituale und -stile entwickelt, die in ihrer Gesamtheit als eigenständige Kultur anzusehen seien.

Mit diesem Schluss geht Reid ein ganzes Stück weiter als Turkle, die sich vorrangig für die Konstruktion virtueller Einzelpersonen interessiert. Computervermittelte Kommunikation ist für Reid mediale Basis, auf der sich mittlerweile virtuelle (Sub-)Kulturen entwickelten, die traditionelle Konversations- und Gesellungsformen revidieren könnten. In der »wirklichen« Welt haben sich soziale Konventionen etabliert – bzw. materialisiert, wie Rheingold (1994) schreibt, die Symbole und Signale für die Angemessenheit individuellen Verhaltens in den verschiedensten Situationen seien. In computervermittelten Kommunikationen hingegen, beispielsweise in IRCs oder MUDs, gebe es derartige Verhaltensrichtlinien (noch) nicht. Hier müssten diese Regeln (bisher) gemeinsam und bei ziemlicher Freiheit der Entscheidungen immer neu konstruiert werden. Dieses scheinbare Manko – so Reid – würden die TeilnehmerInnen der computervermittelten Kommunikation als Chance begreifen, um alternative Sozial- und Kommunikationsformen zu etablieren:

Wehner (1997) spricht von »Elektronischen Gemeinschaften«, bei denen für jeden Teilnehmer die prinzipielle Möglichkeit bestehe, in das mediale Geschehen einzugreifen. Dabei komme es zur Entstehung einer egalitären und unzensierten Kommunikationskultur, die sich durch eigene Normen und Regeln des Miteinanders auszeichne, wie sie auch Rheingold oder Reid beschreiben. Angesichts der vielen Foren, Newsgroups und Mailinglisten, die es im Internet mittlerweile gibt, habe die These einer globalen Gemeinschaft an Überzeugungskraft verloren. Vielmehr handelt es sich um eine Vielzahl von Subkulturen, die – ohne ein Zentrum zu haben – eine große Vielfalt von spezifisch gültigen Normen und Werten repräsentieren.

Solche Einschätzungen lassen sich beispielsweise durch ethnografisch orientierte Untersuchungen über verschiedene Kommunikationsdienste im Internet bestätigen (vgl. Helmers 1994; Hoffmann 1996). Die Ergebnisse zeigen u.a., dass es sich beim Internet um heterarchische Kulturen und elektronische Gemeinschaften ohne allgemein verbindliche Regeln und ohne eine zentrale Organisation handelt. Die Bezeichnung als Gemeinschaften weist jedoch bereits darauf hin, dass die einzelnen Kommunikationsdienste im Internet die technische Basis bereitstellen, auf der sich eine Vielzahl von Diskussionsgruppen mit jeweils eigenen Regeln des Umgangs miteinander gebildet haben.

Letztlich bleibt festzustellen: Die in den neuen Netzen auffindbaren Kommunikationsformen sind vielfältig und divers. Ihre Vielfältigkeit und Unterschiedlichkeit spiegelt sich vor allem in den unterschiedlichen, durch die Gemeinschaften selbst geschaffenen neuen Kommunikationsformen, -regeln und Ritualen wider.

Literaturverzeichnis

Adorno, Th.W./Frenkel-Brunswik, E./Levinson, D.J./Sanford, R.N.: The authoritarian personality. Harper & Row, New York 1950.
Aleemi, J.: Zur sozialen und psychischen Situation von Bilingualen. Persönlichkeitsentwicklung und Identitätsentwicklung. Lang, Frankfurt/M. 1991.
Altemeyer, B.: Right-wing authoritarianism. University of Manitoba Press, Canada 1981.
Altemeyer, B.: Enemies of freedom: Understanding attitudes and predicting social behavior. Jossey-Bass, San Francisco 1988.
Altemeyer, B.: The authoritarian specter. Harvard University Press, Cambridge, 1996.
Arbeitsgemeinschaft der ARD-Werbegesellschaften (Hrsg.): Daten zur Mediensituation in Deutschland. In: Media Perspektiven Basisdaten 1997.
Argyle, M./Dean, J.: Eye-contact, distance and affiliation. In: Sociometry 28/1965, S. 289–304.
Argyle, M./Henderson, M.: Die Anatomie menschlicher Beziehungen. Spielregeln des Zusammenlebens. Junfermann, Paderborn 1986.
Aronson, E.: Sozialpsychologie. Spektrum Akademischer Verlag, Heidelberg Berlin Oxford 1994.
Asch, S.: Effects of group pressure on the modification and distortion of judgement. In: Guetzkow, H. (Hrsg.): Groups, leadership, and men. Carnegie, Pittsburgh 1951.
Backes, M./Bente, G.: Vielsehen – Ein neuer Weg in die Isolation? Poster auf dem 39. Kongreß der DGfP 1994.
Badura, B./Gloy, K.: Soziologie der Kommunikation. Eine Textauswahl zur Einführung. Frommann, Stuttgart-Bad Cannstatt 1972.
Badura, B.: Mathematische und soziologische Theorie der Kommunikation. In: Burkart, R./Hömberg, W. (Hrsg.): Kommunikationstheorien. Braumüller, Wien 1995.
Bandura, A.: Social learning theory. Prentice-Hall, New York 1977.
Baudrillard, J.: Das Andere Selbst. Böhlau, Wien 1987.
Bauman, Z.: Moderne und Ambivalenz. Junius, Hamburg 1992.
Bauman, Z.: Flaneure, Spieler und Touristen. HIS Verlag, Hamburg 1997.

Beck, U./Beck-Gernsheim, E.: Das ganz normale Chaos der Liebe. Suhrkamp, Frankfurt/M. 1990.
Becker, H.S.: Outsiders. Studies in the sociology of deviance. Free Press, New York 1963.
Becker-Beck, U./Schneider, J.F.: Kleingruppenforschung im deutschsprachigen Raum. In: Zeitschrift für Sozialpsychologie 21/1990, S. 274–297.
Berkowitz, L/Geen, G.G.: Film violence and the cue properties of available targets. In: Journal of Personality and Social Psychology 3/1966.
Berkowitz, L., u.a.: Film violence and subsequent aggressive tendencies. In: Public Opinion Quarterly 37/1963.
Berry, J.W.: Cross-cultural psychology: Research and applications. Cambridge University Press, Cambridge 1992.
Berscheid, E./Reis, H.T.: Attraction and close relationships. In: Gilbert, D.T./Fiske, S.T./Lindzey, G. (Hrsg.): The Handbook of Social Psychology. Oxford University Press, New York Oxford 1998.
Berscheid, E./Synder, M./Omoto, A.M.: Issues in studying close relationships. In: Hendrick, C. (Hrsg.): Close Relationships. In: Review of Personality and Social Psychology 10/1989, S. 63–91.
Blumer, H.: Der methodologische Standort des symbolischen Interaktionismus. In: Burkart, R./Hömberg, W. (Hrsg.): Kommunikationstheorien. Braumüller, Wien 1995.
Bochumer Arbeitsgruppe für Sozialen Konstruktivismus und Wirklichkeitsprüfung, Arbeitspapier, Nr. 8. Bochum 1990.
Bock, H.: Semantische Relativität. Hogrefe, Göttingen Toronto Zürich 1990.
Bohrer, A.: Wirkungen von Pornographie auf männliche Jugendliche. Poster auf dem 39. Kongreß der DGfP 1994.
Brandstätter, H.: Problemlösen und Entscheiden in Gruppen. In: Roth, E. (Hrsg.): Organisationspsychologie, Enzyklopädie der Psychologie. Hogrefe, Göttingen 1989.
Brosius, H.-B./Esser, F.: Eskalation durch Berichterstattung? Massenmedien und fremdenfeindliche Gewalt. Westdeutscher Verlag, Opladen 1995.
Brosius, H.-B.: Agenda-Setting nach einem Vierteljahrhundert Forschung. In: Publizistik 39/1994, Heft 3.
Brown, R.: Beziehungen zwischen Gruppen. In: Stroebe, W./Hewstone, M./Stephenson, G.M. (Hrsg.): Sozialpsychologie. Springer, Berlin Heidelberg New York 1996.
Bühler, K.: Sprachtheorie. Die Darstellungsfunktion der Sprache. Fischer, Jena 1934.
Burkart, R./Lang, A.: Die Theorie des kommunikativen Handelns von Jürgen Habermas – Eine kommentierte Textcollage. In: Burkart, R. (Hrsg.): Kommunikationswissenschaft. Böhlau, Wien 1995.
Burkart, R.: Kommunikationswissenschaft. Böhlau, Wien 1998.

Buuk, B.P.: Affiliation, zwischenmenschliche Anziehung und enge Beziehungen. In: Stroebe, W./Hewstone, M./Stephenson, G.M. (Hrsg.): Sozialpsychologie. Springer, Berlin Heidelberg New York 1996.

Castellina, L.: Demokratie – Medien – Informationsgesellschaft. In: Bulmahn, E./Haaren, K. von/Hensch, D./Kiper, M./Kubicek, H./Rilling, R./Schmiede, R. (Hrsg.): Informationsgesellschaft – Medien – Demokratie. BdWi-Verlag, Marburg 1997, S. 17–22.

Clark, H.H./Brennan, S.E.: Grounding in communication. In: Resnick, L.B./Levine, J.M./Teasley, S.D. (Hrsg.): Perspectives on socially shared cognition. American Psychological Association, Washington 1991.

Clark, H.H./Carlson, T.B.: Hearers and speech acts. In: Language 58/1982, S. 332–373.

Clark, H.H./Wilkes-Gibbs, D.: Referring as a collaborative process. In: Cognition 8/1986, S. 111–143.

Cohen, P.: Subcultural conflict and working class community. In: Working papers in cultural studies, No. 2. University of Birmingham, Birmingham 1972.

Comstock, G.: Television and the American child. Academic Press, San Diego 1991.

Cozby, P.C.: Self-Disclosure: A literature review. In: Psychological Bulletin 79/1973, S. 73–91.

Cranach, M. von: Über das Wissen sozialer Systeme. In: Flick, U. (Hrsg.): Psychologie des Sozialen. Repräsentation in Wissen und Sprache. Rowohlt, Reinbek 1995, S. 22–53.

Cunningham, M.R./Roberts, A.R./Barbee, A.P./Druen, P.B./Wu, C.: Their idea of beauty are, on the whole, the same as ours: Consistency and variability in the cross-cultural perception of female physical attractiveness. In: Journal of Personality and Social Psychology 68/1995, S. 261–279.

Daft, R.L./Lengel, R.H.: Information richness: a new approach to managerial information processing and organization design. In: Cummings, L.L./Staw, B.M. (Hrsg.): Research in organizational behaviour. JAI Press, Greenwich 1984.

Daft, R.L./Lengel, R.H.: Organizational information requirements, media richness and structural determinants. In: Management Science 5/1986.

Delhees, K.H.: Soziale Kommunikation. Westdeutscher Verlag, Opladen Wiesbaden 1994.

Depaulo, B.M, Friedman, H.S.: Nonverbal communication. In: Gilbert D.T./Fiske, S.T./Lindzey, G. (Hrsg.): The Handbook of Social Psychology. Oxford University Press, New York, Oxford 1998.

Dobrick, M.: Gegenseitiges (Miß-)Verstehen in der dyadischen Kommunikation. Aschendorff, Münster 1985.

Döring, N.: Identitäten, Beziehungen und Gemeinschaften im Internet. In: Batinic, B. (Hrsg.): Internet für Psychologen. Hogrefe, Göttingen Bern Toronto Seattle 1997a, S. 299–336.

Döring, N.: Kommunikation im Internet: Neun theoretische Ansätze. In: Batinic, B. (Hrsg.): Internet für Psychologen. Hogrefe, Göttingen Bern Toronto Seattle 1997b, S. 267–298.

Döring, N.: Sozialpsychologie des Internet. Hogrefe, Göttingen Bern Toronto Seattle 1999.

Duck, St./Pond, K.: Friends, romans, countrymen, lend me your retrospections: rhetoric and reality in personal relationships. In: Hendrick, C. (Hrsg.): Close Relationships, Review of Personality and Social Psychology 10/1989, 17–38.

Duval, S./Wicklund, R.A.: A theory of objective self-awareness. Academic Press, New York 1972.

Eckardt, G.: Entstehung und Entwicklung der bürgerlichen Sozialpsychologie. In: Hiebsch, H./Vorwerg, M. (Hrsg.): Sozialpsychologie. VEB Deutscher Verlag der Wissenschaften, Berlin 1979.

Ekman, P./Brattesani, K.A./O'Sullivan, M./Friesen, W.V.: Does image size affect judgments of the face? In: Journal of Nonverbal Behavior 4/1979, 1: 57–61.

Ekman, P./Friesen, W.V.: Unmasking the face: a guide to recognizing emotions from facial cues. Prentice Hall, New York 1975.

Ekman, P.: Universals and cultural differences in facial expressions of emotion. In: Cole, J.K. (Hrsg.): Nebraska Symposium on Motivation. Lincoln, Nebraska 1972, S. 207–283.

Ekman, P. (Hrsg.): Darwin and facial expression: A century of reserach in review. Academic Press, New York 1973.

Ellgring, H.: Stichwort »Kommunikation«. In: Frey, D./Greif, S. (Hrsg.): Sozialpsychologie. Ein Handbuch in Schlüsselbegriffen. Beltz, Weinheim und Basel 1994.

Faßler, M.: Was ist Kommunikation? Fink, München 1997.

Faulstich, W.: Grundwissen Medien. Fink, München 1998.

Felser, G.: Werbe- und Konsumentenpsychologie. Schäffer-Poeschel, Heidelberg Berlin Oxford 1997.

Fenigstein, A./Scheier, M.F./Buss, A.H.: Public and private self-consciousness: Assessment and theory. In: Journal of Consulting and Clinical Psychology 43/1975, S. 522–527.

Feningstein, A.: On the nature of public and private self-consciousness. In: Journal of Personality 55/1987, S. 543–554.

Festinger, L.: A theory of social comparison processes. Human Relations 7/1954, S. 117–140.

Festinger, L.: A theory of cognitive dissonance. University Press, Stanford 1957.

Festinger, L.: Theorie der kognitiven Dissonanz. Huber, Bern Stuttgart Wien 1978.
Fleck, L.: Erfahrung und Tatsache. (Gesammelte Aufsätze). Suhrkamp, Frankfurt/M. 1983.
Fleck, L.: Entstehung und Entwicklung einer wissenschaftlichen Tatsache. Suhrkamp, Frankfurt/M. ²1993.
Flusser, V.: Kommunikologie. Bollmann, Mannheim 1996.
Flusser, V.: Die Schrift. Hat Schreiben Zukunft? Fischer, Frankfurt/M. 1992.
Flusser, V.: Gesten – Versuch einer Phänomenologie. Fischer, Frankfurt/M. 1994.
Foppa, K.: »Verstehen im Dialog« und »Textverstehen«: zwei Seiten einer Medaille? Überlegungen zu einem vernachlässigten Problem. In: Reusser, K./Reusser-Weyeneth, M. (Hrsg.): Verstehen – psychologischer Prozeß und didaktische Aufgabe. Huber, Bern Stuttgart Toronto 1994.
Forgas, J.P.: Soziale Interaktion und Kommunikation. Beltz, Weinheim und Basel 1994.
Frey, D./Dauenheimer, D./Parge, O./Haisch, J.: Die Theorie sozialer Vergleichsprozesse. In: Frey, D./Irle, M. (Hrsg.): Theorien der Sozialpsychologie, Bd. 1. Huber, Bern Stuttgart Toronto 1993.
Frey, S./Bente, G./Frenz, H.-G.: Analyse von Interaktionen. In: Schuler, H. (Hrsg.): Lehrbuch Organisationspsychologie. Huber, Bern Göttingen Toronto Seattle 1993.
Friedman, H.S./Riggio, R.E./Casella, D.F.: Nonverbal skill, personal charisma, and initial attraction. In: Personality and Social Psychology Bulletin 14/1988, S. 203–211.
Frindte, W./Köhler, T.: Kommunikation im Internet. Lang, Frankfurt/M. 1999.
Frindte, W.: Soziale Konstruktionen. Westdeutscher Verlag, Wiesbaden Opladen 1998.
Frindte, W. (Hrsg.): Jugendlicher Rechtsextremismus und Gewalt zwischen Mythos und Wirklichkeit. LIT, Münster 1995.
Frindte, W. (Hrsg.): Fremde, Freunde, Feindlichkeiten. Westdeutscher Verlag, Wiesbaden Opladen 1999.
Frindte, W./Jabs, K./Neumann, J.: Sozialpsychologische Befindlichkeiten von Jugendlichen in den neuen Bundesländern. Geschichte, Politik und ihre Didaktik, 20/3,4, 1992.
Fromm, E.: Die Kunst des Liebens. Kiepenheuer, Leipzig Weimar 1990.
Fromm, E.: Wege aus einer kranken Gesellschaft. Eine sozialpsychologische Untersuchung. dtv, München 1991. Originalausgabe: New York 1955.
Fthenakis, W.E. (Hrsg.): Bilingual-bikulturelle Entwicklung des Kindes: ein Handbuch für Psychologen, Pädagogen und Linguisten. Huber, München 1985.
Fuchs, P.: Das ›Ich‹ ist ein lärmendes Kasper. In: Bardmann, Th.M. (Hrsg.): Zirkuläre Positionen 2. Westdeutscher Verlag, Opladen Wiesbaden 1998.

Fuchs-Heinritz, W., u.a. (Hrsg.): Lexikon der Soziologie. Westdeutscher Verlag, Wiesbaden Opladen 1995.

Garcia, S./Stinson, L./Ickes, W./Bissonnette, V./Briggs, S.: Shynes and physical attractiveness in mixed sex dyads. In: Journal of Personality and Social Psychology 61/1991, S. 35–49.

Garfinkel, H.: Studies in ethnomethodology. Prentice Hall, Englewood Cliffs 1967.

Gergen, K.J.: The saturated self. Basic Books, New York 1991.

Gergen, K.J.: Die Konstruktion des Selbst im Zeitalter der Postmoderne. In: Psychologische Rundschau 41/1990, S. 191–199.

Gergen, K.J.: Das übersättigte Selbst. Auer, Heidelberg 1996.

Giles, H.: Interpersonale Akkomodation in der verbalen Kommunikation. In: Scherer, K.R. (Hrsg.): Vokale Kommunikation. Beltz, Weinheim und Basel 1982.

Girgensohn-Marchand, B.: Der Mythos Watzlawicks und die Folgen. Deutscher Studien Verlag, Weinheim 1994.

Glasersfeld, E. von: Zuerst muß man zu zweit sein. In: Systeme, Heft 2/1990, S. 119–135.

Goethe, J.W.: Aus meinem Leben. Dichtung und Wahrheit. Aufbau Verlag, Berlin 1984.

Goldstein, A.P./Michaels, G.Y.: Empathy: Development, training, and consequences. Erlbaum, Hillsdale 1985.

Graumann, C.F.: Interaktion und Kommunikation. In: Graumann, C.F. (Hrsg.): Handbuch der Psychologie, Bd 7, 2 (Halbband). Hogrefe, Göttingen 1972, S. 1109–1262.

Graves, T.D.: Psychological acculturation in a tri-ethnic community. In: Southwestern Journal of Anthropology 23/1967.

Grice, H.P.: Logic and conversation. In: Cole, P./Morgan, J.L. (Hrsg.): Syntax and semantics 3: Speed acts. Academic Press, New York 1975.

Grice, H.P.: Some further notes on logic and conversation. In: Cole, P. (Hrsg.). Syntax and semantics 9: Pragmatics. Academic Press, New York 1978.

Groebel, J./Gleich, U.: Gewaltprofil des deutschen Fernsehprogramms. Leske + Budrich, Opladen 1993.

Groebel, J./Hinde, R.A. Eds.: Aggression and war. Their biological and social bases. Cambridge University Press, New York 1989.

Groebel, J.: Sozialisation durch Fernsehgewalt. Ergebnisse einer kulturvergleichenden Studie. In: Publizistik 33/1988.

Güttler, P.O.: Sozialpsychologie – Soziale Einstellungen, Vorurteile, Einstellungsänderungen. Oldenbourg, München ^{2}1996.

Habermas, J.: Vorbereitende Bemerkungen zu einer Theorie der kommunikativen Kompetenz, In: Habermas, J./Luhmann, N. (Hrsg.): Theorie der Gesellschaft oder Sozialtechnologie. Suhrkamp, Frankfurt/M. 1971, S. 101–141.

Habermas, J.: Theorie des kommunikativen Handelns. Suhrkamp, Frankfurt/ M. 1981; 1988.

Haseloff, O.W.: Kommunikationstheoretische Probleme der Werbung. In: Behrens, K.Ch. (Hrsg.): Handbuch der Werbung. Gabler, Wiesbaden 1975.

Heider, F.: The psychology of interpersonal relations. Wiley, New York 1958.

Heitmeyer, W., u.a.: Die Bielefelder Rechtsextremismus-Studie. Juventa, Weinheim und München 1992.

Hejl, P.M.: Konstruktion der sozialen Konstruktion: Grundlinien einer konstruktivistischen Sozialtheorie. In: Schmidt, S.J. (Hrsg.): Der Diskurs des Radikalen Konstruktivismus. Suhrkamp, Frankfurt/M. 1990.

Hejl, P.M.: Die zwei Seiten der Eigengesetzlichkeit. Zur Konstruktion natürlicher Sozialsysteme und zum Problem ihrer Regelung. In: Schmidt, S.J. (Hrsg.): Kognition und Gesellschaft. Suhrkamp, Frankfurt/M. 1992.

Helmers, S.: Internet im Auge einer Ethnographin. In: WZB-Papers 102/1994.

Hendrick, C./Hendrick, S.: A theory and method of love. In: Journal of Personality and Social Psychology 10/1986, S. 446–454.

Herder, J.G.: Herders Sämtliche Werke. Hrsg.: V.B. Suphan. Weidmann, Berlin 1877–1913.

Herkner, W.: Lehrbuch der Sozialpsychologie. Huber, Bern Stuttgart Toronto [5]1991.

Hewstone, M./Fincham, F.: Attributionstheorie und -forschung: Grundlegende Fragen und Anwendungen. In: Stroebe, W./Hewstone, M./Stephenson, G.M. (Hrsg.): Sozialpsychologie. Springer, Berlin Heidelberg New York 1996.

Hiebsch, H./Vorwerg, M.: Einführung in die marxistische Sozialpsychologie. VEB Deutscher Verlag der Wissenschaften, Berlin 1967.

Hoffmann, H.-J.: Werbepsychologie. de Gruyter, Berlin New York 1972.

Hoffmann, U.: »Request for comments«: Das Internet und seine Gemeinde. In: Kubicek, H./Klumpp, D./Müller, G./Neumann, K.H./Raubold, E./Rossnagel, A. (Hrsg.): Jahrbuch Telekommunikation und Gesellschaft. Decker, Heidelberg 1996.

Hörmann, H.: Einführung in die Psycholinguistik. Wissenschaftliche Buchgesellschaft, Darmstadt 1981.

Hörmann, H.: Meinen und Verstehen. Suhrkamp, Frankfurt/M. 1988.

Hurrelmann, B.: Kinder und Medien. In: Merten, K./Schmdit, S.J./Weischenberg, S. (Hrsg.): Die Wirklichkeit der Medien. Westdeutscher Verlag, Opladen 1994.

Irle, M.: Lehrbuch der Sozialpsychologie. Hogrefe, Göttingen 1975.

Irle, M.: Konvergenz und Divergenz in Gruppen. In: Theorien der Sozialpsychologie, Bd. 2. Huber, Bern Stuttgart Toronto 1985.

Jäckel, M.: Medienwirkungen. Westdeutscher Verlag, Wiesbaden Opladen 1999.

Jamme, Chr.: Einführung in die Philosophie des Mythos. Wissenschaftliche Buchgesellschaft, Darmstadt 1991.

Janis, L.L./Mann, L.: Decision making. The Free Press, Collier Macmillan, New York 1977.
Janis, L.L.: Victims of groupthink: A psychological study of foreign policy decisions and fiascoes. Houghton Mifflin, Boston 1972.
Jones, E.E./Davis, K.E.: From acts to dispositions: The attribution process in person perception. In: Berkowitz, L. (Hrsg.): Advances in experimental social psychology, Bd. 2. Academic Press, New York 1965, S. 219–266.
Jones, E.E./Nisbett, R.E.: The actor and the observer. Divergent perceptions of the causes of behavior. In: Jones, E.E., u.a. (Hrsg.): Attribution: Perceiving the causes of behavior. General Learning Press, Morriston 1971.
Jones, St.G.: Understanding Community in the Information Age. In: Jones, St.G. (Hrsg.): Cybersociety. Computer-mediated communication and community. Sage, London 1995, S.10–35.
Jourard, S.M.: Self-disclosure and other-cathexis. In: Journal of Abnormal and Social Psychology 59/1959, S. 428–431.
Kelley, H.H.: The proceses of causal attribution. In: American Psychologist 28/1973, S. 107–128.
Kelley, H.H.: Close releationships. Freeman, New York 1983.
Kemper, P.: Macht des Mythos – Ohnmacht der Vernunft. Fischer, Frankfurt/M. 1989.
Keusen, K.-P.: Die werbetreibende Wirtschaft auf der Suche nach der »zappingfreien Zone« – Zur Ausdifferenzierung der Werbeformen und ihren rundfunkrechtlichen Bestimmungen. In: Schmidt, S.J./Spieß, B. (Hrsg.): Werbung, Medien und Kultur. Westdeutscher Verlag, Wiesbaden Opladen 1995.
Kiesler, S./Sproull, L.S.: Response effects in the electronic survey. In: Public Opinion Quarterly 50/1986.
Kiesler, S./Sproull, L.S. (Hrsg.): Computing and change on campus. Cambridge University Press, Cambridge 1987.
Kiesler, S./Sproull, L.: Group decision making and communication technology. Special Issue: Group decision making Organizational-Behavior-and-Human-Decision-Processes. Carnegie Mellon University, Pittsburgh 52/1992 (1).
Kiesler, S./Siegel, J./McGuire, T.W.: Social psychological aspects of computer-mediated communication. In: American Psychologist 39/1984, S. 1123–1134.
Kleinsteuber, H.J.: Das Elend der Informationsgesellschaft. In: Bulmahn, E., v./Haaren, K./Hensche, D./Kiper, M./Kubicek, H./Rilling, R./Schmiede, R. (Hrsg.): Informationsgesellschaft – Medien – Demokratie. BdWi-Verlag, Marburg 1996, S. 23–33.
Knapp, K.: Zur Relevanz linguistischer Aspekte interkultureller Kommunikationsfähigkeit. In: Thomas, A. (Hrsg.): Psychologie und multikulturelle Gesellschaft. Verlag für angewandte Psychologie, Göttingen 1994.

Knoblauch, H.: Kommunikationskultur. de Gruyter, Berlin New York 1995.
Kraft, V.: Systemtheorie des Verstehens. Haag + Herchen, Frankfurt/M. 1989.
Krauss, R.M./Fussel, S.R.: Social psychological models of interpersonal communication. In: Higgins, E.T. (Hrsg.): Social Psychology: Handbook of Basic Principles. Guilford Press, New York 1996, S. 655–701.
Krebs, D.: Gewalt und Pornographie im Fernsehen – Verführung oder Therapie? In: Merten, K./Schmidt, S.J./Weischenberg, S. (Hrsg.): Die Wirklichkeit der Medien. Westdeutscher Verlag, Opladen Wiesbaden 1994.
Krippendorf, K.: Der verschwundene Bote. Metaphern und Modelle der Kommunikation. In: Merten, K./Schmidt, S.J./Weischenberg S. (Hrsg.): Die Wirklichkeit der Medien. Westdeutscher Verlag, Opladen Wiesbaden 1994.
Krohne, St.: It's a Men World – Männlichkeitsklischees in der deutschen Fernsehwerbung. In: Schmidt, S.J./Spieß, B. (Hrsg.): Werbung, Medien und Kultur. Westdeutscher Verlag, Wiesbaden Opladen 1995.
Kunczik, M.: Gewalt und Medien. Böhlau, Köln 1987.
Lamm, H./Kogan, N.: Risk-taking in the context of intergroup negotiation. In: Journal of Experimental Psychology 6/1970, S. 351–363.
Lasswell, H.D.: The theory of political propaganda. In: The American Political Science Review, 21/1927, 627–631.
Lasswell, H.D.: The structure and function of communication. In: Bryson, L. (Hrsg.): The communication of ideas. A series of addresses. Harper, New York 1948.
Laucken, U.: Sozialpsychologie. BIS-Verlag, Oldenburg 1998.
Lazarsfeld, P.F./Berelson, B./Gaudet, H.: The people's choice: how the voter makes up his mind in a presidential campaign. Duelle, Sloan and Pearce, New York 1944.
Lazarsfeld, P.F./Berelson, B./Gaudet, H.: Wahlen und Wähler: Soziologie des Wahlverhaltens. Luchterhand, Neuwied 1969.
Lea, M./Spears, R.: Computer-mediated communication, de-individuation and group decision making. In: International Journal of Man-Machine Studies 2/1991.
Lea, M./O'Shea, T./Fung, P./Spears, R.: Flaming in computer-mediated communication. In: Contexts of computer-mediated communication. Harvester Wheatsheaf, Hemel Hempstead 1992.
Lewin, K.: Forschungsprobleme der Sozialpsychologie I: Theorie, Beobachtung und Experiment. In: Graumann, C.-F. (Hrsg.): Kurt-Lewin-Werkausgabe, Bd 4. Huber, Bern 1982, Original 1943.
Lewin, K.: Psychologische Ökologie. In: Graumann, C.-F. (Hrsg.): Kurt-Lewin-Werkausgabe. Huber, Bern 1982, Original 1943.
Leyens, J.-Ph./Dardenne, B.: Soziale Kognition: Ansätze und Grundbegriff. In: Stroebe, W./Hewstone, M./Stephenson, G.M. (Hrsg.): Sozialpsychologie. Springer, Berlin Heidelberg New York 1996.

Lindig, R.: Stichwort »Kommunikation«. In: Clauß, G. (Hrsg.): Fachlexikon Psychologie. Harri Deutsch, 1995.

Lorenz, K.: Das sogenannte Böse. Böhlau, Wien 1963.

Luhmann, N./Fuchs, P.: Reden und Schweigen. Suhrkamp, Frankfurt/M. 1992.

Luhmann, N.: Interaktion, Organisation, Gesellschaft. In: Luhmann, N. (Hrsg.): Soziologische Aufklärung 2. Westdeutscher Verlag, Opladen 1975.

Luhmann, N.: Die Unwahrscheinlichkeit der Kommunikation. In: Luhmann, N. (Hrsg.): Soziologische Aufklärung 3. Westdeutscher Verlag, Opladen 1981.

Luhmann, N.: Soziale Systeme. Suhrkamp Taschenbuch, Frankfurt/M. 1988, 1984.

Luhmann, N.: Wie lassen sich latente Strukturen beobachten? In: Watzlawick, P./Krieg, P. (Hrsg.): Das Auge des Betrachters. Piper, München Zürich 1991.

Luhmann, N.: Die Wissenschaft der Gesellschaft. Suhrkamp Taschenbuch, Frankfurt/M. 1992.

Lyons, J.: Semantics, Bd. 2. Cambridge University Press, Cambridge 1977.

Maderthaner, R.: Kommunikationsprozesse. In: Roth, E. (Hrsg.): Organisationspsychologie, Enzyklopädie der Psychologie. Hogrefe, Göttingen 1989.

Maletzke, G.: Interkulturelle Kommunikation. Zur Interaktion zwischen Menschen verschiedener Kulturen. Westdeutscher Verlag, Opladen 1996.

McCombs, M.E./Shaw, D.L.: The Evolution of Agenda-Setting Research. In: Journal of Communication 43/1993 (2).

McLuhan, M./Powers, B.: The global village. Oxford University Press, New York Oxford 1989.

Mead, G.H.: Geist, Identität, Gesellschaft. Suhrkamp, Frankfurt/M. 1968.

Merten, K./Westerbarkey, J.: Public Opinion und Public Relations. In: Merten, K./Schmidt, S.J./Weischenberg, S. (Hrsg.): Die Wirklichkeit der Medien. Westdeutscher Verlag, Opladen 1994.

Merten, K.: Kommunikation. Eine Begriffs- und Prozeßanalyse. Westdeutscher Verlag, Opladen 1977.

Merten, K.: Evolution der Kommunikation. In: Merten, K./Schmidt, S.J./Weischenberg, S. (Hrsg.): Die Wirklichkeit der Medien. Westdeutscher Verlag, Opladen 1994a.

Merten, K.: Wirkungen von Kommunikation. In: Merten, K./Schmidt, S.J./Weischenberg, S. (Hrsg.): Die Wirklichkeit der Medien. Westdeutscher Verlag, Opladen 1994b.

Mog, P.: Georg Christoph Lichtenberg. Die Psychologie des »Selbstdenkers« In: Jüttemann, G. (Hrsg.): Wegbereiter der Historischen Psychologie. Beltz, München und Weinheim 1988.

Mummendey, A./Simon, B.: Categorization is not enough: Intergroup discrimination in negative outcome allocation. In: Journal of Experimental Social Psychology 28/1992, S. 125–144.

Mummendey, A.: Verhalten zwischen Gruppen. In: Frey, D./Irle, M. (Hrsg.): Theorien der Sozialpsychologie. Bd. 2. Huber, Bern Stuttgart Toronto 1985.

Münch, R.: Dialektik der Kommunikationsgesellschaft. Suhrkamp Frankfurt/M. 1991.

Musch, J.: Die Geschichte des Netzes: ein historischer Abriß. In: Batinic, B. (Hrsg.): Internet für Psychologen. Hogrefe, Göttingen Bern Toronto Seattle 1997, S. 27–48.

Nisbett, R.E./Ross, L.: Human inference: Strategies and short-comings of social judgement. Prentice Hall, Englewood Cliffs 1980.

Oakes, P.J.: The salience of social categories. In: Turner, J.C., u.a. (Hrsg.): Rediscovering the social group: A self-categorization theory. Blackwell, Oxford 1987.

Petty, R.E./Cacioppo, J.T.: The Elaboration Likelihood Model of persuasion. In: Berkowitz, L. (Hrsg.): Advances in Experimental Social Psychology, Bd. 19. Academic Press, New York 1986, S. 123–205.

Phillips, D.P./Henshley, J.E.: When violence is rewarded or punished: the impact of mass media stories on homicide. In: Journal of Communication. 34/1984, S. 3.

Phillips, D.P.: The influence of suggestion on suicide: Substantive and theoretical implications of the Werther-effect. In: American Sociological Review 39/1974.

Piontkowski, U./Öhlschlegel-Haubrock, S.: »Wenn Ost- und Westdeutsche miteinander sprechen ...«. In: Frindte, W./Köhler, T./Fahrig, T. (Hrsg.): Deutsch-deutsche Sprachspiele. LIT, Münster 1997.

Porché, D.: Urteile und Vorurteile über Zweisprachigkeit im Kindesalter. In: Linguistik und Didaktik 23/1975.

Postman, N.: Das Technopol. Die Macht der Technologien und die Entmündigung der Gesellschaft. Fischer, Frankfurt/M. 1992.

Postmes, T.: Social influence in computer-mediated groups. Faculteit der Psychologie, Thesis Universiteit van Amsterdam. Printed by Print Partners Ipskamp, Enschede 1997.

Pross, H.: Medienforschung. Film – Funk – Presse – Fernsehen. Wissenschaftliche Buchgesellschaft, Darmstadt 1972.

Rabbie, J.M./Horowitz, M.: Arousal of ingroup-outgroup bias by a chance win or loss. In: Journal of Personality and Social Psychology 13/1969, S. 269–277.

Reicher, S./Spears, R./Postmes, T.: A social identity model of deindividuation phenomena. In: Stroebe, W./Hewstone, M. (Hrsg.): European Review of Social Psychology, Bd. 6. Wiley, Chichester 1995, S. 161–198.

Reid, A./Deaux, K.: Relationship between social and personal identities: segregation or integration? In: Journal of Personality and Social Psychology 6/1996.

Reid, E.: Virtual Worlds: Culture and Imagination. In: Jones, St.G. (Hrsg.): Cybersociety. Computer-mediated communication and community. Sage, London 1995, S.164–183.

Reusser, K./Reusser-Weyeneth, M.: Verstehen – psychologischer Prozeß und didaktische Aufgabe. Huber, Bern Stuttgart Toronto 1994.

Rheingold, H.: Virtuelle Gemeinschaft. Addisson Wesley, Bonn Paris (Deutschland) 1994.

Rogers, C.R.: A way of being. Houghton Mifflin Company, Boston 1980.

Rosemann, B./Kerres, M.: Interpersonales Wahrnehmen und Verstehen. Huber, Bern Stuttgart Toronto 1986.

Rosentiel L. von.: Kommunikation und Führung in Arbeitsgruppen. In: Schuler, H. (Hrsg.): Organisationspsychologie. Huber, Bern Göttingen Toronto Seattle 1993.

Rusch, G.: Erinnerungen aus der Gegenwart. In: Schmidt, S.J. (Hrsg.): Gedächtnis. Suhrkamp, Frankfurt/M. 1991.

Rusch, G.: Auffassen, Begreifen und Verstehen – Neue Überlegungen zu einer konstruktivistischen Theorie des Verstehens. In: Schmidt, S.J. (Hrsg.): Kognition und Gesellschaft. Suhrkamp, Frankfurt/M. 1992.

Scherer, K.R.: Die vokale Kommunikation emotionaler Erregung. In: Scherer, K.R. (Hrsg.): Vokale Kommunikation. Beltz, Weinheim und Basel 1982.

Schindler, R.: Personalisation der Gruppe. In: Edelweiß, M.L., u.a. (Hrsg.): Personalisation. Herder, Wien Freiburg Basel 1964.

Schjelderupp-Ebbe, T.: Zur Sozialpsychologie des Haushuhnes. In: Zeitschrift für Psychologie 87/1922.

Schmidt, H.D.: Allgemeine Entwicklungspsychologie. VEB Deutscher Verlag der Wissenschaften, Berlin 1972.

Schmidt, S.J.: Kognitive Autonomie und soziale Orientierung. Suhrkamp, Frankfurt/M. 1994a.

Schmidt, S.J.: Konstruktivismus in der Medienforschung. In: Merten, K./Schmidt, S.J./Weischenberg, S. (Hrsg.): Die Wirklichkeit der Medien. Westdeutscher Verlag, Opladen 1994b.

Schmidt, S.J.: Werbung und Medienkultur: Tendenzen der 90er Jahre. In: Schmidt, S.J./Spieß, B. (Hrsg.): Werbung, Medien und Kultur. Westdeutscher Verlag, Opladen 1995.

Schmidt-Azert, L.: Selbstenthüllung auf Gegenseitigkeit: Was Du mir verrätst, verrate ich auch Dir. In: Spitznagel, A./Schmidt-Azert, L. (Hrsg.): Sprechen und Schweigen. Huber, Bern Stuttgart Toronto 1986.

Schmitz, J./Fulk, J.: Organizational Colleagues, Media Richness, and Electronic Mail. In: Communication Research 4/1991.

Schwarz, N.: Theorien konzeptgesteuerter Informationsverarbeitung. In: Frey, D./Irle, M. (Hrsg.): Theorien der Sozialpsychologie, Bd. 3. Huber, Bern Stuttgart Toronto 1985.

Semin, G.R./Marsman, G.: On the information mediated by interpersonal verbs. Event preciptation, dispositional inference, and implicit causality. In: Journal of Personality and Social Psychology 67/1994, S. 836–849.

Shannon, C.E./Weaver, W.: The mathematical theory of communication. University of Illinois Press, Urbana Champaign 1949.

Short, J./Williams, E./Christie, B.: The social psychology of telecommunications. Wiley, Chichester 1976.

Simmel, G.: Fragmente über die Liebe. Logos,10/1921, S. 1–54.

Skutnabb-Kangas, T.: Mehrsprachigkeit und die Erziehung von Minderheiten. In: Deutsch lernen, Heft 1/1992.

Smith, K.H./Rogers, M.: Effectiveness of subliminal messages in television commercials: Two experiments. In: Journal of Applied Psychology 79/1994, S. 866–874.

Spears, R./Lea, M.: Social influence and the influence of the ›social‹ in computer-mediated communication. In: Lea, M. (Hrsg.): Contexts of Computer-Mediated Communication. Harvester Wheatsheaf, Hemel Hempstead 1992, S. 30–65.

Spears, R./Lea, M./Lee, S.: De-individuation and group polarization in computer-mediated communication. In: British Journal of Social Psychology 2/1990.

Spitznagel, A./Schmidt-Azert, L. (Hrsg.): Sprechen und Schweigen. Huber, Bern Stuttgart Toronto 1986.

Sproull, L./Kiesler, S.: Reducing social context cues: electronic mail in organizational communication. In: Management Science 11/1986.

Stack, S.: Publicized executions and homicide, 1950–1980. In: American Sociological Review 52/1987.

Stahlberg, D./Frey, D.: Das Elaboration-Likelihood-Modell von Petty und Cacioppo. In: Frey, D./Irle, M. (Hrsg.): Theorien der Sozialpsychologie, Bd. 1. Huber, Bern Stuttgart Toronto 1993.

Stahlberg, D./Osnabrügge, G./Frey, D.: Die Theorie des Selbstwertschutzes und der Selbstwerterhöhung. In: Frey, D./Irle, M. (Hrsg.): Theorien der Sozialpsychologie, Bd. 3. Huber, Bern Stuttgart Toronto 1985.

Stoner, J.A.F.: A comparison of individual and group decisions involving risk. Unpublished M.A. thesis. School of Industrial Management, MIT 1961.

Strack, F.: Urteilsheuristiken. In: Frey, D./Irle, M. (Hrsg.): Theorien der Sozialpsychologie, Bd. 3. Huber, Bern Stuttgart Toronto 1985.

Stroebe, R.W.: Kommunikation I – Grundlagen, Gerüchte, schriftliche Kommunikation. Sauer, Heidelberg 1996.

Tajfel, H./Willkes, A.L.: Classification and quantitative judgement. In: British Journal of Psychology 54/1963, S. 101–114.

Tajfel, H. (Hrsg.): Differentiation between social groups. Academic Press, London 1978.

Tajfel, H.: Gruppenkonflikt und Vorurteile. Entstehung und Funktion sozialer Stereotype. Huber, Bern 1982.
Tajfel, H., u.a.: Social categorization and intergroup behavior. In: European Journal of Social Psychology 1/1971, S. 149–178.
Tarde, G.: Penal philosophy. Smith, Patterson Publishing Corporation, Boston 1912.
Tedeschi, J.T. (Hrsg.): Impression management theory and social psychological research. Academic Press, New York 1981.
Tedeschi, J.T./Lindskold, S./Rosenfeld, P.: Introduction to social psychology. Western Publ. Co., St. Paul 1985.
Tedeschi, J.T.: Private and public experiences and the self. In: Baumeister, R.F. (Hrsg.): Public self and private self. Springer, New York 1986, S. 1–20.
Thomas, A.: Sozialisationsprobleme im Akkulturationsprozeß. In: Trommsdorff, G. (Hrsg.): Sozialisation im Kulturvergleich. Enke, Stuttgart 1989.
Thomas, A.: Grundriß der Sozialpsychologie, Bd 1 und 2. Hogrefe, Göttingen Toronto Zürich 1991.
Thurber, J.: Lachen mit Thurber. Volk und Welt, Berlin 1972.
Toscani, O.: Die Werbung ist ein lächelndes Aas. Bollmann, Mannheim 1996.
Tropp, J.: Die Verfremdung der Werbung. Westdeutscher Verlag, Wiesbaden Opladen 1997.
Turkle, S.: The Second Self: Computers and the Human Spirit. Simon & Schuster, New York 1984.
Turkle, S.: Life on the Screen. Simon & Schuster, New York 1995.
Turner, J.C.: Towards a cognitive redefinition of the social group. In: Tajfel, H. (Hrsg.): Social identity and intergroup relations. Cambridge University Press, Cambridge 1982.
Turner, J.C./Hoog, M.A./Oakes, P.J./Reicher, S.D./Wetherell, M.S.: Rediscovering the social group: A Self-Categorization Theory. Blackwell, Oxford 1987.
Tversky, A./Kahneman, D.: Judgements of and by representativeness. In: Kahneman, D./Slovic, P./Tversky, A. (Hrsg.): Judgement under uncertainty: Heuristics and biases. Cambridge University Press, New York 1982.
Vogelgesang, W.: Jugendliche Video-Cliquen. Action- und Horrorvideos als Kristallisationspunkte einer neuen Fankultur. Westdeutscher Verlag, Opladen 1991.
Vogelgesang, W.: Etwas sehen lernen, was man beim Sehen nicht sieht. In: Bardmann, T.M. (Hrsg.): Zirkuläre Positionen 2. Die Konstruktion der Medien. Westdeutscher Verlag, Opladen 1998.
Vogelgesang, W./Steinmetz, L./Wetzstein, T.A.: Öffentliche und verborgene Kommunikation in Computernetzen. Dargestellt am Beispiel der Verbreitung rechter Ideologien. In: Rundfunk und Fernsehen 4/1995.
Wagner, U./Zick, A.: Psychologie der Intergruppenbeziehungen: Der »Social Identity Approach«. In: Gruppendynamik 21/1990, 3: 319–330.

Wahrig – Deutsches Wörterbuch. Bertelsmann, Gütersloh 1997.
Wallach, M.A./Kogan, N./Bem, D.J.: Group influence on individual risk taking. In: Journal Abnormal Social Psychology 65/1962, S. 151–176.
Walster, E./Berscheid, E./Walster, G.W.: New direction in equity research. In: Journal of Personality and Social Psychology 25/1973, S. 151–176.
Walther, J.B.: Anticipated ongoing interaction versus channel effects on relational communication in computer-mediated interaction. In: Human Communication Research 20/1994a, 4: 473–501.
Walther, J.B.: Interpersonal effects in computer-mediated interaction: a meta-analysis of social and antisocial communication. In: Communication Research 4/1994b.
Walther, J.B.: Computer-mediated communication: Impersonal, Interpersonal and hyperpersonal interaction. Paper presented on the annual conference of the annual meeting of the international communication association. Albuquerque, NM. May 1995, 1995a.
Walther, J.B.: Relational aspects of computer-mediated communication: experimental observations over time. In: Organization Science 2/1995b.
Watzlawick, P./Beavin, J.: Einige formale Aspekte der Kommunikation. In: Radura, B./Gloy, K. (Hrsg.): Soziologie der Komunikation – eine Textauswahl. Frommann-Holzboog, Stuttgart 1972; Original 1966/1967.
Watzlawick, P.: Wie wirklich ist die Wirklichkeit? Piper, München Zürich 1978.
Watzlawick, P.: Anleitung zum Unglücklichsein. In: Ad libitum, Nr. 5. Volk und Welt, Berlin 1987.
Watzlawick, P.: Gebrauchsanweisung für Amerika. Piper, München Zürich 1991.
Watzlawick, P./Beavin, J.H./Jackson, D.D.: Pragmatics of Human Communication. A Study of Interactional Patterns, Pathologies, and Paradoxes. Norton, New York 1967.
Wehner, J.: Medien als Kommunikationspartner – Zur Entstehung elektronischer Schriftlichkeit im Internet. In: Gräf, L./Krajewski, M. (Hrsg.): Soziologie des Internet. Campus, Frankfurt/M. New York 1997.
Weizenbaum, J.: ELIZA. In: Communications of the ACM 9/1966.
Weizenbaum, J.: Die Macht der Computer und die Ohnmacht der Vernunft. Suhrkamp, Frankfurt/M. 1977.
Weizenbaum, J.: Wer erfindet die Computermythen? Herder, Freiburg Basel Wien 1993.
Whitney, K./Sagrestano, L.M./Maslach, C.: Establishing the social impact of individuation. In: Journal of Personality and Social Psychology 66/1994, S. 1140–1153.
Wicklund, R.A./Frey, D.: Die Theorie der Selbstaufmerksamkeit. In: Frey, D./Irle, M. (Hrsg.): Theorien der Sozialpsychologie, Bd. 1. Huber, Bern Stuttgart Toronto 1993.

Wiemann, J.M./Giles, H.: Interpersonale Kommunikation. In: Stroebe, W./ Hewstone, M./Stephenson, G.M. (Hrsg.): Sozialpsychologie. Springer, Berlin Heidelberg New York 1996.

Wiggins, J.S./Wiggins, N./Conger, J.C.: Correlates of heterosexual somatic preference. In: Journal of Personality and Social Psychology 10/1968, S. 82–90.

Willems, H./Jurga, M. (Hrsg.): Inszenierungsgesellschaft – ein einführendes Handbuch. Westdeutscher Verlag, Opladen Wiesbaden 1998.

Witte, E.H./Ardelt, E.: Gruppen und soziale Prozesse. In: Roth, E. (Hrsg.): Organisationspsychologie, Enzyklopädie der Psychologie. Hogrefe, Göttingen 1989.

Witte, E.H.: Zum Stand der Kleingruppenforschung. In: Pawlik, K. (Hrsg.): Bericht über den 39. Kongreß der Deutschen Gesellschaft für Psychologie in Hamburg 1994. Hogrefe, Göttingen Bern Toronto Seattle 1995.

Witte, H.: Sozialpsychologie – ein Lehrbuch. Psychologie Verlag Union, Berlin 1989.

Wittgenstein, L.: Philosophische Untersuchungen, Werkausgabe, Bd. 1. Suhrkamp, Frankfurt/M. 1984.

Wittgenstein, L.: Remarks on the Philosophy of Psychology, Bd. I und II. University of Chicago Press, Chicago; Basil Blackwell, Oxford 1988.

Zimmermann, K.: Sprachkontakt, ethnische Identität und Identitätsbeschädigung. Vervuert, Frankfurt/M. 1992.

Sachregister

Aggressivität 189
Akkulturation 168–169, 172
Attraktivität 89, 91, 100, 124
Attributionen 62, 80
   Fehler 82
Aufmerksamkeit 83, 152–153, 157
Bedeutungsraum 62
Bikulturalität 168, 172
Bilingualismus 168, 172–173
Codes 33, 41
Comstock, G. 217
Decoder-/Encoder-Modelle 41
Depersonalisation 134
Deutegemeinschaft 120
Dialog-Modelle 41, 47
Distanzen 104
   gesellschaftliche 104
   intime 104
   öffentliche 104
   persönliche 104
Elaborationswahrscheinlichkeit 87
Empathie 46, 191
Empfänger 14, 31–34, 41–42, 49
Fremde 167
Fremdenfeindlichkeit 174
Fuß-in-der-Tür-Technik 162
Gewalt 188, 192
Gewaltdarstellungen 25, 188, 192
Habitualisierungsthese 189
Horrorvideos 196
Identitätsspiele 211
Impression Management 64, 69
Information 35
Inhibitionsthese 190
Interaktionsraum 61, 94
Kanal 14, 16, 20, 31–32, 41
Kanaleigenschaften 15
Katharsisthese 191
Kommunikation 17
Konsens 36, 38, 44
Konstruktion 75

Konversationsmaxime 44
Lernen 160
Lesswell-Formel 31
Liebe 137, 139–140
Macht 15, 192
Management 69
Medien 9, 17, 20
   Primär 20
   Quartär 20
   Sekundär 20
Medium 19, 21–22, 30–31, 149
Metaphern 12, 14, 141
Modell 32, 42, 91, 208
Modell des sozialen Einflusses 208
Möglichkeitsraum 62–63
MUD 210–211, 213
Mythen 12, 143, 163
Mythenmacher 148
Newsgroups 213
Organon-Modell 42
Passfähigkeit 53–54, 57, 61
Primacy-Effekt 85
Psychologie 25
Romantische Beziehungen 137
Schemata 47, 60, 81–82, 86
   kognitive 84
Selbstaufmerksamkeit 114–115, 211
Selbstdarstellung 60, 208
Selbsteinbringung 66
Selbstpräsentation 60
Self Disclosure 64–66
Sender 13–14, 19, 31–34, 41–42, 49
Sinn 36, 60, 83, 118
Sinnraum 60, 63
Social Context Cues Theory 206–207
Social Identity Deindividuation Theory 211
Social Presence 208
Soziale Identität 132, 136, 169
Soziale Informationsverarbeitung 207
Soziale Repräsentationen 121

Spiel 57
Sprachdivergenz 112, 135, 173
Sprache 14, 23, 36, 42
Sprachkonvergenz 112, 135, 173
Stereotype 136
Stimulationsthese 189
Stimulus-Response-Modell 25, 29–30
Sympathie 91, 160
Talkshow 19, 66
Theorie der Selbstkategorisierung 130, 134
Theorie der sozialen Identität 29, 131
Theorie des kommunikativen Handelns 35, 38, 44, 52

Theorie selbstreferenzieller Systeme 35, 38
Trickfilme 195
Turn-Taking 111, 193
Vergleich, sozialer 71, 74
Verstehen 14, 38–39, 52
virtuelle Identitäten 210
Werberezepte 153
Werbetrends 151
Werbung 148, 150
Werther-Effekt 198
Wirklichkeitskonstruktionen 59, 61
Wirkungslosigkeitsthese 192
Witz 22, 152